# Os Romanov

Robert K. Massie

# Os Romanov
## O FIM DA DINASTIA

Tradução
Angela Lobo de Andrade

Rocco

Título original
THE ROMANOVS
The Final Chapter

*Copyright* © 1995 *by* Robert K. Massie

O direito moral de Robert K. Massie ser identificado como autor desta obra foi assegurado em conformidade com o The Copyright, Design and Patents Act of 1988.

Todos os direitos reservados. Nenhuma parte desta obra pode ser reproduzida ou transmitida por qualquer forma ou meio eletrônico ou mecânico, inclusive fotocópia, gravação ou sistema de armazenagem e recuperação de informação, sem a permissão escrita do editor.

Fragmento deste livro foi originalmente publicado em 21-28 de agosto, 1995, edição da *New Yorker*.

Excerto de *The Murder of the Romanovs* de Captain Paul Bulygin, publicado em 1935 por Hutchinson, uma divisão da Random House UK, Londres.

Agradecimento é feito a seguir pela autorização de reproduzir material previamente publicado:
Doubleday, uma divisão da Random House, Inc.: Excertos de *The Last Tsar* de Edvard Radzinsky, traduzido a partir do russo por Miriam Schwartz, *copyright* da tradução © 1992 by Doubleday, uma divisão da Random House, Inc. Reproduzido com autorização da Doubleday, uma divisão da Random House, Inc.
Yale University Press: Excertos de *The Last Diary of Tsaritsa Alexandra*, organizado por Vladimir A. Kozlov e Vladimir M. Khrustalëv, introdução de Robert K. Massie, *copyright* © 1997 *by* Yale University. Reproduzido com autorização de Yale University Press.

Direitos para a língua portuguesa reservados
com exclusividade para o Brasil à
EDITORA ROCCO LTDA.
Rua Evaristo da Veiga, 65 – 11º andar
Passeio Corporate – Torre 1
20031-040 – Rio de Janeiro – RJ
Tel.: (21) 3525-2000 – Fax: (21) 3525-2001
rocco@rocco.com.br
www.rocco.com.br

*Printed in Brazil*/Impresso no Brasil

revisão técnica
BRUNO GARCIA
FERNANDO THOMPSON

preparação de originais
VILMA HOMERO

CIP-Brasil. Catalogação na fonte.
Sindicato Nacional dos Editores de Livros, RJ.

M371r    Massie, Robert K.
         Os Romanov: o fim da dinastia / Robert K. Massie; tradução de Angela Lobo de Andrade. – 1. ed. – Rio de Janeiro: Rocco, 2017.

Tradução de: The Romanovs: the final chapter
ISBN 978-85-325-3085-1
ISBN 978-85-8122-704-7 (e-book)

1. Nicolau II, Imperador da Rússia, 1868-1918 – Assassinato. 2. Nicolau II, Imperador da Rússia, 1868-1918 – Família. 3. Rússia – História – Nicolau II, 1894-1917. 4. Rússia – Reis e governantes – Morte e funeral. I. Andrade, Angela Lobo de. II. Título.

17-43558                                              CDD: 947.083
                                                      CDU: 94(47)"1894/1917"

O texto deste livro obedece às normas do
Acordo Ortográfico da Língua Portuguesa.

*Para Christopher*

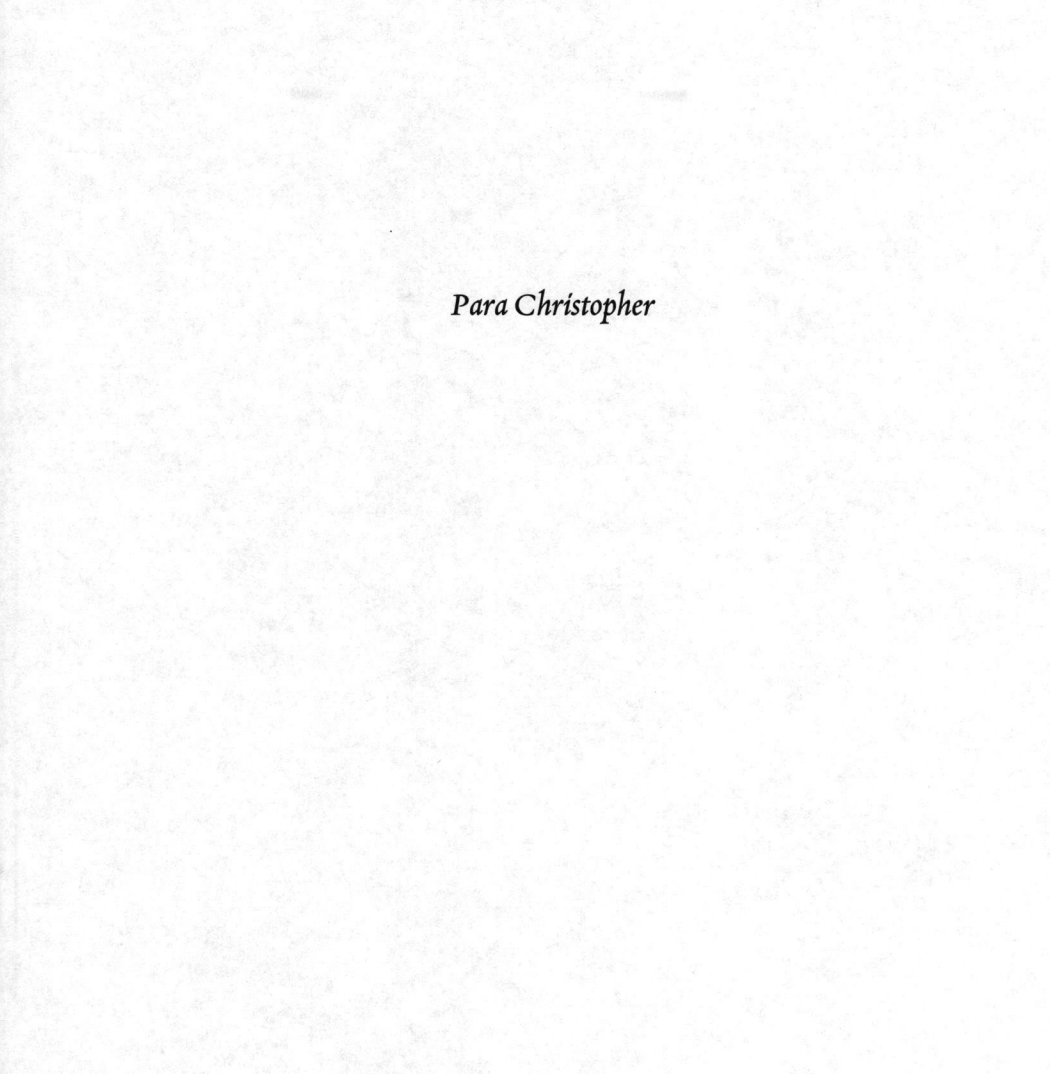

# SUMÁRIO

## PARTE I · *Os ossos*

1 · Descendo vinte e três degraus  11
2 · Aprovado por Moscou  18
3 · Tomara que eu não ache nada  28
4 · Um personagem de Gogol  40
5 · Secretário Baker  49
6 · Curiosidade de morte  53
7 · A conferência de Ekaterinburg  66
8 · Nas fronteiras do saber  74
9 · Dr. Maples x Dr. Gill  90
10 · Ekaterinburg confronta o passado  101
11 · O investigador Soloviev  105
12 · Enterrando o czar  119

## PARTE II · *Anna Anderson*

13 · Os impostores  130
14 · A reivindicante  146
15 · Uma questão de honra da família  174
16 · Essa gente não tem representatividade  191
17 · Apenas tão boa quanto as pessoas que a usam  206
18 · A mais inteligente das quatro filhas  216

## PARTE III · *Os sobreviventes*

19 · Os Romanov emigrados  229

## PARTE IV · *A casa de Ipatiev*

20 · Setenta e oito dias  255

Fontes e Agradecimentos  265

# PARTE I
## *Os ossos*

## I

# DESCENDO VINTE E TRÊS DEGRAUS

À MEIA-NOITE, YAKOV YUROVSKY, líder dos algozes, subiu as escadas para acordar a família. Levava no bolso uma pistola Colt com pente de sete balas e, sob o casaco, uma Mauser de cano longo e cabo de madeira, com dez balas no pente. A batida à porta dos prisioneiros trouxe o médico da família, dr. Eugene Botkin, que permaneceu com os Romanov durante os dezesseis meses de detenção e prisão. Botkin ainda estava acordado, escrevendo o que viria a ser a última carta para sua família.

Em voz baixa, Yurovsky justificou sua intrusão: "Devido à agitação na cidade, tornou-se necessário transferir a família lá para baixo. Será perigoso ficar no andar de cima caso haja tiroteio nas ruas." Botkin entendeu. Um Exército Branco antibolchevique, formado por milhares de ex-prisioneiros de guerra tchecos, se aproximava da cidade siberiana de Ekaterinburg, onde a família estava presa havia setenta e oito dias. Nas últimas noites, os cativos já tinham ouvido um troar de artilharia a distância e tiros de revólver mais próximos. Yurovsky pediu que se vestissem o mais depressa possível. Botkin foi acordá-los.

Levaram quarenta minutos. O ex-imperador Nicolau, de 50 anos, e seu filho Alexei, de 13 anos, ex-czarevich e herdeiro do trono, vestiram camisas, calças, botas e bonés militares simples. A ex-imperatriz Alexandra, de 46 anos, e suas filhas Olga, de 22, Tatiana, de 21, Maria, de 19, e Anastácia, de 17, puseram apenas vestidos, sem chapéus nem xales. Yurovsky esperou-os junto à porta e os conduziu pela escada até um pátio interno. Nicolau o seguiu carregando o filho, que não conseguia andar. Incapacitado pela hemofilia, Alexei era um adolescente magro, ossudo, pesando menos de quarenta quilos, e o czar o carregou sem tropeçar. Nicolau era um homem de altura mediana, corpo vigoroso, peito sólido e braços fortes. A imperatriz, mais alta que o marido, veio em seguida, andando com dificuldade por causa da dor ciática que por muitos anos a mantivera em repouso num divã no palácio, na cama ou numa cadeira de rodas nos tempos de prisão. Atrás dela vieram as filhas, duas delas carregando pequenas almofadas. A mais jovem e menor, Anastácia, trazia nos braços seu cachorrinho spaniel King Charles, Jemmy. Depois das meninas, vieram o dr. Botkin e três outras pessoas que haviam permanecido com a família na prisão: Trupp, o valete de Nicolau, Demidova, criada de Alexandra, e Kharitonov, o cozinheiro. Demidova também carregava uma almofada que, em seu interior, costurada no fundo das plumas, continha uma caixa com várias joias. Demidova tinha ordem para jamais perder de vista a almofada.

Yurovsky não detectou qualquer sinal de hesitação ou suspeita. Mais tarde, ele disse: "Não houve lágrimas, não houve choro, nem perguntas." No fim das escadas, ele os conduziu pelo pátio interno até um pequeno cômodo, uma espécie de porão sob o canto da casa. Tinha apenas 3,5 por 4 metros e uma única janela, com grossas barras de ferro na parte externa. Toda a mobília havia sido retirada. Yurovsky pediu-lhes que esperassem ali. Ao ver o cômodo vazio, Alexandra disse imediatamente: "O quê? Não tem cadeiras? Não podemos nos sentar?" Yurovsky, cortesmente, saiu para ordenar que trouxessem duas cadeiras. Um encarregado da missão disse a outro: "O herdeiro precisa de uma cadeira... claro que ele quer morrer sentado."

Foram trazidas duas cadeiras. Alexandra sentou-se em uma e Nicolau colocou Alexei na outra. As meninas acomodaram uma almofada nas costas da mãe e a outra nas costas do irmão. Yurovsky dava instruções: "Por favor, você fique aqui e você aqui, isso mesmo numa fileira", colocando-os de costas para a parede. Justificou dizendo que precisava de uma fotografia porque o pessoal em Moscou queria ter certeza de que eles não haviam fugido. Quando terminou, os onze prisioneiros estavam em duas fileiras. Nicolau ao lado da cadeira do filho, no centro da primeira fileira; Alexandra sentada perto da parede com as filhas atrás dela, e os demais atrás do czar e do czarevich.

Satisfeito com essa disposição, Yurovsky chamou, não um fotógrafo com câmera de tripé e pano preto, mas onze homens armados com revólveres. Cinco deles eram russos, como Yurovsky, e seis eram letões. Como, antes, dois letões haviam se recusado a atirar nas moças, Yurovsky precisou substituí-los.

Enquanto os homens entravam pela porta dupla atrás dele, Yurovsky colocou-se de frente para Nicolau, com a mão direita no bolso da calça e a esquerda segurando um papelzinho, no qual leu: "Tendo em vista o fato de que seus parentes continuam a atacar a Rússia Soviética, o Comitê Executivo do Ural decidiu executá-los." Nicolau virou-se rapidamente para sua família e voltou a encarar Yurovsky, dizendo: "O quê? O quê?" Yurovsky repetiu o que havia dito, tirou a Colt do bolso e atirou diretamente no czar.

Nesse momento, todo o esquadrão abriu fogo. Cada um deles havia recebido instruções sobre em quem atirar e para fazer mira no coração a fim de evitar uma quantidade excessiva de sangue e terminar mais rápido. Agora, doze homens disparavam pistolas, alguns atirando por cima do ombro dos da primeira fileira, tão rente que muitos do esquadrão sofreram queimaduras de pólvora e ficaram parcialmente surdos. A imperatriz e sua filha Olga tentaram fazer o sinal da cruz, mas não houve tempo. Alexandra morreu imediatamente, sentada na cadeira. Olga foi morta por uma única bala na cabeça. Botkin, Trupp e Kharitonov também tiveram morte rápida.

Alexei, as três irmãs mais novas e Demidova continuavam vivos. As balas que atingiam o peito das moças ricocheteavam pelo cômodo, espatifadas, parecendo uma chuva de granizo. Perplexos, aterrorizados, e chegando à histeria, os homens continuavam a atirar. Mal visíveis em meio à fumaça, Maria e Anastácia se espremiam contra a parede, agachadas, cobrindo a cabeça com as mãos, até serem abatidas a tiros. Estendido no chão, Alexei moveu o braço para se proteger e tentou se agarrar à camisa do pai. Um dos homens chutou a cabeça do czarevich. Alexei gemeu. Yurovsky se aproximou e desferiu dois tiros diretamente na orelha do menino.

Demidova sobreviveu à primeira fuzilaria. Em vez de recarregar as armas, os homens pegaram rifles no cômodo anexo e a atacaram com baionetas. Aos gritos, correndo ao longo da parede, ela tentava se proteger usando como escudo a almofada recheada, que caiu, e Demidova agarrou uma baioneta com as mãos, tentando afastá-la do peito. A baioneta meio cega, sem corte, não penetrava. Quando ela expirou, os homens enfurecidos perfuraram seu corpo com mais de trinta golpes.

Enfumaçado e cheirando à pólvora, o lugar ficou em silêncio. Corria sangue por toda parte, formando poças. Apressado, Yurovsky virava os corpos para lhes sentir o pulso. O caminhão, estacionado na frente da Casa de Ipatiev, precisava estar longe da cidade em poucas horas, antes do amanhecer do verão siberiano. Para carregar os corpos, evitando que o sangue pingasse pelo chão e no pátio, foram trazidos lençóis das camas das quatro grã-duquesas. O corpo de Nicolau foi o primeiro. De repente, quando estava sendo colocada no lençol, uma das moças deu um grito. O bando inteiro a atacou a golpes de baioneta e coronhadas de rifle. Num instante, ela silenciou, imóvel.

Quando os corpos já estavam no caminhão, cobertos por lona, alguém viu o cachorrinho de Anastácia, com a cabeça arrebentada por uma coronhada. Seu corpo também foi jogado no caminhão.

"Todo o procedimento", conforme Yurovsky relatou mais tarde, inclusive sentir os pulsos e carregar o caminhão, "levou vinte minutos."

Dois dias antes das execuções, Yurovsky e um dos algozes, o líder bolchevique local chamado Piotr Ermakov, haviam percorrido a floresta em busca de um local para enterrar os corpos. Cerca de vinte quilômetros ao norte de Ekaterinburg, numa área pantanosa cheia de poços, turfeiras e minas abandonadas, havia um lugar conhecido como Quatro Irmãos por causa de quatro enormes pinheiros que antigamente existiam ali. Em volta dos tocos dessas velhas árvores cortadas, entre as bétulas e pinheiros que agora cresciam ali, havia poços, uns mais rasos e outros mais profundos, por onde outrora se extraíam carvão e turfa. Abandonados, alguns estavam cheios de água da chuva, formando poços. O maior deles era chamado Poço de Ganin em homenagem ao mineiro que o havia explorado. Nas redondezas, outros poços menores não tinham nome. Foi para esse lugar que Yurovsky trouxe os corpos.

Já no interior da floresta, avançando na escuridão por uma estrada lamacenta e esburacada, o caminhão de Yurovsky encontrou um grupo de vinte e cinco homens a cavalo e em carroças. Quase todos estavam bêbados. Eram empregados de fábricas na cidade e alguns membros do Soviete Regional do Ural, a quem Ermakov havia contado que a família imperial passaria por aquela estrada. Mas esperavam que a família chegasse viva. Ermakov havia prometido aos amigos as quatro grã-duquesas e o supremo entusiasmo de matar o czar. "Por que não vieram vivos?", eles gritavam.

Yurovsky manteve o controle da situação, acalmou os homens irados e ordenou que transportassem os corpos do caminhão para as carroças. Durante essa operação, os trabalhadores começaram a vasculhar bolsos e a roubar roupas das vítimas. Yurovsky impediu que continuassem, ameaçando fuzilar todos ali mesmo. Nem todos os corpos cabiam nas pequenas carroças, e alguns permaneceram no caminhão. A procissão macabra continuou adentrando a floresta.

Na escuridão, cercados por pinheiros e bétulas, não conseguiam achar os Quatro Irmãos. Yurovsky ordenou que homens a cavalo percorressem a estrada à procura do caminho para o local. Somente quando o sol nasceu e clareou a floresta, puderam localizá-lo. A estrada agora era apenas uma trilha, o caminhão ficou entalado entre duas árvores e não foi possível seguir adiante. Mais corpos foram empilhados nas carroças. Às seis da manhã, a procissão chegou aos Quatro Irmãos. O Poço de Ganin, de três metros de profundidade, tinha quase meio metro de água acumulada no fundo. Em outra mina não muito distante, uma entrada estreita levava a um túnel de dez metros, onde a água era mais profunda.

Yurovsky mandou que colocassem os corpos no chão e os despissem. Acenderam duas fogueiras. Ao despir uma das moças, um dos homens encontrou seu corpete varado de balas. Nos rasgões brilhavam diamantes costurados em camadas de cordões – a "armadura" que inicialmente lhe servira como escudo, deixando atônitos os algozes. A visão das joias causou excitamento entre os homens, e Yurovsky novamente agiu com rapidez, ordenando que a maioria voltasse à estrada e mantendo apenas alguns. Continuaram a despir os corpos. Foram coletados oito quilos de diamantes, a maior parte costurada nos corpetes de três grã-duquesas. Na imperatriz, encontraram um cinto de pérolas feito de vários colares costurados em tecido fino. Cada grã-duquesa tinha no pescoço um amuleto com a imagem de Rasputin e uma prece do "homem sagrado". Todas as joias, amuletos e objetos de valor foram colocados em sacos, e tudo o mais, inclusive as roupas, foi queimado.

Os corpos nus jaziam no chão. Todos haviam sido violentamente desfigurados. Em dado momento da carnificina, talvez por acessos de raiva, talvez por uma tentativa de tornar os corpos irreconhecíveis, os rostos tinham sido esmagados a coronhadas com os rifles. Ainda assim, enquanto as seis mulheres jaziam no chão – quatro delas jovens e, doze horas antes, muito belas –, seus corpos foram tocados. Um dos homens falou: "Senti a imperatriz, ela estava quente." Outro disse: "Agora posso morrer em paz porque agarrei a ―――― da imperatriz." A palavra no meio dessa frase está riscada.

Uma vez despidos os corpos, as joias ensacadas e as roupas queimadas, Yurovsky tinha quase terminado. Ordenou que os corpos fossem jogados na mina menor, mais profunda. Depois, para detonar a entrada da mina, jogou lá dentro várias granadas. Às dez da manhã, o trabalho estava feito. Yurovsky voltou a Ekaterinburg para se reportar ao Soviete Regional do Ural.

Oito dias após o massacre, Ekaterinburg caiu sob o ataque do Exército Branco, e alguns oficiais correram à Casa de Ipatiev. O prédio estava praticamente vazio. Havia escovas de dentes, de cabelos, pentes, alfinetes e ícones pisoteados espalhados pelo chão. Nos armários, pendiam cabides vazios. A Bíblia de Alexandra ainda estava lá, com passagens fortemente sublinhadas, flores e folhas secas entre as páginas. Também restavam vários livros religiosos, um volume de *Guerra e Paz*, três de Tchekhov, uma biografia de Pedro, o Grande, um volume de *Contos de Shakespeare* e *Les Fables de la Fontaine*. Num dos quartos, encontraram uma mesinha de bordas arredondadas, onde o czarevich fazia as refeições e brincava com jogos na cama. Ao lado, um manual de instruções para tocar balalaica. Na sala de jantar, perto da lareira, estava a cadeira de rodas.

O cômodo no porão era sinistro. Ainda havia traços de sangue nos rodapés. O piso amarelo, rigorosamente lavado e escovado, apresentava marcas de balas e de baionetas. As paredes estavam laceradas por buracos de balas. Faltavam grandes partes do reboco da parede contra a qual a família fora enfileirada.

Uma busca imediata pela família não levou a lugar nenhum. Somente seis meses depois, em janeiro de 1919, teve início uma investigação minuciosa quando o almirante Alexander Kolchak, "Chefe Supremo" do Governo Branco da Sibéria, confiou a tarefa a um investigador jurídico profissional, de 36 anos, chamado Nicolai Sokolov. Tão logo a neve começou a derreter, Sokolov iniciou o trabalho nos Quatro Irmãos. A trilha na floresta ainda apresentava os sulcos profundos das rodas das carroças e do caminhão. A terra em torno dos poços estava pisoteada, marcada por patas de cavalos. Galhos cortados e queimados flutuavam no Poço de Ganin e na entrada estreita da outra mina. As paredes da mina mais profunda traziam evidências de explosões de granadas. Havia vestígios de duas fogueiras, uma na beira da entrada estreita da mina e outra no meio da estrada da floresta.

Sokolov ordenou a drenagem do Poço de Ganin e da mina sem nome, e deu início à escavação. Não encontrou nada no Poço de Ganin, mas na outra mina recolheu dezenas de objetos e fragmentos. Para esse trabalho medonho, teve ajuda de dois tutores do czarevich: Pierre Gilliard, que dava aulas de francês, e Sidney Gibbes, professor de inglês. Ambos haviam permanecido em Ekaterinburg depois que a família imperial fora encerrada na Casa de Ipatiev. Entre as evidências identificadas e catalogadas pelos homens desolados estava a fivela do cinto do czar, uma fivela militar de tamanho infantil que o czarevich usava, uma cruz de esmeralda, chamuscada, que a imperatriz viúva Maria tinha dado à imperatriz Alexandra, um brinco de pérola do par sempre usado por Alexandra, a Cruz de Ulm, o distintivo comemorativo adornado com safiras e diamantes presenteado à imperatriz pela própria Guarda de Uhlan de Sua Majestade, um estojinho de bolso, de metal, em que Nicolau trazia sempre o retrato da esposa, três pequenos ícones das grã-duquesas, a caixa de óculos da imperatriz, seis conjuntos de corpetes femininos, fragmentos de bonés militares usados por Nicolau e seu filho, fivelas de sapatos pertencentes às grã-duquesas, os óculos do dr. Botkin e sua dentadura superior com catorze dentes. Havia ainda alguns ossos calcinados, parcialmente destruídos por ácido e com marcas de machado, balas de revólver e um dedo humano, delgado e bem manicurado como os de Alexandra tinham sido.

Sokolov recolheu também vários pregos, papel-alumínio, moedas de cobre e um pequeno cadeado, o que o deixou intrigado até mostrar essas peças a Gilliard. O tutor imediatamente identificou-as como parte das quinquilharias que o czarevich carregava no bolso. Por fim, no fundo do poço, esmagado, mas não queimado, os investigadores encontraram o corpo decomposto do spaniel de Anastácia, Jemmy.

Todavia, além do dedo e dos ossos calcinados, Sokolov não encontrou corpos nem ossos humanos no fundo do poço. Após interrogar um dos carrascos e inúmeras testemunhas que corroboraram, concluiu que as onze pessoas haviam sido mortas na Casa de Ipatiev. Ele estava certo de que os corpos haviam sido trazidos para os Quatro Irmãos. E ficou sabendo que, no dia seguinte aos assassinatos, mais dois caminhões carregados com três barris haviam tomado a estrada Koptyaki para a floresta. Descobriu que dois desses barris estavam cheios de gasolina, e o terceiro cheio de ácido sulfúrico. Portanto, Sokolov concluiu que, em 18 de julho, dia seguinte à execução, Yurovsky tinha destruído os corpos, cortando-os a machadadas, encharcando-os com gasolina e ácido sulfúrico e queimando-os até virarem cinzas na fogueira perto da mina. Esses ossos e cinzas foram considerados os restos mortais da família imperial, e o local da fogueira, sua tumba.

Respeitosamente, Nicolai Sokolov guardou numa caixa os resultados físicos de sua investigação: os ossos calcinados, o dedo, os principais objetos pessoais. No verão de 1919, quando o Exército Vermelho recuperou Ekaterinburg, Sokolov atravessou a Sibéria até o Pacífico, onde pegou um barco para a Europa. Levou com ele a caixa, que mais tarde viria a ser objeto de mistério e ponto de discórdia.

Em 1924, quando publicou suas conclusões, os céticos argumentaram que não era possível queimar tão completamente onze corpos em uma fogueira. No entanto, a história de Sokolov se apoiava num fato simples, aparentemente incontestável: não havia corpos.

Durante quase todo o século XX, foi nisso que o mundo acreditou.

## 2

## APROVADO POR MOSCOU

DESDE O COMEÇO, o aniquilamento dos Romanov – a execução e o desaparecimento dos corpos – havia sido aprovado por Moscou. Até junho de 1918, as lideranças bolcheviques não sabiam bem o que fazer com a família imperial. Já mantendo os prisioneiros em Ekaterinburg, o Soviete do Ural era veementemente a favor da execução. Leon Trotsky, o exacerbado comissário vermelho, queria um julgamento público do ex-czar em Moscou, com transmissão nacional de rádio, em que ele, Trotsky, seria o promotor. Lênin, sempre pragmático, preferiu manter a família como peões no jogo que sustentava com a Alemanha. Em abril, a Rússia Soviética havia assinado o Tratado de Brest Litovsk com a Alemanha Imperial, negociando a paz em troca de um terço da Rússia Europeia e todo o ocidente da Ucrânia para ocupação alemã. Milhões de russos ficaram perplexos diante dessa decisão, que foi considerada uma traição. A princípio, Lênin esperava que Nicolau assinasse ou pelo menos endossasse o tratado, legitimando o documento e diminuindo o furor. Outra complicação foi que a imperatriz Alexandra era alemã e prima-irmã do kaiser Wilhelm. Agora que a Rússia estava fora da guerra, o novo embaixador alemão em Moscou, conde Wilhelm Mirbach, deixou clara a preocupação de seu governo com relação à segurança de Alexandra e suas quatro filhas. Lênin não tinha intenção de antagonizar os alemães, principalmente naquele momento.

No começo de julho, a guerra civil e a intervenção estrangeira ameaçavam o domínio bolchevique na Rússia. Além dos alemães no oeste e no sul, fuzileiros navais norte-americanos e soldados britânicos haviam desembarcado no norte, em Murmansk. Na Ucrânia ocidental, os generais Alekseyev, Kornilov e Deniken haviam organizado um Exército Branco de voluntários. Na Sibéria, a legião tcheca de 45 mil ex-prisioneiros de guerra, capturados do exército austro-húngaro, tinha tomado Omsk e avançava para oeste, na direção de Ekaterinburg. Quando os bolcheviques fizeram a paz, Trotsky concordou em deixar que os tchecos "encalhados" na Rússia saíssem pelo Pacífico e voltassem para a Europa a fim de lutarem pelo país deles. Os tchecos já estavam embarcados num comboio de trens na Sibéria, rumando para o leste, quando o Comando Geral Alemão objetou severamente à passagem deles, exigindo que os bolcheviques não só os impedissem de continuar, mas que também os desarmassem. Os bolcheviques tentaram, mas os tchecos resistiram e, com reforços dos russos antibolcheviques, venceram a luta. Foi a aproximação desse exército tcheco-branco a Ekaterinburg que forçou Lênin e o vice-líder Yakov Sverdlov (Trotsky tinha sido chamado ao front) a mudarem os planos para o ex-czar e família, presos na Casa de Ipatiev.

Em 6 de julho, os bolcheviques sofreram outro baque. Em Moscou, dois membros do Partido Socialista Revolucionário se opuseram apaixonadamente à assinatura do Tratado de Brest Litovsk e assassinaram o embaixador alemão. Lênin e Sverdlov temiam que as tropas alemãs invadissem a capital. Em meio a essa confusão, a ideia de um julgamento espetacular de Nicolau, de convencê-lo a assinar um tratado usando sua família como poder de barganha, parecia sem sentido, irrelevante. Os próprios Romanov já pareciam meio supérfluos, quase um estorvo. Sverdlov relatou essa situação a seu amigo Filipp Goloschekin, membro do Soviete Regional do Ural, que estava passando uma semana em sua casa, em Moscou. Somente ao retornar a Ekaterinburg, em 12 de julho, Goloschekin contou a seus companheiros do Soviete Regional do Ural que os Romanov não tinham mais utilidade para o governo e deixava a cargo do comitê decidir o momento e a maneira de dispor da família. O Soviete do Ural votou imediatamente pela execução de todos. Comandante da Casa de Ipatiev, Yurovsky recebeu ordens para fuzilar os prisioneiros e destruir todos os vestígios do que tinha acontecido.

Nos dias seguintes à execução, Moscou reteve todas as informações sobre os eventos em Ekaterinburg. Às nove horas da noite de 17 de julho, o Kremlin recebeu do Soviete Regional do Ural um telegrama em código dizendo: "Diga a Sverdlov que a família inteira sofreu o mesmo destino do chefe. Oficialmente, a família pereceu durante a evacuação." Já à espera dessa mensagem, Sverdlov respondeu: "Hoje [18 de julho] vou comunicar sua decisão ao Presidium do Comitê Executivo Central. Não há dúvida de que será aprovada. Comunicados sobre a execução devem partir das autoridades centrais. Retenha a divulgação até seu recebimento." Sverdlov, cujo título era diretor do Comitê Executivo Central, informou ao Presidium e, como esperava, obteve aprovação.

A farsa de que Moscou não sabia do evento continuou pela noite, até o momento em que Sverdlov chegou atrasado a uma reunião do Soviete dos Comissários do Povo. Lênin presidia uma discussão sobre um projeto de saúde pública. Sverdlov entrou, ocupou a cadeira atrás de Lênin, inclinou-se para a frente e cochichou em seu ouvido. Interrompendo a fala do comissário da saúde pública, Lênin disse: "O Camarada Sverdlov pede a palavra para um comunicado."

Em voz calma e de forma objetiva, Sverdlov anunciou: "Recebemos a informação de que, por decisão do Soviete Regional do Ural, Nicolau foi executado em Ekaterinburg. Alexandra Feodorovna e filhos estão em mãos confiáveis. Nicolau tentou fugir. Os tchecos estavam se aproximando. O Presidium do Comitê Central aprovou." Quando Sverdlov terminou, o salão ficou em silêncio. Depois de uma pausa, Lênin falou: "Vamos prosseguir na leitura do projeto, artigo por artigo."

O comunicado oficial redigido por Sverdlov e enviado para os jornais *Pravda* e *Izvestía* também omitiu o fato de que a esposa, as filhas e o filho de Nicolau haviam sido mortos junto com o czar. Em 20 de julho, apareceram jornais em Moscou e em São Petersburgo anunciando: EX-CZAR FUZILADO EM EKATERINBURG! MORTE DE NICOLAU ROMANOV! No mesmo dia, o Soviete do Ural pediu autorização para publicar: "O ex-czar e autocrata Nicolau Romanov foi fuzilado juntamente com sua família... Os corpos foram enterrados." O Kremlin proibiu essa divulgação porque mencionava a execução da família. Somente em 22 de julho, os editores de jornais de Ekaterinburg foram autorizados a publicar a versão manipulada por Moscou sobre o que acontecera na cidade. Nesse dia, cartazes com a notícia do jornal foram espalhados pela cidade siberiana com o texto:

DECISÃO DO PRESIDIUM DO CONSELHO DIVISIONAL
DE REPRESENTANTES DE TRABALHADORES,
CAMPONESES E GUARDA VERMELHA DOS URAIS:

Tendo em vista o fato de que bandos da Tchecoslováquia vêm ameaçando Ekaterinburg, a capital Vermelha dos Urais, e que o assassino coroado pode escapar ao tribunal do povo (recentemente foi descoberto um complô da Guarda Branca para resgatar a família imperial), o Presidium do Conselho Divisional, em consonância com a vontade do povo, decidiu que o ex-czar Nicolau Romanov, culpado diante do povo por inumeráveis crimes sangrentos, seja executado.

Essa decisão... se efetivou na noite de 16-17 de julho. A família Romanov foi transferida de Ekaterinburg para um local de maior segurança.

Oito dias após o massacre, em 25 de julho, os exércitos Branco e tcheco entraram em Ekaterinburg.

Em 1935, Leon Trotsky publicou seu *Diário do exílio*. Forçado por Stalin a se exilar, o ex-líder bolchevique relata a ligação entre Lênin e Sverdlov, que autorizou o massacre em Ekaterinburg, e o Soviete do Ural, que determinou a hora e o método de execução:

> Minha estada seguinte em Moscou (Trotsky estava no front) ocorreu depois da queda de Ekaterinburg. Em conversa com Sverdlov, perguntei casualmente:
> – Ah, sim, e onde está o czar?
> – Está tudo acabado – ele respondeu. – Ele foi fuzilado!
> – E onde está a família?
> – A família se foi com ele.
> – Todos? – perguntei, aparentando alguma surpresa.
> – Todos. E daí? – Ele estava esperando para ver minha reação. Não respondi.
> – E quem tomou a decisão? – perguntei.
> – Decidimos aqui. Ilyich [Lênin] achou que não devíamos deixar para os Brancos uma bandeira viva para circular por aí, principalmente nas difíceis circunstâncias atuais.
> Não fiz mais perguntas e considerei o assunto resolvido. De fato, a decisão era não só conveniente, mas necessária. A severidade dessa justiça sumária mostrava ao mundo que continuaríamos a lutar implacavelmente, sem que nada nos detivesse. A execução da família do czar era necessária não apenas para amedrontar, horrorizar e desanimar o inimigo, mas também para dar uma sacudida em nossas fileiras, de modo a mostrar que não havia como voltar atrás, que à frente só existia a vitória ou a ruína completa... Lênin entendeu bem isso.

A notícia de que Nicolau estava morto, executado por decisão de um soviete de província, e que sua família ainda estava viva se espalhou rapidamente pelo mundo. Em Moscou, o conselheiro da embaixada alemã, ocupando interinamente o lugar do embaixador assassinado, condenou oficialmente a execução do czar e expressou preocupação quanto ao destino da imperatriz nascida na Alemanha e de seus filhos. O governo soviético lançou a mentira que continuou a sustentar para os estrangeiros durante os oito anos seguintes. Em 20 de julho, Karl Radek, chefe do Departamento Europeu do Comissariado do Exterior Bolchevique, informou ao conselheiro alemão a possibilidade de que os sobreviventes obtivessem a liberdade "por motivos humanitários". Em 23 e 24 de julho, o superior de Radek, Georgy Chicherin, chefe do Comissariado do Exterior, assegurou ao enviado alemão que Alexandra e filhos estavam a salvo. Durante o mês de agosto e a maior parte de setembro, o governo alemão continuou a pressionar, recebendo as mesmas respostas. Em 29 de agosto, Radek propôs a troca da família imperial por prisioneiros em poder dos alemães. Dias depois, Chicherin voltou a garantir que a imperatriz e os filhos estavam em segurança. Em 10 de setembro, Radek retomou o assunto da libertação dos prisioneiros. Na terceira semana de setembro, chegou a Berlim a notícia de que as autoridades soviéticas estavam pensando em "transferir a família imperial para a Crimeia".

Enquanto isso, o governo britânico tinha informações mais nefastas. Em 31 de agosto, o Serviço Secreto Militar Britânico recebeu um relatório, repassado para o Departamento de Guerra e para o rei Jorge V, no castelo de Windsor, dizendo que provavelmente a imperatriz Alexandra e seus cinco filhos tinham sido assassinados juntamente com o czar. O rei aceitou a autenticidade do relatório e escreveu uma carta a sua prima princesa Vitória de Battenberg, irmã de Alexandra:

*Cara Vitória*

*May e eu lamentamos profundamente por você o trágico fim de sua querida irmã e seus filhos inocentes. Mas talvez para ela, quem sabe, tenha sido melhor assim, pois após a morte do querido Nicky ela não teria desejado viver. E as lindas meninas podem ter sido salvas de algo pior que a morte nas mãos daqueles monstros horríveis. Meu coração está com você.*

Apesar da mensagem de condolências do rei, o Ministério do Exterior decidiu fazer novas investigações. Sir Charles Eliot, alto-comissário britânico para assuntos da Sibéria, foi enviado de Vladivostok para Ekaterinburg, e em 15 de outubro chegou a Londres seu relatório confidencial, endereçado diretamente a Arthur Balfour, ministro do Exterior. A mensagem de Eliot parecia trazer alguma esperança. "Em 17 de julho, um trem com janelas fechadas por persianas partiu de Ekaterinburg para destino ignorado, e acredita-se que os membros sobreviventes da família imperial estivessem a bordo... A opinião geral em Ekaterinburg é de que a imperatriz, seu filho e suas filhas não foram assassinados."

Depois disso, os sobreviventes – se é que havia sobreviventes – pareciam ter desaparecido. Quatro anos mais tarde, numa conferência internacional em Gênova, um jornalista estrangeiro perguntou a Chicherin se o governo bolchevique havia matado as quatro filhas do czar. Chicherin respondeu: "O destino das quatro filhas me é desconhecido. Li na imprensa que elas estão na América."

Em 1924, o mistério parecia ter sido resolvido quando Nicolai Sokolov, o investigador Branco então morando em Paris, publicou seus achados e conclusões num livro editado primeiro em francês e depois em russo. O livro, *Inquérito judicial sobre o assassinato da família imperial russa*, trouxe à luz uma descrição, digna de uma testemunha ocular, de onze corpos caídos em poças de sangue no porão da Casa de Ipatiev. Sokolov adicionou fotos dos ossos, de um dedo cortado, joias, corpetes, dentadura e outros artigos e objetos recolhidos na mina nos Quatro Irmãos. Ele não só trouxe uma descrição brutal do massacre, mas fez um relato detalhado e aparentemente plausível da destruição dos corpos por ácido e fogo: "Os corpos foram picados em pedaços com instrumentos cortantes... destruídos com ácido sulfúrico e queimados em fogueiras com reforço de gasolina... A matéria gordurosa dos corpos derreteu e se espalhou pelo chão, onde se misturou com a terra." Pareciam evidências esmagadoras de que a família tinha morrido.

A jornada de Sokolov não foi fácil. Em julho de 1919, quando o Exército Vermelho retomou Ekaterinburg, ele foi obrigado a abandonar o trabalho. Viajando para o leste pela Ferrovia Transiberiana, ele levou consigo a caixa contendo os ossos calcinados e outras evidências, além de sete grossas pastas de material escrito. No Ocidente, Sokolov continuou acrescentando materiais a essas pastas por meio de inúmeras entrevistas com emigrados que haviam fugido da revolução e poderiam saber de alguma coisa – qualquer coisa – sobre a morte e o desaparecimento da família imperial. Obteve pouca ajuda. Sua aparência e comportamento não o favoreciam. Pequeno, com cabelos escuros e ralos, ele tinha um olho de vidro rachado, cuja fixidez desconcertante emanava do rosto intensamente nervoso. Enquanto falava, ele balançava de um lado para outro, esfregando incessantemente as mãos ou cofiando seu bigode hirsuto. Mas sua aparência e seus tiques nada tinham a ver com a rejeição por parte da pessoa mais importante dentre os emigrados: a mãe de Nicolau, a imperatriz viúva Maria Feodorovna. Embora tivesse contribuído financeiramente para o trabalho de Sokolov na Sibéria, ao saber que ele acreditava que toda a família havia morrido, ela se recusou a recebê-lo, a aceitar seu dossiê e sua caixa de relíquias. Até o dia de sua morte, em outubro de 1928, Maria teimou que seu filho e a família estavam vivos.

Obcecado, Sokolov continuou entrevistando e escrevendo. Por algum tempo, recebeu apoio do príncipe Nicolau Orlov, que patrocinou a mudança do investigador do Hotel du Bon La Fontaine, em Paris, para um apartamento em Fontainebleau. Ali, Sokolov finalmente terminou de escrever o livro. Meses após a publicação, ele sofreu um ataque cardíaco e morreu, com apenas 42 anos. Sokolov teve recompensa póstuma. Durante seis décadas e meia, até 1989, seu livro foi a explicação histórica de como a família imperial russa havia morrido e o que tinha acontecido com seus corpos.

A publicação e a aceitação mundial do livro de Sokolov obrigaram o governo soviético a mudar a história sobre o destino da imperatriz e seus filhos. Em 1926, após oito anos negando ter qualquer conhecimento do paradeiro da família imperial, a credibilidade de Moscou sobre o assunto foi desfeita pelas fotos e detalhes no livro de Sokolov. Além disso, os tempos haviam mudado: já não existia o interesse dos alemães pela princesa alemã, Lênin tinha morrido, e Stalin, seu sucessor, demonstrava um apreço cada vez maior pela natureza revigorante da crueldade. Assim, uma versão soviética do livro de Sokolov, *The Last Days of Tsardom* [*Os últimos dias do czarado*], foi autorizada. Escrito por Pavel M. Bykov, novo diretor do Soviete do Ural, e amplamente plagiado da obra de Sokolov, admitia que Alexandra, assim como seu filho e suas filhas, havia sido assassinada junto com Nicolau.

Agora Vermelhos e Brancos concordavam que toda a família imperial tinha morrido. Mas, ao relato sobre os corpos feito por Sokolov, Bykov acrescentou o que parecia ser uma pequena variação editorial:

> *Muito se falou sobre a ausência de corpos. Mas... os restos dos corpos, depois de queimados, foram levados para bem longe das minas e enterrados em terreno pantanoso, numa área que os voluntários e os investigadores não escavaram. Os corpos permaneceram ali e agora devem estar apodrecidos.*

Numa única frase, Bykov deu cinco novas pistas: havia *restos que subsistiram às chamas*, esses *restos haviam sido enterrados*, e enterrados *bem longe das minas*, *num terreno pantanoso*, *numa área que os voluntários e investigadores não tinham escavado*. Em outras palavras, algo havia sido escondido, mas não perto dos Quatro Irmãos, no local em que Sokolov tinha procurado.

O domínio bolchevique na Rússia se intensificou e a revolução parecia ser permanente. Cidades famosas foram renomeadas em homenagem a seus heróis: São Petersburgo virou Leningrado, Tsaritsyn virou Stalingrado e Ekaterinburg virou Sverdlovsk. Os não famosos buscavam o reconhecimento de seu heroísmo revolucionário, relatando sua participação no massacre do porão. Em 1920, Yakov Yurovsky fez ao historiador soviético Mikhail Pokrovsky um relato detalhado de sua ação em Ekaterinburg, em julho de 1918, "para constar na história". Em 1927, ele doou suas duas pistolas, a Colt e a Mauser, ao Museu da Revolução na Praça Vermelha. Piotr Ermakov, o comissário local no Ural, às vezes contestava Yurovsky quanto à "honra de ter executado o último czar" e doou sua pistola, também uma Mauser, ao Museu Sverdlovsk da Revolução. No início dos anos 1930, perto de Sverdlovsk, Ermakov gostava de se exibir para grupos de garotos acampados ao redor de fogueiras em noites de verão. Cheio de entusiasmo abastecido por uma garrafa de vodca, ele contava como tinha matado o czar. Mais tarde, um deles, membro do Campo Cheliabinsk de Pioneiros Agrícolas em 1933, recordou: "Eu tinha uns 12 ou 13 anos. Ele era apresentado como um herói. Recebia flores. Eu o ouvia com inveja. Terminava a palestra dizendo: 'Eu, pessoalmente, matei o czar.'"

Às vezes, ele modificava a história. Em 1935, o jornalista Richard Halliburton visitou Ermakov no apartamento em que ele morava em Sverdlovsk, supostamente morrendo de câncer na garganta: "Numa cama russa baixa e tosca... cheia de colchas de algodão vermelhas... um homem enorme... gordo, de 53 anos, se agitava incessantemente num esforço febril para respirar... No canto de sua boca aberta havia um filete de sangue... Dois olhos negros delirantes e injetados de sangue olhavam para mim." Durante três horas de conversa, Ermakov admitiu a Halliburton ter sido Yurovsky quem havia matado Nicolau. Sua vítima, disse ele, foi Alexandra: "Atirei com a Mauser na czarina – a dois metros de distância –, não podia errar. Pegou na boca. Em dois segundos, estava morta."

O relato de Ermakov sobre a destruição dos corpos reforçava as suposições de Sokolov. "Fizemos uma pira funeral com galhos grandes o bastante para apoiar os corpos, em duas camadas. Jogamos cinco latas de gasolina sobre os corpos e dois latões de ácido sulfúrico na madeira, e ateamos fogo... Fiquei ali para ter certeza de que nem uma unha, nem um fragmento restasse do fogo... Tivemos que manter a fogueira acesa por muito tempo para queimar os crânios." Ermakov finalizou dizendo: "Não deixamos nem um pouquinho de cinza no chão... Pus as latas de cinza na carroceria e mandei o motorista me levar de volta à estrada... Joguei as cinzas no ar, o vento as levou como poeira pela floresta e pelos campos." De volta a Nova York, Halliburton publicou essa entrevista como uma confissão de Ermakov no leito de morte. Em Sverdlovsk, porém, Ermakov se levantou das colchas vermelhas e viveu por mais dezessete anos.

Em 1976, quarenta e um anos após a publicação do livro de Halliburton, dois jornalistas da BBC Television levantaram questões sobre o desaparecimento dos Romanov. Em seu livro *The File on the Tsar*, Anthony Summers e Tom Mangold refutaram a conclusão de Sokolov, alegando que, em dois dias, mesmo com um grande suprimento de gasolina e ácido sulfúrico, os assassinos não seriam capazes de destruir "mais de uma tonelada de carne e ossos" e, como Ermakov afirmara, "[jogar] as cinzas no ar". Com trinta anos de experiência, o professor Francis Camps, patologista forense do Ministério do Interior Inglês, explicou aos autores a dificuldade de queimar um cadáver humano. O fogo carboniza o corpo, ele disse, "e a carbonização impede que o resto do corpo seja destruído". A cremação profissional, realizada em forno fechado, a temperaturas de até dois mil graus, pode reduzir um corpo a cinzas, mas essa técnica e esses equipamentos não existiam na floresta siberiana. Quanto ao ácido sulfúrico, o dr. Edward Rich, um especialista norte-americano de West Point, disse aos autores que "em sete corpos adultos ou quase adultos... jogar ácido neles não faria estrago maior do que desfigurar a superfície".

Os especialistas, tanto do Ministério do Interior quanto de West Point, concordaram que a discrepância forense mais gritante nos achados de Sokolov era a total ausência de dentes humanos. "Os dentes são os únicos componentes do corpo humano praticamente indestrutíveis", escreveram Summers e Mangold. "Se onze membros da casa Romanov foram realmente levados para a mina, há cerca de 350 dentes faltando." O especialista de West Point lhes contou que certa vez havia deixado vários dentes completamente imersos num recipiente com ácido sulfúrico, não por dois dias, mas por três semanas. E continuaram a ser dentes.*

---

\* Embora *The File on the Tsar* tenha tido grande repercussão, também gerou fortes críticas, ao próprio livro e aos autores. Em parte, isso se deu por causa de seu estilo, que proclamava ansiosamente a descoberta de "novas evidências... deliberadamente

Durante a Segunda Guerra Mundial, Sverdlovsk cresceu e se tornou uma cidade grande. À medida que o exército alemão cruzava a Rússia e a Ucrânia rumo ao leste, ia levando fábricas e milhares de trabalhadores para trás dos Urais. No fim da guerra, Sverdlovsk já produzia tanques e foguetes Katyusha. Depois da guerra, quando a União Soviética adquiriu tecnologia para fabricar a bomba atômica, surgiram várias cidadezinhas secretas, cercadas de arame farpado e torres de vigia, perto de Sverdlovsk e Cheliabinsk, ao sul. Essas duas cidades e toda a região foram interditadas a estrangeiros, e uma geração inteira cresceu nos Urais sem jamais ter visto alguém de outro país. Foi para espionar os segredos de Sverdlovsk e Cheliabinsk que o piloto da CIA Gary Powers sobrevoou essas cidades com o avião U-2, em 1960.

Durante esses anos, a Casa de Ipatiev virou um museu da revolução, um museu antirreligioso, centro do Conselho da Sociedade Ateia, dos Arquivos Regionais do Partido e o escritório do reitor da Universidade Comunista Ural-Siberiana. As paredes ostentavam fileiras de retratos de líderes bolcheviques e, se fossem nativos dos Urais, seus chapéus, casacos

---

suprimidas na época... escondidas por quase sessenta anos". Nessa tese, o vilão era Sokolov, que, conforme a acusação dos autores, "incluiu meticulosamente todas as evidências que apoiavam sua premissa de que a família havia sido massacrada na Casa de Ipatiev, mas omitiu evidências que indicavam ou demonstravam categoricamente que algo mais tinha acontecido". Esse "algo mais" era que a imperatriz e as filhas foram levadas para Perm, ficaram presas lá de julho a novembro e depois desapareceram. A autoridade nesse assunto era uma mulher em Perm, que dissera: "À luz difusa da vela, eu podia vislumbrar a ex-imperatriz Alexandra Feodorovna e suas quatro filhas... Elas dormiam em estrados de madeira no chão, sem camas nem lençóis. A luz fraca de uma vela de sebo era a única iluminação." Durante sua investigação, Sokolov havia lido esse depoimento, assim como relatos de vários outros "avistamentos" dos Romanov. Não os incluiu em suas conclusões porque achou que eram falsos, mas os manteve entre seus documentos. Summers e Mangold o encontraram, nem escondido nem suprimido, na Houghton Library, de Harvard.

Quando o livro foi publicado, perguntaram ao secretário de Estado Henry Kissinger: "O que acha do resgate dos Romanov e desses documentos sensacionais?" O secretário americano respondeu em seu modo inimitável: "Essa história toda é um monte de lixo." Em uma crítica do livro no *The New York Times*, o professor Richard Pipes, de Harvard, ficou tão indignado com a afirmação de Summers e Mangold sobre descobertas de novas evidências que, escarnecendo da declaração de identificação em Perm "à luz fraca de uma vela de sebo", usou a opinião de Kissinger para classificar o livro como um todo.

Contudo, os dois autores prestaram um serviço ao levantar questões para o professor Camps, do Ministério do Interior, e para o dr. Rich, de West Point. Ninguém precisava pensar que Sokolov era desonesto nem acreditar na mulher de Perm para se perguntar o que teria acontecido com os ossos e os dentes, difíceis de destruir com fogo ou ácido.

e medalhas ficavam expostos em vitrines. Cartazes e diagramas aclamavam as glórias do comunismo, mostrando que fora produzida uma quantidade muito maior de tratores, aviões, toneladas de aço e conjuntos de roupas de baixo nos tempos de Stalin do que nos do czar. Um quarto no andar de cima foi dedicado aos Romanov, com excertos do diário de Nicolau, páginas do diário de Alexei e a primeira página de um jornal de Ekaterinburg com a manchete: EXECUÇÃO DE NICOLAU, O ASSASSINO SANGUINÁRIO COROADO – FUZILADO SEM FORMALIDADES BURGUESAS, MAS CONFORME NOSSOS PRINCÍPIOS DEMOCRÁTICOS. O porão não fazia parte do museu. Cheio de caixas velhas empilhadas até o teto, fora transformado em depósito.

Os visitantes da Casa de Ipatiev, forçosamente cidadãos soviéticos, viam os retratos, cartazes e diários, e saíam para se misturarem aos outros na Praça da Revanche do Povo. Não tinham simpatia pelos Romanov. A família imperial era só uma parte da história, condenada, seus diários em vitrines de museu não eram mais relevantes. Mas o Partido e a KGB nunca esqueceram. Em 1977, o diretor da KGB Yuri Andropov convenceu o presidente Leonid Brezhnev de que a Casa de Ipatiev havia se tornado um local de peregrinação de monarquistas incógnitos. Foi expedida uma ordem do Kremlin para o primeiro-secretário da Região de Sverdlovsk, um nativo siberiano chamado Boris Yeltsin, para destruir a casa no prazo de três dias. Na noite de 27 de julho de 1977, uma enorme bola de demolição pendurada num guindaste, acompanhado por escavadeiras, chegou à frente da casa. Pela manhã, o prédio estava reduzido a tijolos e pedras descarregados no lixão da cidade. Mais tarde, apesar de ter recebido ordens de Brehznev e Andropov, Yeltsin foi considerado culpado por tê-las cumprido. Em sua autobiografia *Against the Grain*, ele aceitou sua parcela de responsabilidade: "Posso imaginar que, mais cedo ou mais tarde, teremos vergonha desse ato de barbarismo."

## ❧ 3 ❧

# TOMARA QUE EU NÃO ACHE NADA

"NUNCA IMAGINEI QUE acharia restos dos Romanov. Não planejava me envolver nessa coisa toda, de jeito nenhum. Tudo aconteceu por acontecer."

Alexander Avdonin falava a verdade, e ao mesmo tempo só uma parte dela. É verdade que cinquenta anos antes, quando iniciou a viagem que o levaria a essa extraordinária descoberta histórica, ele não sabia onde essa viagem iria terminar. Mas a descoberta de nove esqueletos numa cova rasa a sete quilômetros da mina dos Quatro Irmãos não aconteceu por si só. Foi uma iniciativa deliberada, elaborada durante muitos anos, e bem-sucedida apesar dos enormes obstáculos. Foi um trabalho de equipe, mas uma equipe pequena, tendo Alexander Avdonin como líder e força motriz.

Agora com 64 anos, Avdonin é um homem intenso, de cabelos prateados, estatura mediana e olhos azuis muito claros, que nos fitam através de grossas lentes com aros de metal. A pele bronzeada e o corpo sólido e flexível não surpreendem, pois ele é geólogo – hoje aposentado – e passou a maior parte da vida ao ar livre, percorrendo campos e florestas perto de sua cidade natal. Nasceu e cresceu em Sverdlovsk. Ainda adolescente, na escola, se interessava por ciências naturais – geologia e biologia – e pela história e folclore das paisagens ondulantes do país a leste dos Urais. Havia fios obscuros na trama dessa história: rumores de que o solo da floresta estava cheio de cadáveres, gente morta pela Cheka*, lendas sobre os Romanov, a execução, Sokolov, reaparecimento de impostores. Quando menino, ele viu Ermakov andando pela cidade. Curioso, o jovem Avdonin foi à Casa de Ipatiev, visitou outros museus e leu tudo o que encontrou sobre os Romanov. "Cada vez que ouvia alguma coisa eu guardava, só para saber, e não por qualquer outro motivo. Mas à medida que acumulava informações e documentos, evidências materiais de outros fatos históricos, meu pensamento começou a mudar. Nossa história soviética era tão restrita e enfadonha que pensei em registrar pontos desconhecidos da história de nossa região, não para usar naquele momento, mas para o futuro."

Como o tema era proibido, muito do que Avdonin aprendeu foi por transmissão oral. Ele conversou com a sobrinha de um guarda da Casa de Ipatiev, com a esposa de um membro do Soviete do Ural que votou pela execução dos Romanov, com o filho de um dos carrascos e com um repórter do jornal O *trabalhador dos Urais*, que na adolescência havia participado das investigações de Sokolov. Em 1919, esse repórter, Gennady Lissine,

---

* A Comissão Extraordinária para o Combate à Contrarrevolução operou, entre 1917 e 1922, como polícia secreta contra todos os que eram considerados inimigos do regime soviético. (N. do R.T.)

estava entre as crianças e adolescentes que Sokolov reuniu e levou aos Quatro Irmãos. Em fileira, com intervalos de dois metros, os meninos iam caminhando pela floresta e pegando qualquer coisa que encontrassem. Perto do Poço de Ganin, acharam um botão, os restos de um pequeno cachecol e um farrapo de tecido. O mais importante para Sokolov foi que não encontraram nada em outros lugares, e por isso o investigador concentrou seus trabalhos perto do Poço de Ganin e na Mina Aberta. Em 1919, Lissine tinha 15 anos. Em 1964, já com 60 anos, ele levou Avdonin aos Quatro Irmãos e lhe contou tudo o que lembrava de Sokolov e da investigação. Nenhum dos dois tinha sequer visto o livro de Sokolov, que era proibido. Avdonin leu o livro de Bykov, que dizia ter havido restos queimados, mas não inteiramente, que foram levados a certa distância dos Quatro Irmãos e enterrados num "terreno pantanoso".

No correr do tempo, Alexander Avdonin ficou conhecido em Sverdlovsk por seu interesse e conhecimentos, mas seu trabalho era obstruído. Relembrando aquela época em comparação com os anos 1990, Avdonin disse: "Não era simples colher informações nos anos 1960 e 1970. Não havia gravadores, era tudo boca a boca. E as pessoas tinham medo de falar."

Mas, de repente, Avdonin encontrou um forte aliado. Geli Ryabov era um homem importante em Moscou, famoso cineasta e autor de histórias de detetive e suspense. Um de seus filmes, um conhecido seriado em dez episódios intitulado *The Birth of the Revolution* [*O nascimento da revolução*], era sobre a MVD, a polícia civil soviética, ou milícia, que tratava de crimes não políticos (em oposição à sinistra KGB, o órgão de Segurança Nacional, encarregada de lidar com dissidentes políticos). Em 1976, Ryabov chegou a Sverdlovsk para apresentar seu filme. Levado por "pura curiosidade humana", ele foi à Casa de Ipatiev, então fechada a visitantes (e apenas um ano antes da demolição). Convenceu a polícia a deixá-lo entrar. Desceu ao porão. Quando saiu, ele recorda: "Resolvi que precisava me envolver nessa história. Senti a obrigação moral, uma missão que me acompanharia até morrer, de escrever sobre tudo o que aconteceu àquelas pessoas."

Ryabov precisava começar de algum lugar. Perguntou ao chefe da MVD local se alguém na cidade sabia alguma coisa sobre os Romanov. "Se alguém sabe, é Avdonin", o chefe respondeu. Um ano depois, os dois foram apresentados. A primeira reação de Avdonin foi depreciativa (ele diz "cautela"). Ele falou a Ryabov que era impossível achar alguma coisa, que procurar era perda de tempo, já que haviam construído casas e fábricas nos locais onde tudo tinha acontecido. Aos poucos, Avdonin – cuja primeira reação a recém-chegados ainda é de uma polidez tensa – foi se acalmando. Ele disse que achou Ryabov "uma pessoa muito inteligente e interessante. Gostei dele".

Conversaram muito sobre seus motivos: por que deveriam procurar os ossos? "Nós dois tínhamos objetivos nobres", relembra Avdonin. "Queríamos fazer isso a fim de resgatar uma página da nossa história. Em princípio, a questão dos restos do czar deveria ser tratada pelo governo. Mas o governo tinha acabado de derrubar a Casa de Ipatiev. Pensamos que seria possível liquidarem com os restos também. Não sabíamos onde estavam, mas se não os achássemos poderiam ser facilmente destruídos. Decidimos que *tínhamos* que encontrar."

Outro aspecto foi levado em consideração. "Isso é muito perigoso", Avdonin disse a Ryabov: "Se alguém descobrir, se chegar 'aos órgãos' [a KGB], vai acabar sendo muito lamentável para mim. Tenho família e dois filhos. Ryabov falou que trabalhava para Sholokhov, ministro do Interior, portanto, por que se preocupar? 'Vou sempre te dar cobertura', ele assegurou. Então, falei: 'Nessas condições, vamos começar. Você me dá o material dos arquivos e eu procuro o local'."

Ryabov voltou a Moscou e disse a Sholokhov que, para continuar a escrever a história da milícia soviética, precisava ter maior acesso a arquivos secretos em livros, memórias e documentos. Sholokhov lhe deu uma carta de permissão, e "daí em diante" – Ryabov sorriu – "me deram tudo de que eu precisava". Um dos livros era o de Sokolov, que Ryabov levou para Sverdlovsk. Avdonin falou a Ryabov sobre as minas nos Quatro Irmãos, o que, segundo Avdonin, causou forte impressão no cineasta. Trabalhando juntos, os dois encontraram mais objetos – botões, uma moeda, fios, vidro, uma bala – que Avdonin deu a Ryabov. "Tratávamos Ryabov com o maior respeito, como mais velho, culto, um escritor", Avdonin recorda.

Leram e releram os relatos de Sokolov e Bykov. Bykov dizia haver restos que foram levados para bem longe do local dos Quatro Irmãos. Para onde teriam sido levados? Curiosamente, Nicolai Sokolov, cujo livro negava firmemente a existência de quaisquer restos, deu uma pista. No livro havia uma foto, tirada durante sua investigação em 1919, de uma plataforma ou ponte muito simples, feita de troncos recém-cortados e dormentes de estrada de ferro, sobre um lamaçal na estrada de Koptyaki. Na foto, o próprio Sokolov estava ao lado da ponte. Sua explicação para a existência daquilo era que, na noite de 18 de julho, dois dias após as execuções, um caminhão saiu de Ekaterinburg e seguiu pela estrada de Koptyaki. Às 4:30 da madrugada (já era dia 19), o caminhão atolou no lamaçal. O operador da ferrovia no pequeno posto de trabalho onde a estrada cruzava os trilhos disse que apareceram uns homens, dizendo que o caminhão estava atolado e pedindo dormentes para fazer uma ponte sobre o lamaçal. Fizeram a ponte e o caminhão foi embora; às nove da manhã já estava na garagem em Ekaterinburg.

Lendo Sokolov, Avdonin e Ryabov perceberam que o investigador tinha ignorado algo importante: "Da parte da floresta onde o caminhão havia atolado até a garagem era meia hora de viagem", Avdonin observou. "Se o caminhão estava atolado e eles só precisavam empurrar, isso não era complicado, poderia ser feito pelos soldados em meia hora. Então, o que o caminhão estava fazendo ali? Algo estava acontecendo ali. O que estava ocorrendo naquele lugar durante quase cinco horas?" Embora tivesse tirado a foto ao lado da ponte, Sokolov nunca se fizera essa pergunta. Em vista disso, Avdonin e Ryabov decidiram que cabia a eles ir ao local onde a ponte de dormentes havia sido construída na estrada de Koptyaki.

Como Ryabov teve que voltar a Moscou, Avdonin iniciou a busca com ajuda de um amigo, um geólogo chamado Michael Kachurov. "Estávamos procurando a ponte", contou Avdonin. "Havia quatro áreas baixas na estrada de Koptyaki, perto da ferrovia, onde a lama poderia estar muito funda em julho de 1918 para que tivessem que construir uma ponte. Mas é claro que, em 1978, quando procuramos, não existia mais ponte lá. Cinquenta anos haviam se passado desde a foto de Sokolov, com carros circulando por lá. Ela pode ter sido aterrada ou, com o tempo, afundada no terreno e deixado de existir. O mato cresceu e até a estrada desapareceu. Mas um dia, chegando a uma ravina, Kachurov subiu numa árvore bem alta e gritou: 'Sacha, estou vendo a velha estrada e dois locais baixos onde os corpos podem estar enterrados.'"

"Com um cano de aço bem afiado, construímos um instrumento muito simples para colher amostras – uma engenhoca parecendo um grande saca-rolhas. Caminhamos pelo leito da velha estrada e, a intervalos regulares, enfiávamos e batíamos o instrumento nos locais mais baixos. Se não existisse nada ali, o cano penetrava até o fim. Se houvesse uma pedra, eu mexia o cano para o lado, desviando." Quando Kachurov avistou a área perto do Campo de Porosyonk [dos Porcos], Avdonin passou a enfiar o saca-rolhas a intervalos menores. Ele relata: "Batemos em algo mole como madeira a uma profundidade de quarenta centímetros. Andamos por ali perfurando todo o local e descobrimos uma área de aproximadamente dois por três metros, com evidências de madeira logo abaixo da superfície. Foi então que escrevemos a Ryabov contando que tínhamos achado o local."

Enquanto isso, Geli Ryabov fazia outra descoberta importante. Com a ajuda de amigos de Avdonin nos Urais, ele tinha localizado o filho mais velho de Yakov Yurovsky, o chefe dos assassinos da família imperial. Em 1978, Alexander Yurovsky, vice-almirante reformado da Marinha Soviética, morava em Leningrado. Quando Ryabov se encontrou com ele, Yurovsky filho fez algo extraordinário: entregou ao cineasta uma cópia do relatório que seu pai enviara ao governo soviético sobre a execução e a disposição dos corpos dos Romanov. O relatório original estava nos documentos secretos do Arquivo Central da Revolução de Outubro, em Moscou, e uma cópia tinha ido para o historiador soviético Mikhail Pokrovsky, sem autorização para publicar uma palavra sequer. O motivo de Alexander Yurovsky para entregar a Ryabov sua cópia manuscrita desse documento foi o arrependimento pela "página mais horrível" da vida de seu pai.

O relatório de Yurovsky preencheu as lacunas e corrigiu os erros de Sokolov e Bykov. Aqui está uma sinopse do relato, escondido por sessenta anos, do que Ryabov e Avdonin leram em 1978-79:

Na manhã de 17 de julho de 1918, depois de matar os Romanov e jogar seus corpos na mina dos Quatro Irmãos, Yurovsky retornou a Ekaterinburg para fazer o relatório. Para seu horror, encontrou a cidade fervilhando de comentários sobre o local em que os corpos da família do czar haviam sido escondidos. Obviamente, os homens de Ermakov tinham dado com a língua nos dentes. Era preciso encontrar rapidamente outro local para enterrá-los; o Exército Branco já estava chegando muito perto. Ignorando Ermakov, Yurovsky pediu ajuda a outros agentes locais. Disseram-lhe que havia minas muito profundas ao longo da estrada para Moscou, a trinta quilômetros dali. Yurovsky foi investigar. Seu carro quebrou e ele teve que continuar a viagem a pé, mas acabou achando três minas profundas e inundadas. Decidiu levar os corpos até o local, amarrá-los a pedras e jogá-los lá dentro. Se houvesse tempo, primeiro os queimaria, desfigurarndo com ácido sulfúrico tudo o que restasse para impedir qualquer reconhecimento, e então jogaria os restos na água.

Quando Yurovsky retornou a Ekaterinburg – começou a pé, depois requisitou o cavalo de um camponês azarado –, eram quase oito horas da noite, e ele começou a providenciar o que precisava: mais gasolina e ácido sulfúrico. Yurovsky e seus homens só saíram ao meio-dia e meia de 18 de julho. Voltando aos Quatro Irmãos, iluminaram com tochas a entrada da mina original. Um dos homens de Yurovsky desceu na escuridão, com água gelada na altura do peito e rodeado de cadáveres. Baixaram uma corda. Ele foi amarrando a corda em torno dos corpos, um por um, e mandando-os para cima.

Yurovsky chegou a pensar em enterrar alguns corpos no chão ali mesmo, junto à mina, e começou a cavar, mas desistiu ao perceber que seria muito fácil ver a cova. Àquela altura, a maior parte do dia tinha se passado. Às oito da noite de 18 de julho, os corpos foram colocados em carroças rumo às minas mais profundas. Mas as carroças começaram a quebrar. Yurovsky interrompeu a marcha e voltou à cidade para arrumar um caminhão. Quando este chegou, os corpos foram transferidos e retomaram a jornada. Foi difícil para o caminhão, seguindo aos solavancos e derrapando na buraqueira enlameada da estrada, várias vezes atolando em buracos cheios de água.

"Por volta das 4:30 da madrugada de 19 de julho", escreveu Yurovsky:

*o veículo ficou definitivamente atolado. Já que não chegaríamos até as minas profundas, só podíamos enterrá-los ou queimá-los. Queríamos queimar Alexei e Alexandra Feodorovna, mas, por engano, em vez dela queimamos sua dama [Demidova] e Alexei. Enterramos os restos ali mesmo, sob a fogueira, jogamos pás de argila por cima dos restos, acendemos outra fogueira no local e espalhamos as cinzas e brasas, a fim de cobrir totalmente os vestígios da cova. Enquanto isso uma vala comum era cavada para os outros. Por volta das sete da manhã, outra cova de dois metros de profundidade com dois e meio metros quadrados estava pronta. Os corpos foram colocados no buraco e ensopados fartamente com ácido sulfúrico de modo a não serem reconhecidos e impedir qualquer odor de decomposição. Enchemos de galhos e de cal, cobrimos com madeira e passamos o caminhão por cima diversas vezes – até não restar vestígio do buraco. O segredo foi bem guardado – os Brancos não encontraram o local do sepultamento.*

No fim do relatório, Yurovsky acrescentou o local exato da cova secreta: "Koptyaki, 19 quilômetros a noroeste de Ekaterinburg. Os trilhos da ferrovia passam a cerca de dez quilômetros entre Koptyaki e a fábrica do Alto Isetsk. De onde os trilhos cruzam [a estrada], eles estão enterrados a 210 metros na direção da fábrica Isetsk."

Foi exatamente aí que Avdonin e Kachurov perfuraram o leito da velha estrada e encontraram restos de madeira sob a superfície.

Certos de que haviam encontrado o local, Avdonin e Ryabov tiveram que esperar até a primavera seguinte para prosseguir na busca. No fim de maio de 1979, Avdonin e sua esposa, Galina, e Ryabov e sua esposa, Margaret, voltaram à área. Usando o "saca-rolhas" de cano de aço de Avdonin, perfuraram ainda mais o solo, chegando a um metro e meio de profundidade. Todas as perfurações atingiam depósitos aluviais, solo argiloso, pedras e camadas de argila escura, marrom e verdoenga. Abaixo de duas das perfurações, havia algo diferente. As camadas estavam misturadas e no fundo existia uma argila suja, preta, mucosa ("preta como fuligem", disse Ryabov), oleosa ao toque, com um odor fétido, betuminoso. Recolheram amostras para testes com ácido e viram que o solo naqueles buracos era altamente ácido. Yurovsky tinha escrito que pusera ácido nos corpos, e Avdonin sabia que o ácido permanece no solo, principalmente na argila, até por mais de sessenta anos. Estava certo de ter encontrado a sepultura.

Estavam impacientes. Nas primeiras horas da manhã do dia seguinte, 30 de maio, cavaram no local. Eram seis: Ryabov, Avdonin e suas esposas, um geólogo amigo de Avdonin chamado Vassiliev e um amigo de Ryabov dos tempos de exército chamado Pysotsky. (Kachurov não pôde ir, e não muito tempo depois morreu afogado acidentalmente num rio no norte da Sibéria.) Durante toda a operação, Avdonin fez o melhor possível para incutir segurança. Antes da escavação, não apresentou nenhum de seus amigos e colegas a Ryabov, que não chegou a conhecer Kachurov e só foi apresentado a Vassiliev no dia da escavação. "Só fiz isso porque estava com muito medo de tudo", contou Avdonin. "Era um negócio muito arriscado. Estávamos com medo."

Em maio, o sol nasce por volta das cinco da manhã em Ekaterinburg. Às seis da manhã, o grupo estava na floresta, munido de pás. Encontravam-se sozinhos, à exceção de uns coletores de cogumelos que caminhavam por ali, chamando uns aos outros. Tão logo começaram a cavar, Avdonin e seus colegas encontraram os dormentes da estrada de ferro, e logo abaixo viram ossos humanos. Numa área pequena, de apenas 3,30 metros quadrados, acharam três crânios. Todos ficaram apavorados. "Admito que nossa interferência naquele poço foi brutal", Ryabov disse. "Foi horrível. Mas não tínhamos tempo, não tínhamos ferramentas e, é claro, estávamos dominados pelo medo... medo de sermos descobertos. Claro que, quando achamos, o medo foi ainda maior." Balançando a cabeça, ele repetiu: "Foi apavorante! Foi apavorante!" Avdonin estava com medo: "Passei a vida procurando por isso, ou alguma coisa que levasse a isso. E, então, quando começamos a levantar as tábuas, pensei 'Tomara que eu não ache nada'."

No entanto, continuaram. "Retiramos os três crânios", disse Avdonin. "Sabíamos que seriam submetidos a exames – mas ainda não sabíamos a quais. Separamos os crânios e os tiramos de lá. Fechamos a cova, pondo tudo onde estava antes, coberto de mato. Precisávamos fazer tudo o mais rápido possível. Eram seis horas quando começamos a cavar, e quando terminamos já eram nove ou dez."

De volta à cidade, o grupo estava em estado de choque emocional. À noite, alguns foram à igreja pedir ao padre que fizesse uma *panikhida*, um ritual especial de oração pela família imperial e por eles mesmos. (Não confiando inteiramente no padre, escreveram numa lista longa os nomes de Nicolau, Alexandra, Alexei, Olga, Tatiana, Maria e Anastácia, na esperança de que o padre achasse que eram tias, tios e primas deles.) A oração não acalmou muito Avdonin, que ficou se sentindo doente durante dois meses.

Nos dias que se seguiram, os crânios foram lavados com água e examinados. Estavam cinzentos e pretos. Em certas áreas, os sulcos gravados pelo ácido sulfúrico eram evidentes. Os ossos do centro da face dos três crânios estavam faltando. Na têmpora esquerda de um deles, havia um grande buraco redondo, parecendo ter sido feito por uma bala. A mandíbula esquerda de outro crânio tinha uma extensa fileira de dentes de ouro. Ryabov sabia que Nicolau II não tinha bons dentes, e supôs que aquele crânio fosse o do czar. (Mais tarde se soube que era da criada Anna Demidova.) Ele sugeriu que um dos outros crânios pertencesse a Alexei, e o terceiro a uma das quatro meninas, Olga, Tatiana, Maria ou Anastácia.

Diante do que fazer com os crânios, resolveram separá-los, dividindo-os entre eles. Avdonin ficou com o crânio presumivelmente do czar, e Ryabov recorda: "Avdonin disse que, em vista do fato de ser residente em Ekaterinburg e organizador da expedição, tinha o direito de ficar com o crânio do imperador." Ryabov levou os outros dois para Moscou, esperando usar seu relacionamento com o ministro do Interior para que fossem realizados exames discretos, não oficiais, no Serviço Forense do Ministério da Saúde. O pedido foi rejeitado. Durante um ano, ele manteve os crânios em seu apartamento em Moscou e depois, não encontrando nenhum cientista ou laboratório que o ajudasse, levou-os de volta para Ekaterinburg. Avdonin não tinha feito nada com o crânio em sua posse, que ficou o ano inteiro guardado debaixo da cama.

No verão de 1980, frustrados e ainda temerosos das consequências da descoberta, Avdonin e Ryabov decidiram devolver os crânios a terra. Foram colocados numa caixa de madeira com um ícone de cobre e levados de volta à cova. Cavaram novamente o local e dessa vez encontraram outro crânio, que trouxeram por instantes à superfície. Esse crânio tinha dentes de metal e Ryabov supôs que fosse de Demidova, pois os dentes postiços poderiam muito bem ter sido feitos de um aço barato. (Mais tarde, soube que pertencia à imperatriz e que o "metal branco barato" era platina.)

Antes de retornar a caixa com os três crânios a terra, Avdonin e Ryabov discutiram longamente sobre o que fazer com toda a informação que haviam obtido. Não podiam contar a ninguém. Aquela época da história soviética não era favorável ao interesse – quanto mais a notícias sensacionalistas – sobre os Romanov. Três anos antes, a Casa de Ipatiev tinha sido arrasada. "Fizemos o juramento de jamais falar sobre aquilo até que as circunstâncias em nosso país tivessem mudado", disse Avdonin. "E, se não mudassem, passaríamos todo nosso material e informações à geração seguinte. Só poderíamos deixar para nossos herdeiros. Ryabov não tinha filhos. Isso significava que havia apenas meus filhos. Então, decidimos que essa história seria passada à outra geração por intermédio do meu filho mais velho."

Em 1982, Leonid Brezhnev morreu, seguido rapidamente ao túmulo por seus sucessores Yuri Andropov e Konstantin Chernenko. Em 1985, Mikhail Gorbachev tornou-se o líder da União Soviética e gradualmente foi introduzindo a política da *glasnost* (abertura) e da *perestroíka* (reforma). No início de 1989, acreditando que havia chegado a hora de revelar os segredos guardados por ele e Avdonin, Geli Ryabov tentou fazer contato com Gorbachev, "pedindo seu apoio em nível governamental para lidar adequadamente com tudo aquilo". Gorbachev não respondeu, mas fragmentos da história vazaram para o editor do jornal liberal semanal *Moscow News*. O editor procurou Ryabov e, em 10 de abril de 1989, o jornal publicou uma entrevista impressionante. No dia seguinte, a matéria estava em todos os jornais importantes do Ocidente, contando que, dez anos antes, o cineasta soviético Geli Ryabov encontrara os ossos da família imperial num pântano perto de Sverdlovsk.

Ryabov é um homem baixo, esguio, de rosto estreito e muito bronzeado, olhos castanho-escuros, cabelos e bigode brancos. Seus gestos são nervosos, seus dedos estão sempre tamborilando enquanto alguém mais está falando. Ao contrário de Avdonin, que tem olhar duro e voz implacável, Ryabov frequentemente olha para o outro lado, tem fala suave e nunca interrompe. Ao aparecer na televisão, disse aos espectadores: "Sou um proletário típico. Meu pai foi comissário no Exército Vermelho durante a Guerra Civil, portanto, suas mãos estavam impregnadas de sangue. Minha mãe era uma simples camponesa. Agora, sou devoto e monarquista." Ele contou que havia desenterrado três crânios e mostrou as fotos, no local da escavação. Sua tentativa para encontrá-los levara três anos. "Em 1918, foram realizados grandes esforços para esconder a identidade e o paradeiro dos corpos", Ryabov prosseguiu, "porque mesmo então a dubiedade moral da execução era óbvia." Entretanto, ele estava convicto da autenticidade de seus achados. "Até para mim", disse Ryabov, "não foi difícil identificá-los." Apesar de Gorbachev e da *glasnost*, ele disse que não estava pronto a divulgar suas descobertas, e não revelou o local exato dos enterrados. Apenas declarou ao *Moscow News*: "Estou preparado para mostrar os restos que encontrei, bem como a própria cova a uma comissão de especialistas, mas apenas sob a condição de que seja dada autorização para um enterro decente e digno de seres humanos cristãos."

Essa declaração gerou furor internacional. Ryabov foi acreditado e desacreditado, aclamado e denunciado. Mas um aspecto curioso de suas revelações foi que, em nenhum momento das entrevistas, nem no longo artigo subsequente que escreveu para a *Rodína* (Terra Natal), Ryabov fez menção ao nome de Alexander Avdonin.

"Minha reação foi de horror", disse Avdonin, recordando como se sentira ao saber que Ryabov tinha quebrado o juramento. "É verdade que em 1989 as mudanças chegaram ao nosso país. E entendo que Ryabov é um escritor e que não podia abrir seu coração em artigos e cartas irrelevantes. Fui visitá-lo antes das entrevistas e publicações. Ele me contou que estava escrevendo sobre aquilo e me mostrou. Gostei e lhe disse que era bom. Mas também lhe disse que devia segurar o artigo por enquanto e não publicar já. Era melhor esperar para ver o rumo que a política iria tomar."

Quando Ryabov decidiu ir em frente, pediu permissão a Avdonin? "Não", disse Avdonin, "e seu comunicado sequer mencionou que outras pessoas estiveram envolvidas. Até hoje não entendo por que ele fez isso."

A resposta de Ryabov foi que Avdonin não quis ser mencionado porque sua esposa era professora de inglês numa faculdade do MVD [Ministério do Interior], em Ekaterinburg. "Ainda era perigoso para ele", disse Ryabov. "Ele não queria publicidade. Achava que a ocasião ainda não era propícia para divulgar a informação." Portanto, Ryabov decidiu ir em frente, ficar com todos os riscos – e com todo o crédito.

Em um aspecto, Ryabov seguiu o conselho que Avdonin lhe dera muito tempo atrás. Seu artigo na *Rodína,* publicado três meses depois da entrevista para o *Moscow News,* indicava a localização da cova. No entanto, como Avdonin havia sugerido, apontava um local a 800 metros de distância do verdadeiro. Um dia depois de a revista ter chegado a Sverdlovsk, máquinas pesadas entraram na floresta, escavaram ao redor do falso local e levaram embora toda a terra escavada. "KGB", segundo Avdonin.

Avdonin e Ryabov não se falaram mais. Usando a fama de descobridor da cova, Ryabov escreveu para a rainha Elizabeth II da Inglaterra, parente dos Romanov, pedindo que exercesse sua influência para que tivessem um enterro cristão. A rainha não respondeu. Em 1991, quando Boris Yeltsin, novo líder da Rússia, autorizou a abertura da cova sob supervisão científica, Avdonin se encontrou com Ryabov pela última vez e disse, espontaneamente: "Venha! Vamos lá exumar." Ryabov se recusou. "Talvez fosse peso na consciência", sugeriu Avdonin. Mas Ryabov não se deixou levar pelas críticas de Avdonin. Pelo contrário, ele disse: "Não há dúvida sobre o inestimável valor do papel de Alexander Nikolaevich Avdonin nessa história. Ninguém duvida disso. Ele prestou um trabalho monumental. Foi ele que escavou os restos."

E assim ficou. A não ser quando, numa leitosa noite de verão da Sibéria, Avdonin desabafou: "Traição, falsidade – bem como aconteceu com Ryabov."

## 4

# UM PERSONAGEM DE GOGOL

No outono de 1989, a desintegração física do império soviético estava em andamento. Em 9 de novembro, o Muro de Berlim veio abaixo. Semanas depois, Lech Walesa era presidente da Polônia. Em dois anos, os governos comunistas tinham caído ou sido derrubados em toda a Europa ocidental.

Em 12 de junho de 1991, aconteceu a primeira eleição de um líder político em nível nacional, em mil anos de história da Rússia. Boris Yeltsin, nascido em Sverdlovsk, foi eleito presidente. Em 10 de julho, ao tomar posse no Kremlin, Yeltsin despiu a cerimônia de todo o simbolismo comunista. Em lugar do enorme retrato de Lênin que por décadas se agigantava no painel por trás do orador, ele estendeu a bandeira branca, azul e vermelha que Pedro, o Grande, havia adotado para a Rússia. O patriarca da Igreja Ortodoxa abençoou Yeltsin com o sinal da cruz, dizendo: "Por vontade de Deus e escolha do povo russo, que lhe seja conferido o mais alto cargo na Rússia." Mikhail Gorbachev estava presente, apegando-se ao poder como presidente do Sindicato Soviético e secretário-geral do Partido Comunista. Um mês depois, Gorbachev só manteve o cargo porque Yeltsin subiu num tanque em Moscou e conteve uma tentativa de golpe armado pelo exército e pela KGB. Em dezembro de 1991, Gorbachev estava acabado. O Comitê Central do Partido Comunista foi dissolvido. Ucrânia, Bielorrússia, Cazaquistão, países bálticos e outras repúblicas antes soviéticas haviam proclamado independência. Em estado de relativa paz, setenta e quatro anos de governo soviético na Rússia tinham chegado ao fim.

Nesses anos, tumultos e mudanças afetaram a União Soviética por toda parte, inclusive Sverdlovsk. Em 1990, os comunistas foram expulsos do Conselho Municipal. Pouco depois, o local da Casa de Ipatiev, agora um terreno baldio cheio de entulho, pedras e tijolos esmagados, foi doado ao bispo ortodoxo local. Falava-se em erigir ali uma capela. O Sindicato pela Ressurreição da Rússia, grupo monarquista, colocou uma cruz de madeira no terreno. Foi destruída por comunistas ferrenhos. Depois colocaram no lugar uma cruz de metal, de dois metros, decorada com fotos do czar, da imperatriz e do czarevich. Os comunistas não perderam completamente sua influência na cidade, antes conhecida como a "capital do Ural Vermelho". O nome da cidade voltou a ser Ekaterinburg, mas a região continuou a ser conhecida como Sverdlovsk. A rua principal continuou a ser chamada Avenida Lênin e, numa interseção importante, foi mantida a estátua de Yakov Sverdlov.*

Após a eleição do novo presidente, as autoridades de Ekaterinburg se apressaram a encaminhar uma solicitação de Alexander Avdonin. O governador regional, Edvard Rossel, pediu permissão a Yeltsin para exumar os ossos dos Romanov. Yeltsin concordou. Uma delegação de oficiais superiores pediu o apoio da dra. Ludmilla Koryakova, professora-chefe de arqueologia na Ural State University, para escavar "uma cova desconhecida do período soviético". Eles se recusaram a ser mais específicos, mas Koryakova imaginou do que se tratava. Relutou, baseando-se principalmente em dados científicos. "Não havia tempo para preparar", ela disse mais tarde ao *Sunday Times*, em Londres. "Não havia ferramentas, nem instrumentos, nada do que era preciso para uma escavação correta." Contudo, pressionada por seus superiores na universidade, ela concordou em ajudar.

Em 11 de julho de 1991, no dia seguinte à posse de Yeltsin, em Moscou, um comboio de caminhões militares partiu para Ekaterinburg. Levavam "dois de cada, como a arca de Noé", disse a dra. Koryakova. "Dois coronéis da polícia, dois detetives com câmeras e equipamentos de vídeo, dois especialistas forenses, dois epidemiologistas, o procurador da cidade e seu secretário, e dois policiais, cada um com uma submetralhadora." E Alexander Avdonin, é claro.

Meia hora depois, o comboio chegou ao local na floresta, uma pequena clareira na antiga estrada de Koptyaki, a cerca de 200 metros da linha férrea Ekaterinburg-Perm. Quando chegaram para a exumação, já encontraram o local protegido. Havia uma cerca provisória e, devido às chuvas constantes, uma grande tenda cobria a cova. Dentro da tenda, lâmpadas Klieg iluminavam o solo. O procurador falou sobre a "responsabilidade" de todos os presentes, e os detetives instalaram as câmeras, que filmaram, hora após hora, tudo o que aconteceu. Cada um pegou uma pá e todos começaram a cavar.

---

* A estátua, figura empoleirada sobre uma pedra enorme e com pretensão de heroísmo, é de um homem pequeno, de óculos, ferozmente zangado e com um casaco grande demais para ele. Sua postura avança para o futuro, com um braço estendido apontando a direção. Tem um pombo pousado na cabeça. Monarquistas locais tentaram remover a estátua, mas, não conseguindo, continuaram a fazer pichações na base.

A cova tinha apenas um metro ou um e vinte de profundidade. Abaixo disso, uma camada de pedra impedia a escavação. Os escavadores encontraram rapidamente a caixa contendo os três crânios que Avdonin e Ryabov haviam enterrado onze anos atrás. Estava igual, intacta. Ampliando a escavação para os lados, encontraram mais crânios, costelas, ossos de pernas e braços, vértebras. Os esqueletos estavam numa confusão, uns por cima dos outros, em todos os ângulos, como se os corpos tivessem sido despejados de qualquer jeito na cova. Os ossos apresentavam várias tonalidades de cinza e marrom; alguns tinham um tom esverdeado. O fato de não estarem ainda mais deteriorados foi atribuído à argila do poço, que impediu o contato com o ar. O esqueleto no fundo do poço estava em pior estado. Aqui, a explicação parece estar ligada aos cacos de recipientes de cerâmica de tampa aparafusada que continham ácido sulfúrico. Quando esses recipientes foram colocados no poço e espatifados a tiros de rifle, o ácido espalhou-se pela argila do fundo, consumindo as carnes e danificando os ossos mais próximos.

O poço não revelava traços de roupas, o que era compatível com os relatos de Sokolov e Yurovsky. Ambos tinham escrito que todas as roupas das vítimas foram queimadas antes que os corpos fossem jogados na mina dos Quatro Irmãos. Foram recolhidas 14 balas na cova. Algumas estavam encravadas nos corpos, e outras eram provavelmente resultado dos tiros nos recipientes de ácido.

Mais terrível era a evidência do que fora infligido aos seres humanos aos quais aqueles esqueletos e ossos tinham pertencido. Algumas vítimas haviam sido baleadas deitadas, disse a dra. Koryakova ("Havia ferimentos de balas nas têmporas"), furos de baionetas, rostos esmagados a coronhadas de rifle, maxilares quebrados ("a parte facial dos crânios foi destruída"); muitos outros ossos foram quebrados e "estavam esmagados como se um caminhão tivesse passado por cima deles". Em sua carreira, a dra. Koryakova havia feito exumações em muitos sítios pré-históricos na Sibéria ocidental, desenterrado muitos esqueletos. "Mas nunca", ela contou ao *Sunday Times*, "tantos tão horrivelmente danificados, tão violados. Eu me senti muito mal."

A cova guardava uma revelação final, que apareceu somente após três dias de escavação, num agrupamento preliminar dos ossos: havia só nove esqueletos, quatro homens e cinco mulheres. Dois membros do grupo (que consistia em pai, mãe, cinco filhos, o médico e três serviçais) estavam faltando. Apesar desse mistério, em 17 de julho, o governador Rossel anunciou à imprensa a descoberta de ossos que, "com grande probabilidade", pertenciam ao czar Nicolau II, sua família e serviçais. De quem eram e de quem não eram, ele disse, seria determinado em análises posteriores, por especialistas nacionais e internacionais.

Duas semanas mais tarde, o dr. Vladislav Plaksin, médico-legista chefe do Ministério da Saúde russo, foi designado para dar início à tarefa de autenticar os ossos. Plaksin enviou imediatamente a Ekaterinburg seu melhor antropólogo forense, Sergei Abramov. Eram tempos de crise política na Rússia. Naquele mesmo momento, o exército e a KGB se movimentavam para derrubar Gorbachev. "Quando estávamos saindo de Moscou, os tanques estavam entrando", Abramov recorda. Em Ekaterinburg, ele encontrou os restos separados em pilhas no campo de tiro da polícia. Durante três meses, conseguiu a duras penas identificar e reunir 700 ossos e pedaços de ossos. Ainda faltavam muitos, e Abramov mandou uma equipe ao local da cova para peneirar a terra e a lama. Foram encontrados mais 250 ossos e fragmentos, que Abramov incorporou aos nove esqueletos que estava montando. Primeiro, ele os etiquetou com números: Corpo nº 1, Corpo nº 2, e assim por diante. A seguir, seu trabalho com câmeras, computadores, fotografias das vítimas enquanto vivas e matemática digna da era espacial seria descobrir se o material era da família imperial e, se fosse, determinar quais Romanov estavam presentes ou se alguns, e quais, achavam-se ausentes.

"Não tínhamos dinheiro, por isso qualquer possibilidade de teste de DNA estava fora de questão", afirmou Abramov no verão de 1994, relembrando o capítulo mais aflitivo de sua vida. "Resolvemos determinar a identidade usando nossos próprios métodos. Registramos os crânios de frente e de perfil com câmeras de vídeo. Depois, com um programa de computador, procuramos correspondências entre a estrutura dos crânios e as fotografias, calculamos similaridades e probabilidades de semelhanças. Então, a fim de comparar as pessoas encontradas na cova com um grupo maior de pessoas em geral, gravamos um grupo de controle de 150 crânios. Infelizmente, o equipamento que tínhamos na época era muito fraco tecnicamente, e o programa que comparava cúpulas – o alto da cabeça – era lento demais. Por isso fomos obrigados a reduzir o grupo de controle para apenas 60 crânios."

"Ninguém, nunca no mundo, tinha usado esse sistema antes", Abramov afirmou. "Nós o inventamos. *Nós!* Aqui no meu departamento, na sala ao lado, está um matemático brilhante. Foi trazido a mim pelo Instituto de Estudos Espaciais. Expliquei a ele o que eu precisava. Ele disse que dava para fazer. E fez! Esse método nos permitiu calcular a probabilidade de que esse grupo de esqueletos não fosse único, que pudesse haver duplicatas."

"A técnica matemática é chamada de combinatória. Tomamos quatro fatores: gênero, idade, raça e altura. Se tivermos um único indivíduo, não provamos nada. Com dois, podemos ter um pouquinho mais de certeza. Com três, ficamos cada vez mais certos, e assim por diante. E aqui temos nove. Para cada uma dessas nove pessoas, há esses quatro fatores. Cada um adiciona matematicamente ao grupo estatístico. Em conjunto, essa combinação torna o caso imbatível. Qual é a probabilidade de que esses nove esqueletos numa única cova pudessem ter duplicatas em outras circunstâncias? Depois acrescentamos outras evidências, outros fatores que vimos na superposição – rosto largo, rosto estreito, queixo proeminente, queixo fraco. Quando somamos tudo isso, vimos que a possibilidade de encontrar outro grupo de esqueletos com a mesma combinação de fatores era de 3 vezes 10 elevado a 14. Isso significa 3 incidentes em 100 trilhões. Cem trilhões de pessoas nunca viveram na terra."

"Além disso, quando fizemos os cálculos, usamos informação de apenas sete pessoas da cova. Não tínhamos fotos de Kharitonov (o cozinheiro) nem de Trupp (o valete), por isso os deixamos de lado. Se acrescentarmos esses dois, a probabilidade será de 1 em 10 elevado a 18. Se começarmos a medir também o tamanho do nariz, o formato da cabeça... então, chegará a 1 em 10 elevado a 20 ou 30. Estamos falando de números astronômicos, que vão muitíssimo além do necessário. Sabemos, sem sombra de dúvida, que esses ossos são dos Romanov."

Mas quais Romanov estavam na cova? Havia onze prisioneiros no porão, e o local do enterro só apresentou nove corpos. Abramov explicou como respondia a isso. No processo de superposição fotográfica, disse ele, é importante comparar o crânio com o maior número possível de fotos da pessoa. Buscando correspondências em diversos ângulos, ele usou a câmera e o computador para girar o crânio até a posição em que a foto tinha sido tirada. Ele demonstrou: "Assim... assim... e assim, e por aí vai... frontal... perfil... todos os ângulos. Quanto mais superposições fizermos, maior certeza teremos do resultado." Abramov e sua equipe começaram por Nicolau porque, como ele disse amargamente, "alguns idiotas já tinham falado que o Crânio nº 1 pertencia, não à mulher Demidova, mas ao czar". Abramov não estava se referindo a Ryabov ou a Avdonin, mas a outros cientistas russos que criticavam ele e sua técnica, dizendo que seu método era falho e seus resultados inválidos. "São pessoas que julgam, não com conhecimento, mas por autoridade. Quando tenho que explicar a eles nossa técnica, é um trabalho para idiotas, uma perda de tempo. Mas, como fomos atacados, precisei explicar."

"Então", Abramov continuou, "para contestar esses idiotas, começamos comparando duas fotografias de Nicolau, uma frontal e uma de perfil com o Crânio nº 1, de Demidova. Como esperávamos, não combinou. Depois comparamos as fotos de Nicolau a outros crânios retirados da cova. No Crânio nº 8, tentamos três posições, e todas deram negativo. No Crânio nº 9, tentamos duas posições, ambas deram negativo. Crânio nº 3: três posições, três negativos. Crânio nº 5: cinco posições, cinco negativos. Crânio nº 6: quatro posições, quatro negativos. Por fim, comparamos as fotografias com o Crânio nº 4. Tentamos em oito posições. Tivemos oito resultados positivos. Sabíamos que o nº 4 era o crânio de Nicolau II."

Abramov continuou examinando e comparando os outros crânios achados na cova. Não gastou muito tempo com o Crânio nº 2, de Botkin, porque não tinha dentes. "Todos tinham os dentes de cima, e sabíamos que Botkin usava dentadura. Sabendo a quem aquele crânio pertencia, não era preciso pesquisar mais." Os sete crânios restantes foram examinados por superposição. "Fizemos um cruzamento das comparações com todas as fotos, isto é, no computador, pusemos [a imagem de] cada crânio sobre cada uma das fotografias. Na primeira vez, tivemos setenta e seis ou setenta e sete referências cruzadas. Procuramos por diferenças de idade, deformações do crânio, se as marcas dos contornos eram exatas, se os pontos de medida internos correspondiam, e examinamos até as expressões faciais e a posição da cabeça. Levamos em consideração a espessura do tecido mole sobre a superfície do crânio. Verificamos se havia muito pouco tecido mole no queixo, se o nariz estava fora de posição, se as sobrancelhas estavam no lugar correto. Veja, estamos superpondo o Crânio nº 4 – Nicolau II – à foto de Kharitonov. Vimos que há alguma similaridade, mas aqui o crânio é bem mais pontudo. Não pode ser o crânio de Kharitonov. Em todo caso, se não podemos explicar todas essas diferenças, dizemos categoricamente que esse crânio e essa fotografia não são da mesma pessoa. Basta uma única diferença que não podemos explicar para rejeitar a correspondência."

Abramov se esforçou ao máximo para identificar os restos das três grã-duquesas, que tinham idades muito próximas e cujas características físicas, principalmente com a condição de degradação dos crânios, tornavam difícil fazer a distinção. Ele comparou todas as fotografias que tinha das grã-duquesas com os crânios das três jovens, Crânios nº 3, nº 5 e nº 6. Comparou o crânio da grã-duquesa Tatiana com o nº 3 e o nº 6. Os resultados foram negativos. Quando comparou as fotografias com o nº 5, o resultado foi positivo. Portanto, Abramov identificou o Crânio nº 5 como de Tatiana. Ele tinha quatro fotografias da grã-duquesa Anastácia. Comparadas ao Crânio n.3, deram negativo, assim como comparadas ao nº 5. Mas quando comparou as fotos com o Crânio nº 6, os resultados foram todos positivos. "Aqui, está vendo? O crânio de Olga é mais largo. O de Anastácia é mais estreito. Não tem bastante tecido mole aqui. Agora, ao comparar uma foto de Anastácia com o Crânio nº 5, de Tatiana. Veja só? Problemas. Mas aqui está Anastácia como nº 6. Corresponde perfeitamente. Esse crânio, o nº 6, é de Anastácia."

Na opinião de Abramov, a filha que faltava era Maria. "Maria tinha a cúpula mais alta (seu crânio tem o topo redondo). Suas fotografias não combinam com nº 6. Essa é Anastácia. O rosto de Anastácia é fino, e o de Maria é largo. Não combinam com nº 5, que é de Tatiana. Nenhum dos crânios combina com as fotografias de Maria. Portanto, Maria não está entre esses restos. Ela não estava na cova."


O processo de identificação dos ossos já era bem difícil, e para Abramov e seus colegas de Moscou o trabalho científico foi infinitamente pior devido aos dois anos de conflitos internos. Mesmo depois de concluído o trabalho e tendo alcançado um sucesso considerável, Abramov ficava alterado quando falava sobre os acontecimentos. Normalmente, ele é um homem afável, fitando as pessoas com um olhar divertido sobre os aros dos óculos, passando uma das mãos sobre a barba grisalha curta e bem cortada e segurando um cigarro na outra mão. Mas, nessa ocasião, em seu escritório na margem do rio oposta ao Kremlin, ele falou com acessos de emoção, às vezes sacudindo a cabeça, às vezes com um riso nervoso, às vezes dando socos na mesa. "Eu poderia dizer que essa experiência foi interessante e complicada", ele começou. "Mas não. Foi mais do que isso. Foi maléfica. Essa pesquisa da família do czar foi a pior experiência da minha vida." Desde o começo, ele contou, as autoridades de Ekaterinburg se comportavam como se os ossos dos Romanov pertencessem somente a elas. Nós somos "os proprietários", diziam, e estavam decididos a tratar o assassinato da família imperial como um assunto local. No mundo inteiro, o uso de fotografias para documentar o trabalho em restos mortais é uma parte integral da análise forense. No entanto, durante meses, o investigador designado, Volkov, do Escritório Regional da promotoria pública de Sverdlovsk, recusou permissão para Abramov tirar fotos de qualquer coisa que estivesse fazendo. "Tenho documentos escritos me proibindo de tirar fotos!", revelou Abramov, ainda com raiva. "Tenho documentos escritos dizendo que a qualquer momento eu posso ser expulso completamente dessa pesquisa!"

Quando chegou a Ekaterinburg, Abramov descobriu que o primeiro trabalho de exumação dos corpos tinha sido feito de maneira incompetente. "Disseram-me que a dra. Koryakova, a arqueóloga encarregada, havia se retirado três vezes da escavação em protesto aos métodos bárbaros que estavam usando", contou. Abramov viu imediatamente que faltavam muitos ossos. Seu primeiro pedido às autoridades para ir ao local e cavar de novo foi recusado. Mais tarde, quando conseguiu autorização, foram encontrados mais 250 ossos e fragmentos.

Mais tarde, Abramov pediu autorização para levar os restos para Moscou, onde o processo de análise e exames seria facilitado. Ekaterinburg disse não. Apelou para o Parlamento russo, que disse não. A essa altura, ninguém no governo central da Federação Russa, de Boris Yeltsin a todos abaixo dele, queria confrontar ou passar por cima do governo da região de Sverdlovsk.

Consequentemente, o trabalho de Abramov tinha que ser feito em Ekaterinburg. Ele não tinha dinheiro para despesas. O orçamento para seu departamento havia sido estabelecido um ano antes, sem previsão para um projeto daquela magnitude. Durante o outono de 1991, Abramov precisou viajar várias vezes a Ekaterinburg, ficar em hotel, fazer refeições e pagar de seu bolso parte das despesas. Avdonin – que Abramov chamava de "um homem bom" – prometeu que sua fundação, Obretenye, ajudaria, mas Avdonin descobriu que também não possuía dinheiro. O pessoal da perícia forense não tinha tempo para dar assistência a Abramov nos horários de trabalho – "eles estavam muito ocupados solucionando assassinatos frequentes". Alguns estavam dispostos a fazer horas extras aos sábados e domingos, mas queriam ser pagos e Abramov não podia fazê-lo.

Em dezembro, Abramov disse ao investigador Volkov que, por motivos financeiros, ele não podia continuar. Volkov sugeriu a Abramov, cientista forense do governo russo, que conseguisse patrocínio de empresas privadas. Abramov começou a procurar. Encontrou a Rus, uma empresa de televisão da cidade de Vladimir, disposta a arcar com algumas despesas, contanto que pudesse filmar os ossos. Outro patrocínio, de uma instituição de caridade chamada Fundo para o Potencial da Rússia, se dispunha a financiar o trabalho e as viagens desde que seu nome aparecesse em todos os lugares como patrocinador da pesquisa. Abramov ficou satisfeito. Enquanto teve esses patrocínios, viajou três vezes a Ekaterinburg na primavera de 1992 e pôde até levar com ele alguns técnicos de Moscou.

O pessoal da televisão teve um valor inestimável para Abramov, não só porque entrava com o dinheiro, mas também porque trazia câmeras. "Não tínhamos nem câmera em Ekaterinburg, e o trabalho de superposição exigia câmeras." Mais tarde, disseram que era impossível identificar os crânios por superposição porque Abramov não havia fotografado adequadamente o trabalho durante a reconstrução. "É verdade", ele admitiu, "que não havia fotos do meu trabalho no outono de 1991. O motivo foi que não tive autorização para fotografar. Somente em maio de 1992, quando tivemos apoio desse pessoal da televisão, foram tiradas fotografias."

"Mas" – o rosto de Abramov ficou sombrio de indignação – "depois que tinha os filmes o pessoal da televisão cuspiu no prato em que comeu. Tentaram vender os filmes. Então" – ele atirou os braços para cima; era um personagem de Gogol, apanhado numa rede de falsidade e vilania burocrática – "o governo de Ekaterinburg exigiu que todos os filmes e gravações ficassem na cidade. Além disso, as autoridades exigiram que tudo o que estivesse escrito em papel também fosse deixado ali. Depois, esse mesmo povo de Ekaterinburg se virou contra mim, dizendo 'Abramov, traiçoeiro, trouxe uma firma de televisão que, apesar da proibição do governo de Ekaterinburg, levou o filme embora e está vendendo'."

No verão de 1992, sempre indo e voltando entre Moscou e Ekaterinburg, tentando concluir o trabalho, Abramov encontrou alguém, um anjo aparentemente desinteressado, o barão Eduard von Falz-Fein, de pouco mais de 80 anos, um russo rico emigrado morando em Liechtenstein. Falz-Fein tinha ouvido falar no trabalho de superposição de Abramov e, estando também em Moscou, foi ao escritório dele. "Quando ele soube que eu tinha gente trabalhando a troco de nada", Abramov recorda, "que não tínhamos disquetes, nada disso, nada daquilo, ele enfiou a mão no bolso e, em silêncio, contou dez notas de cem dólares e me deu. Relatei imediatamente aos meus superiores. Os olhos deles brilharam... os biólogos queriam soro, todo mundo queria alguma coisa. Mas eu disse não, isso é só para a pesquisa sobre a família imperial. A primeira coisa que fiz foi pagar às pessoas que estavam trabalhando para mim. Meu brilhante matemático, que veio do programa de foguetes espaciais, tinha trabalhado aqui, só fazendo isso durante um ano, sem pagamento. Foi o primeiro a quem paguei com o dinheiro que o barão Falz-Fein me deu."

No verão de 1992, Sergei Abramov e seus colegas estavam certos de terem encontrado Nicolau, Alexandra, Olga, Tatiana, Anastácia, dr. Botkin, Demidova, Kharitonov e Trupp. Alexander Blokhin, vice-governador da região de Sverdlovsk, lhes havia declarado publicamente seu apoio numa entrevista coletiva à imprensa, em 22 de junho, anunciando que "o programa de computador para comparação entre fotos antigas do czar e da imperatriz provou incontestavelmente que os restos encontrados eram *deles*". Todos sabiam que faltava o czarevich. E os especialistas russos aceitaram que, nos achados de Abramov, o nono esqueleto examinado pertencia à filha mais nova do czar, a grã-duquesa Anastácia. Todos acreditavam que a filha que faltava era Maria.

## ❧ 5 ❧
## SECRETÁRIO BAKER

EM FEVEREIRO DE 1992, em seu último ano no cargo, o secretário de Estado dos Estados Unidos, James A. Baker III, percorria os países da extinta União Soviética. Durante seus três anos trabalhando para o presidente Bush, a União Soviética havia se fragmentado em uma miríade de Estados independentes, todos interessados em atrair investimentos de capital e tecnologias dos Estados Unidos. Portanto, Baker era muito bem recebido na Moldávia, Armênia, Azerbaijão, Turcomenistão, Tajiquistão, Uzbequistão e – é claro – na Rússia. Em 14 de fevereiro, seu 707 azul e branco da Força Aérea aterrissou em Ekaterinburg, na última escala de um voo para Moscou. Na verdade, a razão principal dessa parada não era visitar Ekaterinburg. Baker estava indo para um centro de pesquisa nuclear secreto chamado Cheliabinsk 70, a 160 quilômetros da cidade. O próprio fato de Baker estar chegando media a distância atravessada recentemente pelas duas superpotências. Durante décadas, Cheliabinsk 70 tinha sido tão secreta que toda a cidadezinha era rodeada por altas cercas de arame farpado e torres de vigia. Quilômetros de campos ao redor eram mantidos fora do alcance da população. O objetivo da visita de Baker era ver como os cientistas, que antes fabricavam armas nucleares, estavam agora usando sua tecnologia para produzir diamantes artificiais. Era um convite para os americanos se certificarem da competência da Rússia em adaptar suas tecnologias de fabricação de artefatos de guerra a propósitos pacíficos. Baker, sua comitiva e um grupo de repórteres norte-americanos foram a Cheliabinsk 70, o secretário discursou para os cientistas e voltaram para passar a noite em Ekaterinburg.

 A manhã seguinte era o que o Departamento de Estado chama de *downtime*, isto é, quando não há nenhum compromisso, nenhum lugar aonde ir em caráter oficial. O presidente Yeltsin, com quem Baker tinha audiência marcada em Moscou, só retornaria à tarde na capital russa e não queria que Baker chegasse lá antes dele. Acontece que Margaret Tutwiler, principal porta-voz de Baker, tinha um grande desejo de ter uma manhã livre em Ekaterinburg. Havia anos que Tutwiler se interessava pelos Romanov, e por isso mesmo lera muito sobre o assunto. Sabia que a Casa de Ipatiev fora demolida, mas mesmo assim esperava conseguir ver o local. Antes de chegar a Ekaterinburg, ela havia mencionado esse interesse ao secretário Baker.

 Na noite anterior, ao regressar de Cheliabinsk 70, Baker jantou com o governador Edvard Rossel no pequeno apartamento da família dele. Baker, que era um caçador, admirou o rifle de caça de Rossel e a grande cabeça de alce empalhada que enfeitava a parede. Ouviu atentamente Rossel discorrer sobre as boas oportunidades à espera dos norte-americanos naquela parte dos Urais. Depois, como havia prometido a Margaret Tutwiler, o secretário pediu para ver o local da Casa de Ipatiev. "Sim, claro", Rossel respondeu, "e se está interessado nos Romanov, quer ver os ossos deles?" Baker pediu para levar mais uma pessoa.

 De manhã, Baker e Tutwiler acompanharam Rossel ao local da Casa de Ipatiev. "Havia neve no chão, cravos brancos e vermelhos aos pés da cruz de concreto, e pessoas acendiam velas", Tutwiler recordou dois anos mais tarde. Baker chegou até a cruz, inclinou-se e tocou-a com a mão enluvada. Depois foram para o necrotério, um prédio de dois andares, onde ficavam os ossos. Alexander Avdonin estava lá, e Rossel fez as apresentações. Os visitantes assistiram a uma demonstração da superposição no computador e viram os restos dos esqueletos. Em dado momento, Baker pegou um osso de Nicolau II. A natureza singular daquela situação não o deixou indiferente. No começo de 1994, em seu escritório de advocacia em Washington, ele relembrou o que sentiu: "Havia uma verdadeira sensação de história naquele lugar. Quando nós – o governo Bush – assumimos, ainda enfrentávamos ameaça à nossa própria existência pela capacidade que a União Soviética tinha de destruir os Estados Unidos numa guerra nuclear. Lembro da nossa cautela com os soviéticos até maio, junho de 1989. Então, pouco menos de três anos depois, ali estava um secretário de Estado norte-americano, numa das cidades mais secretas da União Soviética, voltando do sítio nuclear de Cheliabinsk, olhando para os ossos do czar. É um exemplo impressionante de quão longe as coisas chegaram."

Tutwiler recorda outro momento daquele dia inusitado. No necrotério, diante dos esqueletos expostos, disseram a ela e ao secretário Baker que faltavam os ossos do filho do czar e de uma das filhas dele. "É Anastácia?", Tutwiler perguntou. Alguém – ela não sabe qual dos russos presentes – respondeu decisivamente: "Anastácia está aqui nesta sala!"

Enquanto Baker estava no necrotério, Rossel lhe pediu um favor. Disse que os cientistas de Ekaterinburg tinham certeza de que os ossos pertenciam aos Romanov, mas sabiam que, para seus achados serem aceitos no Ocidente, precisavam do endosso de especialistas forenses ocidentais. "Você tem alguém que possa nos ajudar?", Rossel perguntou. Baker respondeu que, quando chegasse a Washington, veria o que poderia fazer. Os repórteres norte-americanos que o acompanhavam anotaram essa declaração, que no dia seguinte apareceu em vários jornais.

Baker manteve a palavra. Ao passar por Moscou, deu instruções à embaixada dos Estados Unidos para estabelecer contato direto com as autoridades de Ekaterinburg. De volta a Washington, disse ao assistente de secretário de Estado para assuntos europeus: "Veja o que podemos fazer para ajudar." Tutwiler continuava envolvida, e telegramas ressaltando que "o secretário tem grande interesse nisso" jorravam do escritório dela. Os dois principais laboratórios do governo dos Estados Unidos especializados em perícia forense e patológica, o Instituto de Patologia das Forças Armadas (AFIP), baseado no Walter Reed Army Medical Center, e o FBI foram convidados a participar. O AFIP tinha ampla experiência na identificação de ossos desenterrados após muitos anos. Amostras de ossos e dentes de soldados mortos no Vietnã, que não haviam sido identificados no Havaí pelos padrões antropológicos, dentários e radiológicos, eram enviados ao AFIP para análise de DNA. Da mesma forma, o laboratório do FBI, que dá respaldo às autoridades policiais federais, estaduais e municipais, é o recurso final para identificar criminosos, vítimas e pessoas desaparecidas. Tendo a concordância do secretário de Defesa e do diretor do FBI, os laboratórios aceitaram participar.

Foi montada uma equipe mista, chefiada pelo dr. Richard Froede, na época médico-legista das Forças Armadas e que tinha sido presidente da Academia Americana de Ciências Forenses. Dr. Froede era perito em patologia forense, isto é, lidava com restos mortais. Seu assistente na viagem foi o dr. Bill Rodriguez, antropólogo forense, que lidava com restos mortais depois que se tornavam ossos. Também os acompanhou o dr. Alan Robilliard, do FBI. Sua especialidade, como a do dr. Abramov, era a reconstrução por computação gráfica. A equipe foi composta por oito especialistas, todos funcionários do governo norte-americano. Tudo foi custeado pelo governo, numa contribuição para as boas relações com a Rússia. (Na verdade, os salários da equipe já estavam incluídos no orçamento federal; o custo adicional era basicamente de despesas de viagem.)

A equipe se reuniu várias vezes em Washington, juntando materiais e equipamentos. Conseguiram fotos do czar e da imperatriz em vidro de radiografia para comparar às radiografias. Levaram aparelhos portáteis de raios X, equipamentos especiais de escaneamento a laser e de computação gráfica, adaptados para diversos tipos de fonte de energia. Havia um sentimento de urgência nesses preparativos, pois os russos enfatizaram que queriam a equipe instalada em maio. A equipe estava a postos dentro do prazo: equipamentos embalados, passaportes em dia e com vistos da Rússia, vacinas contra tifo e difteria tomadas, passagens na mão. De repente, dois dias antes da partida, a viagem foi cancelada. Um telegrama da embaixada americana em Moscou dizia que as autoridades de Ekaterinburg prefeririam outra equipe, liderada pelo dr. William Maples, antropólogo forense da Universidade da Flórida.

Os membros da equipe AFIP-FBI ficaram chocados e decepcionados – alguns ainda estão zangados. "Não estou dizendo nada contra Bill Maples, porque ele é um homem excelente", revelou um dos líderes da equipe a propósito do episódio. "Mas foi um oferecimento feito aos russos pelo secretário Baker, e éramos a equipe do governo dos Estados Unidos. Do ponto de vista de investigação forense, somos provavelmente a melhor do país. Poderíamos ter oferecido muito mais, principalmente em análise de DNA, que Maples não tinha e acabou sendo feita pelos ingleses. Temos um dos poucos laboratórios no mundo capazes de fazer DNA mitocondrial, e podíamos fazer isso aqui mesmo. Temos um imenso laboratório de patologia, com equipamentos de ponta, tanto aqui quanto no FBI. Sendo uma equipe do governo, achamos que poderíamos de fato representar os Estados Unidos. Ninguém disse 'obrigado', nem 'desculpem'. Foi um assunto incômodo durante muito tempo."

## 6
## CURIOSIDADE DE MORTE

O CAMPUS GAINESVILLE, DA Universidade da Flórida, se estende por muitos quilômetros quadrados de paisagem luxuriante. Dividido por muitas ruas, é tão grande que às vezes os alunos precisam pegar um ônibus para ir de uma sala a outra. Alguns quarteirões são quase ou inteiramente despovoados. Num desses terrenos, planos e geralmente desocupados, altas moitas de bambu cobrem o horizonte. Um caminho de acesso irregular e esburacado sai da rua pavimentada, passa por uma horta improvisada e chega a uma cerca alta, encimada por arame farpado retorcido. Atrás da cerca, aninhado entre os bambus, há um prédio de metal verde-claro, sem janelas, cheio de tubos de ventilação no telhado. É o Laboratório de Identificação Humana de C. A. Pound, local de pesquisa e perícia criado pelo dr. William Maples.

O prédio não é grande. A porta se abre para uma pequena secretaria, e atrás está o escritório do dr. Maples. Há uma pequena sala de reunião e um banheiro. E também o laboratório, que foi projetado pelo próprio dr. Maples num computador Macintosh. Ninguém entra ali sem autorização dele. A fechadura da porta tem pinos vindos de três direções, e nem a polícia da universidade nem o chaveiro possuem qualquer uma das chaves. Não há possibilidade de entrar pelo telhado. O prédio tem um sistema de alarme sofisticado, altamente sensível. Nos quatro anos e meio de existência do Laboratório Pound, o alarme nunca disparou.

Poucas pessoas gostariam de entrar ali. Sobre as bancadas de trabalho, há crânios humanos, esqueletos e partes de esqueletos à espera de exames. A parede de trás é coberta de prateleiras cheias de caixas de papelão, meticulosamente etiquetadas, contendo vários ossos humanos. Há computadores, aparelhos de raios X, processadores de unidades de raios X, uma câmera de vídeo, uma bancada com uma bigorna pequena, uma furadeira, chaves de fenda, chaves-inglesas, serras com lâmina de diamante, geladeiras e freezers. Numa parede lateral, há três grandes cubas de aço inoxidável, vedadas com plástico transparente antiodor e conectadas a um tubo de ventilação no teto. Nessas cubas, dr. Maples e seus assistentes "maceram restos".

— Maceram?

— É um eufemismo para "ferver a carne e os ossos".

Dr. Maples é um antropólogo forense; trabalha com ossos. Se os ossos chegam ainda revestidos de carne, é preciso removê-la antes de começar o trabalho. Ele coloca o corpo numa cuba, enche com água fervendo e fica observando o conteúdo até obter o esqueleto. Na verdade, a maior parte desse trabalho é feita por seus alunos de graduação e pós-graduação, que se alternam a cada uma ou duas horas de observação.

"É preciso muita atenção para se certificar de que o tecido mole saia tão rápido quanto possível", Maples explica. "Temos que estar certos de que o osso não amoleceu por estar tempo demais na água e que a água não ferveu até secar, a ponto de queimar o osso. A vedação protege contra respingos — nos preocupamos com hepatite B, Aids e tuberculose — e, pelo menos em parte, contra o odor. Sim, é uma tarefa muito desagradável, mas só me lembro de um ou dois alunos que não conseguiram."

O escritório de Maples, na porta ao lado, é um lugar relativamente alegre. É verdade que há dezoito crânios sobre três grandes armários de arquivos, mas esses armários estão pintados de um laranja vistoso. A mesa de Maples fica sob uma montanha desordenada de documentos, correspondência, fotos e radiografias. Mas meio careca, de blazer azul, calça cinza e óculos de aros de metal, William Maples é quase exageradamente arrumado. Sua voz é baixa e monótona, de sotaque texano, refletindo sua infância. Sua fala, assim como sua metodologia, é controlada e precisa. O dr. Maples sabe exatamente qual será sua próxima palavra ou gesto e por que irá dizer ou agir daquela forma.

"Em toda a minha vida tive curiosidade sobre a morte", ele diz. Na Universidade do Texas, quando estava se formando em inglês e antropologia, pagou os estudos dirigindo a ambulância de uma agência funerária. Noite após noite, ele saía em disparada, a 170 quilômetros por hora, para locais de acidentes a fim de ser o primeiro a chegar e pegar o serviço. Viu "coisas terríveis", mas antes dos 20 anos era capaz de comer um cheeseburger bem temperado na sala do legista depois de assistir a uma autópsia. Aos 24, ele e sua esposa começaram uma jornada de quatro anos de captura de babuínos no Quênia para fins de pesquisa. Quando um velho babuíno mordeu seu braço, rasgando uma artéria, o próprio Maples esbarrou com a morte. Em 1968, ele chegou a Gainesville com seu título de Ph.D. e se tornou professor de antropologia. Passados seis anos, começou a ensinar antropologia aplicada no Departamento de Antropologia do Museu de História Natural da Flórida.

"Minha área é o esqueleto humano, suas mudanças durante a vida, suas mudanças através de muitas vidas e suas variações em todo o mundo", diz o dr. Maples. Geralmente, ao examinar ossos humanos, ele é capaz de dizer o sexo, idade, altura e peso do dono do esqueleto enquanto vivo. Esse conhecimento especial lhe conferiu um valor enorme como consultor da polícia estadual e municipal para descobrir a identidade de vítimas, o que tinha acontecido na cena do crime e quem seria o autor. Desde 1972, quando começou com uma única ocorrência, seu número de casos subiu para duzentos ou trezentos por ano. Dentre eles, estava o assassino serial Ted Bundy, que matou pelo menos 36 jovens mulheres até ser preso, julgado e executado na Flórida. Duas vezes por ano, Maples vai ao Laboratório Central de Identificação do Exército dos Estados Unidos, em Honolulu, para dar assistência em casos difíceis de restos de militares trazidos do Vietnã.

Na maioria de seus trabalhos como consultor, seus honorários são de duzentos dólares a hora. Ele recebe também um salário parcial da Universidade da Flórida. Mas, nem somados, esses ganhos sustentam as despesas do trabalho do laboratório, e por isso ele procurou patrocinadores. O Laboratório C. A. Pound era pago por Cicero Addison Pound Jr., nascido em Gainesville e agora com mais de 70 anos. Quando fora piloto da marinha, ele participara da busca de Amelia Earhart. Pound ficara rico com imóveis e contribuíra com dinheiro para a construção do laboratório de Maples. Outro benfeitor generoso era o advogado aposentado William Goza, também de Gainesville, cuja Fundação Wentworth contribuía para a universidade, especificamente para projetos envolvendo William Maples.

O apoio financeiro de Goza possibilitou várias investigações forenses de Maples. Foram casos históricos, em que o cliente era somente a história, e o motivo principal, a pura satisfação de descobrir a verdade e solucionar um mistério. (Certamente, também é verdade que o sucesso em casos de maior visibilidade conferia um prestígio considerável. Era extremamente útil para um promotor público, diante do júri, perguntar a uma testemunha: "O senhor é aquele dr. Maples que...?") Maples esteve envolvido em quatro desses casos históricos. Em 1984, ele provara que os restos mumificados atribuídos a Francisco Pizarro, o conquistador espanhol assassinado em Lima, em 1541, e depois venerado durante 400 anos num magnífico sarcófago de mármore e bronze na Catedral de Lima, na verdade, eram de outra pessoa. Além disso, provara que o de Pizarro era outro conjunto de ossos, enterrado sob duas camadas de piso de madeira na cripta da catedral. Em 1988, Maples examinara o esqueleto de John Merrick, o Homem Elefante do século XIX, trazido à fama em nossos dias pela Broadway e por Hollywood. (Pouco antes de Maples aparecer, dizia-se que o pop star Michael Jackson propusera-se a comprar o esqueleto de Merrick do Museu de Medicina do Royal London College por um milhão de dólares.) A tarefa de Maples fora estabelecer o quanto o grotesco crescimento anormal que desfigurava Merrick era resultante de tumores do tecido mole e até que ponto era imputável às mudanças na estrutura de seus ossos. Ele descobrira que Merrick sofria das duas coisas. Em 1991, exumou o esqueleto de Zachary Taylor e provou que esse ex-presidente dos Estados Unidos não havia sido envenenado, como se supunha, mas provavelmente tinha morrido de uma infecção intestinal. E, em 1992, o dr. Maples se viu envolvido com os ossos dos Romanov.

O primeiro contato de William Maples com a família imperial russa fora anos antes, com a leitura de dois livros. Nos anos 1940, ainda jovem em Dallas, ele leu *Seven League Boots*, de Richard Halliburton, que trazia a entrevista do autor com o algoz Ermatov no "leito de morte". Muito mais tarde, Maples leu *Nicolau e Alexandra*. Em fevereiro de 1992, estava no encontro anual da Academia Americana de Ciências Forenses, em Nova Orleans, quando leu no jornal que o secretário de Estado Baker pedia assistência americana para identificar restos de esqueletos exumados de uma cova na Sibéria. Maples foi falar com o dr. Richard Froede, legista das Forças Armadas, para saber se o secretário Baker tinha entrado em contato com ele sobre aquele caso. O dr. Froede respondeu que não, que não tinha ouvido falar nada. "Na mesma hora, decidi fazer uma tentativa", disse Maples. "Já no encontro anual, organizei uma equipe que considerava extremamente competente, formada pelo patologista forense Michael Baden, o dentista Lowell Levine, o médico-legista de Gainesville William Hamilton e uma especialista em cabelos e fibras da polícia de Nova York, Cathryn Oakes. Eu teria o cargo de antropólogo forense e chefe da equipe."

De volta a Gainesville, Maples escreveu uma carta ao presidente da Universidade da Flórida, John Lombardi, pedindo-lhe que a assinasse e a endereçasse a Alexander Avdonin, em Ekaterinburg. Na carta, ele apresentava as credenciais da equipe e dizia que viajariam à própria custa. Na verdade, a viagem seria financiada pela fundação de Bill Goza. Além de assinar, Lombardi comunicou a Avdonin que pretendia organizar uma conferência científica nos Estados Unidos para discutir os achados. "Será necessário que vários membros da sua equipe compareçam à conferência", ele escreveu. "O financiamento levantado pelo dr. Maples... custeará o transporte de seus representantes." Abril chegou e Maples ainda não tinha recebido resposta. Depois, indiretamente, soube que Avdonin estava esperando que ele telefonasse. Maples ligou imediatamente, e no dia seguinte chegou a Gainesville um convite por fax, assinado pelo vice-governador da região de Sverdlovsk, Alexander Blokhin, e por Avdonin. Pediam que a equipe da Flórida chegasse em meados de julho, que passasse muitos dias examinando os restos e depois participasse de uma conferência internacional sobre a questão dos ossos.

Ao saber que o dr. Froede e o dr. Rodriguez, da equipe AFIP-FBI, ainda estavam aborrecidos com o súbito cancelamento da missão que lhes fora prometida, Maples disse: "Só mais tarde soubemos que o secretário Baker havia chamado Dick Froede. Estou certo de que, quando falei com Dick, em Nova Orleans, ele ainda não tinha sido contatado. Afinal, Baker estava na Rússia. E quando perguntei a Dick, ele respondeu que não."

Maples admitiu que, tanto nos Estados Unidos quanto na Rússia, há uma feroz competição entre cientistas. "Não sou uma pessoa particularmente competitiva", disse, "mas se ninguém fosse fazer algo a respeito – algo em que eu estava interessado havia anos – então eu estava ávido para fazer." Na opinião de Maples, o projeto AFIP-FBI ficara travado por falta de fundos e pelo fato de que um antropólogo forense altamente respeitado, Douglas Ubelaker, do Instituto Smithsonian, desistira da equipe do governo. Ele achou que os russos sentiram o calibre das duas equipes e escolheram a dele, Maples.

De fato, o dr. Maples tinha uma equipe muito forte. O dr. Michael Baden, patologista forense, fora médico-legista chefe da cidade de Nova York, diretor da comissão forense estabelecida pelo Comitê do Congresso sobre Assassinatos para rever as mortes de John F. Kennedy e Martin Luther King Jr. e codiretor da Unidade de Ciências Forenses da Polícia do Estado de Nova York. O dr. Lowell Levine, seu codiretor na unidade da Polícia do Estado de Nova York, tinha uma carreira igualmente notável. Também havia trabalhado no Comitê do Congresso sobre os assassinatos de Kennedy e de Luther King. A pedido do Departamento de Estado, tinha ido à Argentina para identificar os restos de vários "desaparecidos" – homens e mulheres que haviam sumido misteriosamente durante a ditadura militar. Poucos anos mais tarde, no Brasil, sua atuação foi importante na identificação dos dentes de Josef Mengele, o médico de Auschwitz escondido no Brasil. E Cathryn Oakes, uma das maiores especialistas em cabelos e fibras, também estava no Laboratório de Crimes da Polícia do Estado de Nova York.

Em 25 de julho de 1992, Maples e sua equipe chegaram a Ekaterinburg, onde se registraram no Hotel Outubro, antes frequentado apenas por altos funcionários comunistas. Pagaram estadia completa em dólares americanos. As autoridades municipais lhes puseram à disposição somente um carro e um motorista. Na manhã seguinte, estavam presentes na seção do necrotério de Ekaterinburg, onde permaneciam os ossos dos Romanov. Foram apresentados a Nicolai Nevolin, diretor do necrotério, Alexander Avdonin e Galina Avdonin, que falava bem o inglês, e outros. Nevolin lhes disse: "Vão em frente e façam o que quiserem." Segundo Maples, o local fora planejado conforme o modelo de um necrotério norte-americano para uma cidade de tamanho similar: salas de autópsia e área para armazenamento de corpos no primeiro andar, escritórios no segundo andar. E havia outra coisa familiar. "Era o odor", disse Maples, "o cheiro típico de necrotério." No segundo andar, ao fundo de um longo salão, havia um portão de ferro que dava para uma pequena antessala, e de lá, abrindo-se outra porta trancada, entraram na sala dos ossos.

Era uma sala de 5,5 por 5 metros, mais ou menos do tamanho de uma sala de estar americana, no canto do prédio. Duas janelas, ambas com persianas, permitiam a entrada de luz. As paredes eram pintadas de verde acetinado. No centro da sala, uma mesa grande com computador e microscópio. Junto às quatro paredes havia mesas de metal. Os ossos estavam dispostos sobre essas mesas, na forma de esqueletos, isto é, não articulados, mas com o crânio em cima, as vértebras compondo a coluna, as costelas de cada lado da coluna vertebral, os ossos dos braços dos dois lados das costelas, e os ossos da pelve, pernas, tornozelos e pés, embaixo. Maples ficou horrorizado ao ver que alguns ossos longos da coxa e do braço tinham sido cortados ao meio. Isso dificultava muito calcular a altura. Ao chegar, viu que as mesas não estavam cobertas, de modo que qualquer pessoa na sala podia pegar um osso, como o secretário Baker fizera cinco meses antes. Também não havia controle de temperatura.

Quando Maples e sua equipe chegaram, em pleno verão, a sala estava tão quente que eles logo tiraram o paletó.

Maples abriu sua maleta e tirou uma câmera. "*Niet*", disse um russo. "Não pode tirar fotos." Imperturbável, Maples guardou a câmera e, com Baden, Levine e Oakes, passou três horas examinando os ossos. Para Maples, as identidades eram óbvias. "Essa é Demidova", ele disse. "Esse é Botkin. Essa é uma das filhas, provavelmente Olga. Essa é outra filha, provavelmente Tatiana. Aqui está a terceira filha, provavelmente Maria. Esse é Nicolau. Essa é Alexandra. Esses dois são os serviçais."

Ao meio-dia, Maples e sua equipe puseram seus apetrechos nas sacolas e atravessaram a sala até o escritório de Nevolin. "Acabamos e estamos indo embora", informou Maples. "Vocês vão almoçar?", Nevolin perguntou. "Não", Maples respondeu. "Já terminamos aqui. Fizemos tudo o que pudemos e já vamos embora." Nevolin ficou chocado. "Mas vocês não podem", ele protestou. Maples explicou: "Temos que documentar tudo o que fazemos, e se não pudermos não há mais nada a fazer. Nunca trabalhei num caso forense em que não pudesse documentar o que era preciso fazer. E a não ser que você nos autorize a documentar em fotos, o caso está encerrado. Já tirei minhas conclusões." A voz de Maples era monótona, mas era claro que ele estava zangado. "Você estava com tanta raiva que tremia", contou Galina mais tarde.

Nevolin precisava de tempo. "Vão almoçar; quando voltarem vamos conversar e teremos uma resposta para vocês", ele disse. A equipe americana voltou ao hotel e, depois de um longo almoço russo, regressou ao necrotério. Nevolin os recebeu dizendo: "Podem tirar todas as fotos que quiserem." ("Obviamente", disse Maples mais tarde, "ele falou com Blokhin, que respondeu: 'Deixem que eles façam o que quiserem.' Então, ficamos lá até o fim da semana e documentamos tudo. Mas nas duas ou três horas iniciais já tínhamos os achados. Sabíamos que estávamos lidando com os restos da família imperial e quais restos eram de quem.")

Os nove esqueletos nas mesas do necrotério estavam etiquetados apenas com números. Maples, que ainda não sabia dos achados de Abramov, manteve o sistema de numeração. Eram cinco esqueletos de mulheres e quatro de homens. Todos os masculinos eram de adultos; não havia nenhum de adolescente. Dos cinco esqueletos de mulheres, três eram de jovens recém-chegadas à maturidade. Todos os rostos tinham sido totalmente fraturados. Todos os esqueletos femininos apresentavam trabalhos dentários. Um dos homens aparentemente usara placa de dentadura superior.

O corpo mais fácil de identificar, etiquetado pelos russos como nº 7, era de uma mulher de meia-idade cujas costelas apresentavam sinais de fraturas, possivelmente causadas por golpes de baioneta. O que chamou imediata atenção do dr. Levine foi o elaborado e magnífico trabalho dentário. Duas coroas na parte inferior eram de platina. Em toda parte de sua boca havia elegantes coroas de porcelana e obturações de ouro finamente trabalhadas. Era uma mostra da odontologia praticada nos Estados Unidos no fim do século XIX e subsequentemente na Alemanha, terra natal de Alexandra. Diante daquele trabalho, Levine e Maples declararam que o crânio e os restos pertenciam à imperatriz Alexandra.

A identificação de Nicolau II também não foi difícil. Os restos com a etiqueta nº 4 pertenciam a um homem baixo, de meia-idade. Os ossos do quadril apresentavam sinais de desgaste e deformação resultantes de anos cavalgando, uma atividade característica dos czares. O crânio possuía testa larga e inclinada, fronte saliente e o palato largo e liso típicos de Nicolau. Os dentes eram extraordinariamente ruins. O maxilar inferior apresentava terríveis retrações de gengiva provocadas por doença periodontal, e não havia obturações em nenhum dos dentes restantes. O crânio não tinha o meio da face; tudo entre as órbitas dos olhos e o maxilar havia sido destruído.

Ao tomar nas mãos o crânio de Nicolau II, o dr. Maples teve uma experiência sinistra: "Estávamos passando o crânio de mão em mão quando ouvimos um barulho repetitivo dentro da caixa craniana. Ajustando uma lanterna na base do crânio, e olhando pela abertura onde a coluna estaria apoiada, divisamos um objeto pequeno, encolhido, do tamanho de uma pera pequena, rolando de um lado para outro. Era o cérebro desidratado do czar Nicolau II."

A equipe americana teve pouca dificuldade com os outros quatro adultos. O Corpo nº 1 foi identificado pela pelve como uma mulher totalmente madura. No maxilar inferior esquerdo, havia uma ponte de ouro basicamente pré-fabricada, com acabamento de má qualidade, o que a identificou como a criada Demidova.

O Corpo nº 2 era de um homem grande, maduro. Dentre os restos de todos, este era o único que ainda tinha uma parte do torso intacta, unida por adipocera [ou cera cadavérica], uma substância cerosa que se forma quando o tecido gorduroso se mistura à água após a morte. Dessa massa, os russos tinham recuperado uma bala da área pélvica e outra de uma vértebra. O crânio tinha um buraco de bala que havia penetrado na têmpora esquerda. Havia uns poucos dentes no maxilar inferior e nenhum no maxilar superior. Sabendo que a dentadura superior do dr. Botkin fora encontrada mais de setenta anos atrás por Sokolov nos Quatro Irmãos, Maples e Levine identificaram os restos do médico.

Os Corpos nº 8 e nº 9 foram identificados respectivamente como Kharitonov, o cozinheiro de 48 anos, e o valete Trupp, de 61 anos. O esqueleto de Kharitonov era o mais fragmentado de todos. Fora o primeiro a ser atirado no fundo do poço e ficara mergulhado na poça de ácido. O corpo de Trupp ficara bem debaixo do corpo do czar. Conforme a progressão da decomposição, alguns ossos foram ficando grudados. Maples acredita que, hoje, a não ser por teste de DNA em cada fragmento, seria impossível determinar se certos ossos pertenciam ao czar ou ao valete.

Os três esqueletos restantes, Corpos nº 3, nº 5 e nº 6, eram das três jovens, quase adultas; todas tinham em comum entre si, e com o Corpo nº 7 (da imperatriz Alexandra), uma estrutura óssea insólita, protuberante na parte de trás da cabeça. Essa característica, chamada de ossos wormianos e encontrada em apenas 5% a 6% da população, sugeria fortemente que as três fossem irmãs e filhas do Corpo nº 7. As três jovens também tinham várias obturações e tratamentos dentários similares, sugerindo que haviam sido tratadas pelo mesmo dentista.

A mais velha das três, Corpo nº 3, tinha vinte e poucos anos quando morreu. Embora metade do rosto e o maxilar esquerdo estivessem faltando, o formato da cabeça, com a testa excepcionalmente proeminente, era compatível com a grã-duquesa Olga. Com 22 anos e oito meses, Olga já era mulher feita quando foi morta. Os ossos das pernas tinham sido cortados, mas, extrapolando a partir do comprimento dos ossos dos braços, Maples calculou que sua altura era pouco menos que 1,68m. O dr. Levine encontrou raízes plenamente desenvolvidas dos terceiros molares, os dentes do siso, confirmando a opinião de Maples de que ela já era adulta. Buracos mostravam que uma bala havia entrado pelo maxilar esquerdo e saído pela frente do crânio. Maples observou: "Essa trajetória deve ter vindo de uma arma disparada contra o queixo, ou contra o corpo já estirado no chão."

A próxima jovem – os restos do Corpo nº 5 – havia sido uma mulher "no fim da adolescência ou no começo dos 20 anos", relatou Maples. "Dr. Levine e eu concordamos que era a mais nova das mulheres cujos esqueletos tínhamos examinado." Chegaram a essa conclusão a partir do fato de que seus terceiros molares não estavam totalmente desenvolvidos. "O sacro, na parte de trás da pelve, não havia se desenvolvido completamente. Os ossos dos membros mostravam que o crescimento havia terminado recentemente. As costas apresentavam evidências de imaturidade, mas ainda assim eram de uma mulher de pelo menos 18 anos. Calculamos sua altura em 1,71m." Embora faltasse metade do rosto, Maples e Levine concluíram que era o esqueleto da grã-duquesa Maria, que havia completado 19 anos cinco semanas antes de morrer.

A terceira jovem, com etiqueta Corpo nº 6, tinha levado um tiro na parte de trás da cabeça. A bala penetrou pelo ouvido esquerdo e saiu pela têmpora direita. Era totalmente crescida, e o desenvolvimento de seus ossos e dentes a colocavam numa idade entre os Corpos nº 3 e nº 5. As pontas das raízes dos molares ainda eram incompletas, o que era compatível com uma mulher entre 19 e 21 anos, mas não com uma de 17 anos. Maples calculou sua altura em pouco mais de 1,68m. Não encontrou evidências de crescimento continuado recente. As bordas da pelve e do sacro estavam consolidadas, indicando que tinha pelo menos 18 anos. A clavícula, igualmente consolidada, indicava que teria no mínimo 20 anos. A grã-duquesa Tatiana tinha 21 e dois meses na época da execução. Maples identificou o Corpo nº 3 como Olga, o nº 5 como Maria e o nº 6 como Tatiana.

O dr. Maples estava certo de que nenhum daqueles esqueletos era de alguém jovem o suficiente para ter pertencido a Anastácia, que tinha 17 anos e um mês na noite dos assassinatos. Uma das razões era a altura. Várias fotografias de Anastácia ao lado das irmãs até um ano antes de sua morte mostravam que ela era mais baixa do que Olga e bem mais baixa do que Tatiana e Maria. Em setembro de 1917, dez meses antes dos assassinatos, a imperatriz Alexandra escreveu em seu diário: "Anastácia está muito gorda, como Maria era – gorda, cintura grossa, pés pequenos –, espero que ela cresça mais." Será que Anastácia poderia ter crescido mais de cinco centímetros em seu último ano de vida? É possível, diz Maples, mas altamente improvável.

Um segundo motivo era o desenvolvimento dos terceiros molares das três filhas cujos restos estavam presentes. O dr. Levine, que examinou os dentes de todos os crânios, dá total apoio aos achados de Maples. "Ele fez o trabalho antropológico, eu fiz o dentário. Depois, independentemente, fizemos os cálculos das idades", diz Levine. "Chegamos aos mesmos resultados."

Por fim, e o que era mais significativo para Maples, restava a condição das vértebras dos esqueletos mais jovens em Ekaterinburg. Em sua opinião, nenhum deles apresentava as características de uma mulher de 17 anos. Mais tarde, em seu laboratório, Maples explicou que o ser humano cresce conforme as extremidades dos ossos vão se alongando. Um material cartilaginoso se forma nessa extremidade e endurece gradualmente, até formar totalmente o osso – e o ser humano – mais largo ou mais alto. Nas vértebras – a coluna de ossos arredondados que formam a espinha dorsal –, os ossos crescem (à medida que o ser humano fica mais alto) quando a cartilagem se forma e endurece nas bordas superiores e inferiores. "Numa pessoa mais velha", diz Maples, "ou em partes das costas de uma pessoa mais nova, temos um anel completo nas pontas do alto e de baixo das vértebras. Mas quando essa pessoa ainda está incompleta nessas partes das vértebras, temos a indicação de que se trata de um indivíduo mais jovem."

É claro que a morte detém esse processo de transformação de cartilagem em osso. Nos ossos de alguém jovem, a cartilagem se torna uma substância amarelada e cerosa, que tende a escamar e esfarelar. Em seu laboratório, Maples tem vários esqueletos de adolescentes, que usou para demonstrar: "As vértebras dessa pessoa têm o anel, mas você está vendo no processo de junção que esfarelou aqui... Está quase completa aqui, mas está solta ali... Aqui praticamente esfarelou toda... Essa aqui está presente na base, com a junção completa e uma pequena cicatriz na frente, mas os lados ainda mostram a abertura."

Maples aplicou esses conhecimentos e experiência às vértebras que viu em Ekaterinburg: "Mulheres envelhecem mais rápido que os homens num mesmo grupo de idade", ele diz. "Numa mulher de 17 anos, você vê vértebras incompletas, como essas. Nenhum dos três esqueletos em Ekaterinburg tinha anéis incompletos, nem parcialmente completos. Não se vê essa condição numa mulher de 17 anos. Eu nunca vi. Desde então, tenho um aluno fazendo dissertação de mestrado sobre isso; e em nenhuma mulher de 17 anos foi encontrada uma vértebra completa na coluna."

O dr. Maples estava bem a par da contradição entre seus achados e os do dr. Abramov. "Acredito que quem está faltando é Anastácia, e ele acredita que quem falta é Maria. Eu não vou mudar de ideia, e nem ele vai." Por que Maples tinha tanta certeza de que Abramov estava errado? Sua resposta é taxativa: ele critica a técnica de Abramov para reconstruir com cola os rostos danificados em Ekaterinburg. Aquilo tinha sido tão malfeito que qualquer tentativa de superposição de fotos e crânios não tinha possibilidade de dar um bom resultado. A reconstrução de um rosto a partir de fragmentos de ossos pode ser feita, explicou Maples, mas desde que fosse realizada com um cuidado primoroso. "Frequentemente, faço reconstrução de rostos, colando pedaços de ossos, e por isso sei que, mesmo quando todos os pedaços estão ali, a mais leve variação de ângulo em que os pedaços são colados pode resultar numa diferença de milímetros, ou até de meio centímetro. E, nesse caso, quando você tenta colar outro fragmento, ele não encaixa. Fica uma fissura. É meio centímetro grande demais ou pequeno demais para caber o fragmento seguinte. Você não consegue encaixar nenhum outro, tudo por causa de um pequeno ângulo errado no início do processo."

"No caso dos Romanov", ele prosseguiu, "partes inteiras da face – toda parte do lado direito ou esquerdo em algumas das filhas – estavam faltando." Quando Maples conversou com Abramov a esse respeito, perguntou-lhe: "O que vocês fazem quando falta algum ponto de referência?" A resposta de Abramov foi: "Nós calculamos." Isso era inaceitável para Maples. "Os russos tinham trabalhado muito no Corpo nº 6 tentando restaurar os ossos da face com generosas porções de cola sobre fissuras largas", ele disse. "Foram obrigados a calcular muitas e muitas vezes enquanto assentavam os fragmentos, sendo que quase nenhum deles encostava no outro. Foi um exercício notável e engenhoso, mas fantasioso demais para me convencer. Saber o que tinham feito reforçou minha convicção de que Anastácia não estava ali."

O dr. Maples também não aceitou a técnica de superposição computadorizada do dr. Abramov. "Eu faço superposição em vídeo", ele diz, "mas, na minha montagem, colocamos a fotografia sob uma câmera de vídeo, o crânio sob outra câmera, e sobrepomos a imagem num único monitor. Posso mudar a posição, o tamanho do crânio, movê-lo, mudar seu tamanho total em relação à fotografia, sua posição relativa ao rosto, mas não posso mudar a proporção. O sistema não me permite manipular dados. Só posso fazer isso usando câmeras. Se você usar câmeras e incluir um computador no sistema, o computador pode manipular dados e fazer com que as coisas se encaixem. E, de fato, todo o sistema de Abramov é projetado para começar com o crânio digitalizado em três dimensões a partir de apenas alguns pontos. Depois ele manipula o crânio por computador até se encaixar com a fotografia."

Na verdade, antes de vir para Ekaterinburg, Maples havia planejado voltar mais tarde trazendo o próprio equipamento de superposição fotográfica. Mas "devido aos danos causados aos rostos decidi, na minha primeira estada, que não adiantava fazer superposição, nem mesmo para estabelecer que era a família imperial, quanto mais para distinguir as três irmãs. Depois fiquei sabendo que Abramov baseava a identificação delas nas faces reconstruídas. Quando isso se mostrou em total desacordo com meus achados das idades nos esqueletos, e com os achados de Lowell nos dentes, não pude mais aceitar a presença de Anastácia."

De maneira geral, Maples concordava inteiramente com Abramov de que eram os Romanov. Os nove esqueletos coincidiam totalmente em idade, sexo, altura e peso de nove dos prisioneiros da Casa de Ipatiev. "Se você procurar de modo aleatório e tentar reunir um grupo de pessoas que correspondam perfeitamente a essas descrições históricas e físicas, terá que fazer uma pesquisa enorme até achar e matar nove pessoas idênticas a elas", explica Maples. Ele considerava isso tão improvável quanto impossível.

O que tinha acontecido com os dois corpos que faltavam? A longa experiência de Maples com mortes violentas lhe dizia que todos os onze prisioneiros haviam sido mortos. Dada a ferocidade do ataque à família, ele não pode acreditar que tivessem deixado alguém escapar com vida do porão de Ipatiev. Para obter maiores explicações, Maples recorreu ao relato de Yurovsky, que ele aceitava como verdadeiro. Yurovsky descreve a queima de dois corpos. Um era do czarevich e o outro de uma mulher, que a princípio Yurovsky pensou ser de Alexandra, mas depois achou que era de Demidova. Maples acha que esse corpo de mulher era de Anastácia. Mas como Yurovsky poderia ter confundido o corpo de uma moça de 17 anos com o de uma mulher madura, fosse de 46, como a imperatriz, fosse de 40, como a criada de quarto?

Maples julga que a resposta esteja nas mudanças operadas na aparência do corpo humano pela decomposição. A família imperial foi morta em meados de julho, quando a média de temperatura era de cerca de 22 graus. Seus rostos foram esmagados a coronhadas. Os cabelos, ensopados de sangue, secaram até se tornarem uma massa preta, endurecida, impenetrável. Uma vez os corpos despidos, jogados no chão, o sexo das vítimas era óbvio, mas apesar disso os corpos nus estavam inchados a ponto de não serem reconhecíveis. Às vezes, Maples vê corpos de adolescentes que, poucos dias após a morte, incharam tanto a ponto de parecer obesas de meia-idade.

O processo de decomposição não para por aí. Ao ar livre, as moscas logo encontram os recém-mortos. Põem ovos nos olhos, nas narinas e – como no caso daquelas vítimas – no sangue fresco de rostos esmagados e de corpos mutilados. Em dois dias a essa temperatura, os ovos já viraram larvas. Maples não precisava de mais explicações para entender por que Yurovsky não tinha certeza de quem era aquele corpo feminino que fora queimado.

Em abril de 1993, o dr. William Hamilton, médico-legista de Gainesville, acompanhou Maples em sua segunda viagem a Ekaterinburg. Mais tarde pedi que dissessem, com base em sua experiência, o que se passa na mente de um matador enquanto atira, desfere golpes de baioneta e esmaga o rosto de pessoas indefesas. Hamilton foi o primeiro a responder: "Acho que é bem típico desse tipo de assassinato. Ele despersonaliza a vítima, faz dela um símbolo, algo diferente de um ser humano. Está matando o regime, o czar, acabando com todo o passado odioso e criando uma nova ordem mundial. Assassinos seriais fazem a mesma coisa. Em geral, eles compartimentalizam e desumanizam totalmente as vítimas, e então podem cometer atrocidades que uma pessoa normal é incapaz de imaginar."

Maples concordou. "Quando tomaram a decisão de matar, sob as circunstâncias daquela noite na Casa de Ipatiev, eu suspeito de que a maioria dos participantes queria ter certeza de que tudo aquilo fosse terminado, completamente", ele explicou. "As pessoas não morrem com tiros de pistola como se deseja que morram. Elas continuam vivas, ficam gemendo, têm convulsões. Depois, quando acabam as balas da pistola, a tendência é usar outros meios. As coronhas dos rifles e as baionetas estão ali à mão. Por isso tenho certeza de não haver sobreviventes."

## ❧ 7 ❧
# A CONFERÊNCIA DE EKATERINBURG

MAPLES E SUA equipe não voltaram diretamente para casa após os três dias com os ossos dos Romanov. Ficaram em Ekaterinburg para uma conferência de dois dias, organizada pelo governo da região de Sverdlovsk, "A Última Página da História da Família Imperial: Os Resultados de Estudos da Tragédia de Ekaterinburg". Cerca de cem pessoas compareceram e foram apresentados vinte trabalhos, a maioria de cientistas de várias partes da Rússia e da antiga União Soviética. O governador da região de Sverdlovsk, Edvard Rossel, abriu a conferência.

Alexander Avdonin contou como ele e Geli Ryabov tinham encontrado os ossos. O professor Krukov, de Moscou, denunciou "as grosseiras violações das normas arqueológicas e forenses", ocorridas na exumação dos ossos. Nicolai Nevolin analisou as condições dos ossos tirados da cova. O professor Popov, de São Petersburgo, descreveu os danos aos ossos causados por balas de pistola. A dra. Svetlana Gurtovaya, do departamento do dr. Plaksin no Ministério da Saúde, falou sobre a descoberta de pelos pubianos nos Corpos nº 5 e nº 7 e de "objetos parecendo cabelos" no Corpo nº 4. Todas essas evidências, disse ela, "eram extremamente frágeis, quebradiças, e se fossem tocadas poderiam virar pó". O dr. Abramov falou sobre sua identificação da família por meio de superposição por computador, enquanto o dr. Filipchuk, de Kiev, explicou o reconhecimento feito por ele da idade, sexo e altura, pelo exame dos crânios, dos ossos tubulares longos e das pelves das vítimas.* Victor Zvyagin, de Moscou, insistiu que o Corpo nº 1 (que tanto Abramov quanto Maples haviam identificado como a criada Demidova) era masculino. Filipchuk corrigiu gentilmente Zvyagin, dizendo que, "segundo nossos dados, esse esqueleto pertence a uma mulher adulta, grande... não há a menor dúvida de que a pelve é do esqueleto de uma mulher."** O dr. Pavel Ivanov, do Instituto de Biologia Molecular de Moscou, falou como maiores informações poderiam ser obtidas pela análise de DNA dos ossos, possivelmente na Inglaterra.

Alguns palestrantes não eram cientistas. Um deles discorreu sobre os uniformes de Nicolau II como reflexo de sua personalidade. Um monarquista da Sociedade da Nobreza Russa em Moscou se apresentou como representante de "Sua Alteza Imperial, a grã-duquesa Maria Vladimirovna e da viúva grã-duquesa Leonida Georgievna". A palavra foi dada até ao barão Falz-Fein, o milionário de Liechtenstein. Ele falou exclusivamente sobre si mesmo, mencionando que o estado onde nascera, "As-

---

* Os achados de Filipchuk sobre as grã-duquesas eram mais compatíveis com os de Maples do que com os de Abramov. Ele acreditava que o Corpo nº 5 era o da filha mais alta, e que tinha morrido aos 20 anos. Era o esqueleto identificado por Maples como Maria e por Abramov como Tatiana. Filipchuk declarou que o Corpo nº 6 era o segundo mais alto das grã-duquesas e que havia morrido com idade entre 20 e 24 anos. Maples identificou o Corpo nº 6 como Tatiana, e Abramov, como Anastácia.
** Essa rejeição pública da pesquisa de Zvyagin deve ter dado alguma satisfação pessoal a Abramov, que estava presente. Zvyagin era o primeiro na cabeça de Abramov quando ele denunciou os "idiotas" que tinham criticado seu trabalho em Ekaterinburg e o haviam tratado com ares de indulgente superioridade no outono, inverno e primavera precedentes.

kanya Nova, tinha sido o maior da Rússia" e que sua devoção à história e à cultura russas era entusiástica e eterna. A equipe americana não constava do programa original, mas, ao fim da conferência, Maples foi convidado a apresentar seus achados.

Na coletiva à imprensa, no encerramento da conferência, perguntaram a Maples: "Qual é o nível de competência da ciência médica forense na Rússia se você foi capaz de fazer em três dias o que nosso pessoal levou um ano inteiro?" A resposta foi diplomática. "Não esqueça que eles levaram muito tempo pondo os esqueletos em ordem, reconstruindo crânios e rostos quebrados. Depois disso, meus colegas e eu só precisamos ver." No entanto, embora não falassem russo, os americanos entendiam o suficiente para ficarem surpresos com a aparente falta de coordenação entre os cientistas russos presentes. Parecia que cada um era especialista numa parte do corpo e que aplicavam técnicas diferentes. Um deles, de Saratov, especialista somente em pulso humano, determinava tudo sobre restos de esqueletos, inclusive a idade, examinando os ossinhos do pulso. O melhor modo de determinar a idade num esqueleto, diz Michael Baden, é examinando o crânio, os dentes, as vértebras e a pelve. "Mas" – disse Baden, dando de ombros – "quem só conhece antropologia do pulso vai fazer tudo usando o pulso."

Alguns russos pareciam estar escondendo suas pesquisas como tesouros, guardando o que pensavam ser informações únicas. Maples e seus colegas estavam habituados às conferências científicas ocidentais, cujo objetivo básico é compartilhar e disseminar novos conhecimentos. Mais tarde, Maples disse que, antes de uma conferência, os cientistas costumam preparar sinopses propositadamente vagas porque os autores ainda não terminaram a pesquisa. Mas espera-se que na apresentação sejam trazidos resultados, análise e conclusões. A esse respeito, Maples ficou especialmente fascinado com o comportamento da serologista de Moscou, Gurtovaya, cujo trabalho era achar o tipo de sangue a partir de amostras de cabelos. Ela disse ter testado ossos e cabelos vindos do local do enterro para sangue de tipos A, B e O, mas não contou o que achou. Sentado no auditório ao lado de um historiador de arte russo que falava inglês, Maples pediu ao vizinho: "Pergunte a ela se conseguiram identificar o tipo de sangue de cada um dos restos." O russo fez a pergunta, dizendo que era do americano sentado perto dele. "A resposta da palestrante", contou Maples, "foi 'Da'. Nada mais. Eu insisti: 'Pergunte se ela encontrou os resultados a partir dos cabelos ou dos ossos.' Ela respondeu: 'Ambos.' Continuei: 'Pergunte se ela obteve os mesmos resultados com os cabelos e com os ossos.' Ele perguntou e ela respondeu 'Da'. Então, falei: 'Pergunte qual era o tipo de sangue', e ela retrucou: 'Ah, temos que guardar nossos segredinhos.'" Isso lembrou a Maples uma citação: "'Na Rússia, tudo é secreto, mas não há segredos.' De fato", ele disse, "em quinze minutos, alguém me informou que o resultado era A positivo."

A especialista em cabelos e fibras da equipe de Maples, Cathryn Oakes, teve uma experiência ainda mais frustrante com Gurtovaya. Oakes viajou dos Estados Unidos porque ouvira falar que havia cabelos humanos na cova. Ao chegar a Ekaterinburg, ela perguntou: "Posso ver os cabelos?" "Ah, isso é em Moscou", informaram, mas ressalvaram que Gurtovaya, a especialista de Moscou, estaria em Ekaterinburg para a conferência dali a alguns dias e traria os cabelos. Quando Gurtovaya chegou, Oakes se apresentou e pediu: "Posso ver os cabelos?" "Ah, sim", Gurtovaya respondeu, mas não lhe deu cabelo nenhum. Quando se encontraram novamente, Gurtovaya disse a Oakes que "os cabelos não prestavam". Até agora, Oakes não sabe em que acreditar: "Parecia que ela não tinha trazido os cabelos. Ou talvez os tivesse, mas não queria me mostrar. De todo modo, nunca cheguei a ver nada." Nas visitas subsequentes do dr. Maples e sua equipe à Rússia e a Ekaterinburg, Cathryn Oakes se recusou a participar.

Ao chegar à Rússia, Maples não sabia, mas a compartimentalização de conhecimentos entre os russos chegou a ponto de esconder de Plaksin e Abramov o fato de que ele e seus colegas americanos estariam presentes à conferência. "Eles não sabiam que estaríamos lá até chegarem à porta", Cathryn Oakes lembra. "E não ficaram contentes." "Ficaram chocados", Lowell Levine concorda. "Havia um cabo de guerra entre Moscou e Ekaterinburg", diz Maples. "O pessoal forense de Moscou queria que os restos fossem mandados para lá. Os habitantes de Ekaterinburg queriam que os ossos ficassem na cidade. Nesse ponto da disputa, Ekaterinburg entendeu que ficaria em desvantagem. Para manter o controle, precisavam ter sua própria equipe forense. Mas não havia cientistas forenses desse calibre em Ekaterinburg. Foi então que fizeram a solicitação ao secretário Baker. Em consequência disso, nós chegamos e, sem desconfiar, nos tornamos a equipe de Ekaterinburg."

Foi nesse clima de choques mútuos, mal-entendidos e uma hostilidade só parcialmente disfarçada, que William Maples, que acreditava que a grã-duquesa Anastácia era quem faltava, conheceu Sergei Abramov, que acreditava que a filha faltante era Maria.

* * *

"A participação do professor Maples na conferência de Ekaterinburg foi organizada unicamente pelo governo local", disse Abramov mais tarde. "Soubemos por puro acaso. Foi estranho. Ele teve permissão para fotografar os ossos, enquanto nós, especialistas russos, não tivemos autorização. Não tenho nada contra o dr. Maples. Tenho grande respeito por ele. Mas sua atuação nisso tudo foi desconcertante. Se ele está fazendo uma pesquisa independente, por que precisam de nós? E se está fazendo uma pesquisa conosco, por que está escondendo isso de nós? Nunca ficamos lado a lado com os ossos."

Depois que Maples anunciou, na conferência, sua conclusão de que Anastácia era a filha que faltava, Abramov o aconselhou a não divulgar a opinião dele, Maples, quando voltasse aos Estados Unidos. "Fiz isso para protegê-lo", Abramov explicou. "Ele tinha passado três dias com os ossos. Nós tínhamos passado um ano. Pelo bem dele, eu não gostaria que soubessem que nós estávamos certos e ele, errado." Sem que Abramov soubesse, é claro, Maples já tinha planejado dizer na coletiva de imprensa, durante o encerramento da conferência em Ekaterinburg, que a grã-duquesa que faltava era Anastácia.

Um ano depois, em julho de 1993, Maples voltou a Ekaterinburg para ser filmado examinando os ossos pelo *Nova*, o programa científico do canal de televisão americano PBS. Na volta para os Estados Unidos, fez uma breve parada em Moscou e, pela primeira vez, foi ao escritório de Abramov. "O dr. Maples estava exausto", contou Abramov. "Tinha acordado às quatro da manhã em Ekaterinburg para pegar o avião até Moscou. O pessoal da televisão veio com ele e ficou tirando fotos de nós dois num amigável aperto de mãos." Maples explicou a Abramov que sua técnica de exames e medidas provava que nenhum esqueleto das jovens irmãs poderia ser de uma moça de 17 anos. "Então, descobrimos", disse Abramov, "que ele e eu não tínhamos medido os mesmos ossos. Eu medi os quadris e o fêmur, e ele mediu os ossos dos antebraços, a ulna e o rádio, que são uma indicação muito menos precisa da altura. 'Mas', Maples disse, 'você serrou o fêmur no meio.' Respondi: 'Não, não serrei. Alguém serrou. Mas medimos o fêmur antes de ser cortado. E, francamente, não esperávamos que viessem outros especialistas aqui.'"

Nessa conversa, Abramov mencionou um problema dos antebraços, no qual Maples já havia pensado: "Esses ossos podem muito bem ter sido misturados entre os corpos. Não foram trazidos da terra com o mais escrupuloso dos cuidados. E uma vez nas mesas do necrotério, qualquer pessoa poderia ter pegado um e, por engano, ter colocado em outro lugar.

O professor Popov esteve lá – em nossa ausência. O professor Zvyagin esteve lá – também em nossa ausência. E agora o professor Maples esteve lá – igualmente na nossa ausência."

No fim dessa reunião, tentando ser conciliador, Maples disse a Abramov que, embora seus resultados tivessem sido diferentes, se Abramov pudesse comprovar que Anastácia estava entre os esqueletos, "Vou ficar feliz por você". Abramov perguntou amavelmente se Maples conhecia algum outro cientista renomado no Ocidente que, usando superposição, pudesse resolver o problema. Maples lhe deu o nome do professor Richard Helmer, do Instituto de Medicina-Legal, em Bonn, na Alemanha, que era presidente do Grupo de Identificação Craniofacial da Associação Internacional de Ciências Forenses. Conhecendo a reputação de Helmer e tendo lido seus trabalhos, Abramov convidou-o imediatamente a vir a Moscou. Uma empresa comercial arcou com as despesas e, no começo de setembro de 1993, Helmer passou cinco dias em Moscou, examinando as técnicas e resultados de Abramov. Ele disse a Abramov que era o melhor programa de superposição que ele jamais vira – e que tinha visto todos os programas do gênero existentes. Além disso, falou que agora acreditava nos resultados de Abramov e concordava que Anastácia era um dos esqueletos em Ekaterinburg.

Depois dessa reunião, Abramov continuou sugerindo que solucionassem o problema, chamando Maples e Helmer para irem a Ekaterinburg trabalhar com ele nos ossos. Queria convidar também o dr. Filipchuk, de Kiev. Na ausência dessa junta de especialistas, mas com o respaldo do professor Helmer, Abramov ficou confiante com seus achados. Ainda mais pelo fato de que fora o dr. Maples que lhe indicara o nome do professor Helmer.

"A questão é que, com os métodos existentes hoje e com base no material de comparação que temos aqui, não acredito que seja possível determinar quem está faltando, se é Maria ou Anastácia."

Quem disse isso foi Nicolai Nevolin, diretor do Bureau de Medicina Forense da Região de Sverdlovsk, responsável pelo necrotério de Ekaterinburg, onde os ossos estavam guardados por quatro anos. Ele mora em um edifício com vários andares de apartamento quase perto do necrotério e foi lá que fomos procurá-lo porque estávamos atrasados. Sentados sob um choupo sussurrante, à luz do pôr do sol, ficamos vendo as crianças brincando no jardim, enquanto Avdonin ia chamá-lo lá dentro.

Nevolin logo apareceu; era um homem de pouco mais de 40 anos, estrutura corporal forte e fala mansa. Vestia uma camiseta americana preta e laranja, presente de Lowell Levine. É antropólogo forense, cujo trabalho rotineiro nos tempos de hoje é lidar com crimes violentos e de morte entre siberianos. Mas ele conhecia bem aqueles ossos em especial. Havia trabalhado com Abramov e com Maples, e estudado minuciosamente as técnicas de ambos. Em sua opinião, os dois estavam errados.

"Maples fala em identificar idade a tal ponto que pode afirmar que nenhum dos esqueletos pertencia a uma mulher de 17 anos", disse Nevolin. "Sim, pode-se falar em médias. Mas um profissional sabe que, a partir de ossos, não se pode dizer com exatidão o crescimento ou a idade de um indivíduo adolescente. Os dentes dão um parâmetro melhor. Estudando o crescimento, dentistas forenses garantem poder estimar a idade com diferença de dois anos e meio para mais ou para menos. Isso é razoável. Isso eu posso aceitar."

As críticas de Nevolin não eram nem em tom defensivo, nem veemente. Ele sabia que tanto Maples quanto Abramov tinham reputação superior à dele. Nevolin foi gentil e firme. Não aceitava a afirmação de Maples, de que podia determinar a idade pelo grau de crescimento das bordas superiores e inferiores das vértebras. "Não estou dizendo que a calcificação das vértebras, de que o dr. Maples fala, não exista; é claro, sempre existe. Mas o processo não está fixado em qualquer idade em particular, como 16 ou 17 anos. A ciência médica não tem esse conhecimento. O que existe são intervalos – digamos, entre 14 e 19 anos de idade – quando ocorre o processo. Acho que o dr. Maples pode ter se equivocado pelo fato de os ossos terem ficado no solo por mais de 70 anos. A superfície deles ficou um pouco destruída; são muito diferentes dos ossos recentes com que ele e nós também trabalhamos no laboratório."

"Por fim, devo dizer que a determinação da idade a partir das vértebras nunca foi considerada confiável, nem aqui nem em outros países. Os métodos mais confiáveis para a determinação da idade são o grau de desgaste dos dentes, as suturas nos ossos cranianos e, o mais confiável de todos, o método de Hanson, a investigação da estrutura das partes superiores dos ossos longos. Estes são os métodos básicos que nos permitem determinar a idade exata. As vértebras não estão envolvidas nisso. Americanos, europeus, russos – é tudo igual. E se alguém tenta diferenciar esses restos por altura, também não vai dar certo. Não se pode imputar a dificuldade ao fato de um osso ter sido serrado... Mesmo que estivesse inteiro, seria impossível determinar a altura exata. Portanto, se alguém, julgando pela altura, diz que essa vítima é essa e aquela é aquela, eu acho – sendo comedido – que não está dizendo a verdade."

Em seguida, Nevolin falou sobre os achados de Abramov, resultantes de superposição. "Isso é um pouquinho melhor. Porque aqui usamos o método de eliminação. Pegamos uma fotografia da pessoa, tirada o mais próximo possível do momento da morte. Pegamos a imagem do crânio. E colocamos uma em cima da outra. Se a imagem do crânio se encaixa na imagem da face da pessoa na fotografia, podemos dizer que o crânio *pode* pertencer àquela pessoa. Funciona melhor pela negativa: se o crânio não se encaixa na imagem da fotografia, podemos dizer que não pertence àquela pessoa. Assim, cada crânio é encaixado em uma fotografia. Não vai se encaixar em algumas, mas pode se encaixar em uma delas. Não pode ser aceito como um método categórico, especialmente neste caso. Primeiro, ainda não é um processo muito confiável, e segundo, neste caso, praticamente todas as faces dos crânios tinham sido destruídas; algumas delas, danificadas por balas."

As conclusões pessoais de Nevolin foram acompanhadas por um sorriso irônico: "Os cientistas russos pensam de um modo, os cientistas americanos, de outro. Eu penso de um terceiro modo. Penso que a discussão sobre Maria e Anastácia não chegará a uma solução conclusiva. Elas eram muito próximas em idade, e não muito diferentes em altura, por isso nenhum especialista forense daqui ou de lá pode determinar a identidade delas." A resposta definitiva, ele insiste, só pode ser encontrada pelo modo certo, tradicional: localizando os registros médicos e comparando dentes, pontes, coroas, obturações, ossos quebrados e quaisquer outras anormalidades de esqueleto que constem em fichas médicas e, se possível, em radiografias.

Assim como Lowell Levine, Nevolin sustenta que os dados médicos da família imperial devem estar guardados em algum arquivo. "Não acredito que os registros médicos dos Romanov estejam perdidos", afirma Nevolin. "Estão em algum lugar. Documentos como esses não se perdem. Mas tantas coisas aconteceram em nosso país que só Deus sabe onde esses documentos foram parar. Acredito que ainda serão encontrados. Se forem, não haverá mais dúvidas. Saberemos quem foi quem."

## 8
## NAS FRONTEIRAS DO SABER

O DÉCIMO SÉTIMO TRABALHO apresentado na conferência de julho de 1992, em Ekaterinburg, foi de autoria de um biólogo molecular de 41 anos, cabelos negros e muito animado, o dr. Pavel Ivanov, do Instituto Englehardt de Biologia Molecular, da Academia Russa de Ciências, em Moscou. O tema de Ivanov era teste de DNA. Ele falou que, no fim de 1991, Vladislav Plaksin, médico-legista chefe da equipe russa, lhe perguntara sobre a possibilidade de usar sua nova técnica para ajudar a identificar os ossos encontrados por Alexander Avdonin e Geli Ryabov. Ivanov sabia que aquilo não podia ser feito ali. Ninguém "na Rússia tinha experiência nesse trabalho com material ósseo", ele afirmara na conferência, acrescentando que na Rússia não havia a tecnologia necessária. Entretanto, quando estivera em Londres, em dezembro de 1991, ele fora ao que chamara de "Centro de Pesquisa Criminal Central", do Ministério do Interior britânico de Aldermaston, em Berkshire, e dera início a uma negociação de parceria russo-britânica para estudos de ossos.

No começo de julho de 1992, duas semanas após a conferência, foi celebrado um acordo entre o Ministério da Saúde russo e o Ministério do Interior britânico. Montaram uma equipe conjunta em Aldermaston, contando com o dr. Peter Gill, diretor do Centro de Pesquisa Molecular do Serviço de Ciência Forense do Ministério do Interior; sir Alec Jeffreys, da Universidade de Leicester e idealizador da técnica de DNA em impressões digitais; e a dra. Erika Hagelberg, da Universidade de Cambridge, especialista em análise genética molecular em restos ósseos. O cientista russo seria o próprio Ivanov. Todos os custos, à exceção das viagens, ficariam a cargo do Serviço de Ciência Forense (FSS) britânico, enquanto as despesas de viagens (essencialmente as passagens de idas e vindas de Ivanov à Inglaterra) seriam pagas pelo governo regional de Sverdlovsk, que aprovou o acordo. Na conferência, Ivanov disse que os testes na Inglaterra iriam capacitar os pesquisadores a determinar quais esqueletos dentre os nove exumados eram de uma mesma família. Além disso, se fosse possível extrair dos restos suficiente DNA não contaminado, e se descendentes vivos de parentes de sangue da família imperial concordassem em doar amostras para fazer uma comparação, seria possível provar se a família encontrada na cova era ou não do czar Nicolau II.

* * *

O fato de os ossos estarem indo para a Inglaterra porque a tecnologia de DNA não estava disponível em seu país era constrangedor para os cientistas russos. "Antes, estávamos trabalhando em testes com genética molecular", disse Nicolai Nevolin, com um sorriso amargo. "O acadêmico Vavilov começou a usar esse método. Então, o sr. Stalin fuzilou toda a equipe dele. Em consequência, ficamos muito defasados."

Quando Stalin morreu, em 1953, Pavel Ivanov tinha 2 anos de idade. Vinte anos depois, na era de Brezhnev, Ivanov estudava para se formar em biologia molecular na Universidade Estadual de Moscou – "a melhor da Rússia, muito conceituada na Europa". Ele começou como cientista pesquisador, trabalhando no projeto internacional do genoma humano, no Instituto de Biologia Molecular. Em 1987, tentando decifrar os códigos genéticos que criam os seres humanos, seu grupo descobriu uma técnica de DNA a partir de impressões digitais, similar, mas não idêntica, aos primeiros trabalhos de Alec Jeffreys, na Inglaterra. Ivanov, um cientista ainda principiante, começou a explorar e a desenvolver essa técnica. Sua pesquisa chamou a atenção de organizações de "trabalho regular", como o laboratório forense de crimes e a KGB.

"Eles se interessaram pelas aplicações práticas do meu trabalho e sugeriram que eu criasse um laboratório forense de DNA", conta Ivanov. "Concordei porque a ciência forense era muito interessante para mim, e porque, com uma taxa de crimes tão alta em Moscou, achei que poderia fazer alguma coisa para contribuir. Não trabalhei para a KGB; nunca fui comunista. Mas entendia o potencial dessas técnicas para combater o crime. Desde então, tenho dois empregos. Mantenho meu cargo de cientista pesquisador no Instituto de Biologia Molecular e sou consultor em DNA do legista chefe da Rússia, dr. Plaksin. Mais tarde, quando apareceu o caso Romanov, tornei-me o principal investigador de DNA no país, por indicação do procurador-geral da Rússia."

Ivanov mantinha os dois empregos para conseguir ganhar dinheiro. Sua esposa, professora assistente de biologia, tinha um salário baixo, ele ajudava a mãe, economista aposentada, que recebia uma miséria de aposentadoria, e ele tinha dois filhos. Apesar da sobrecarga de trabalho, considerava-se afortunado. Viajava muito mais que a maioria dos cientistas russos, comparecia a congressos em lugares distantes, como Austrália e Dubai. Havia trabalhado no laboratório de DNA do FBI, em Washington, D.C., e viajado por todos os Estados Unidos. Em meados de 1990, seu trabalho com os ossos dos Romanov havia feito dele o mais conhecido biólogo molecular da Rússia. No verão de 1994, ele dirigiu seu Volvo de Moscou até Ulm, às margens do Danúbio, no sul da Alemanha, a fim de realizar testes de DNA nos restos de um emigrado russo falecido recentemente, que alegara ser o czarevich Alexei. Numa longa noite em um restaurante alemão, ele falou sobre seu envolvimento com os ossos dos Romanov:

"Fui eu que decidi irmos à Inglaterra quando Plaksin pediu minha opinião", disse Ivanov. "Tanto o laboratório do FBI, em Washington, quanto a AFIP fazem excelentes trabalhos com DNA, mas escolhi Peter Gill porque o conhecia e porque o Serviço de Ciência Forense britânico tinha o mais alto nível de especialização nesse tipo de investigação – ou seja, o uso de DNA mitocondrial. É claro que eu tinha pensado também em pedir ao príncipe Philip, duque de Edimburgo, que nos auxiliasse. E eu sabia que ele estaria muito mais disposto a nos apoiar se o trabalho fosse feito na Inglaterra. Mas precisávamos de dinheiro. Para um cientista russo hoje, o problema é sempre dinheiro. Não há barreiras políticas, mas há barreiras financeiras. A gente não pode ir aonde quer."

Em 15 de setembro de 1992, Pavel Ivanov embarcou num jato em Moscou. Numa das sacolas da British Airways, embaladas cuidadosamente e hermeticamente fechadas com polietileno, ele levava partes dos fêmures de cada um dos nove esqueletos que repousavam na mesa do necrotério de Ekaterinburg. Em Heathrow, Ivanov foi recebido por Nigel McCrery, um produtor do canal de televisão BBC que participara ativamente das negociações para levar os ossos à Inglaterra.* Achando que

---

* McCrery, um homem exuberante, entusiástico, que tinha sido policial antes de estudar história russa em Cambridge, tem um mérito considerável na operação russo-inglesa. Ao ouvir falar da descoberta dos ossos, procurou Avdonin em Ekaterinburg. Avdonin o pôs em contato com Pavel Ivanov, que lhe disse que o melhor lugar do mundo em testes de DNA era Aldermaston e lhe deu o nome de Peter Gill. McCrery telefonou para Gill, que, segundo ele, ficou "muito animado, mas não sabia se o Ministério do Interior iria aprovar. Pois bem, Kenneth Clark, o [então] secretário do ministério, mora aqui perto de mim, meu conhecido há anos. Ele tem meu voto de confiança. Entrei em contato com ele, dizendo que seria prestigioso para o Serviço de Ciência Forense tomar parte. 'Você pode dar autorização?' E Clark respondeu: 'Que ideia maravilhosa.' Telefonei de volta para Ivanov e ele indagou: 'Como eu vou chegar aí? Não tenho dinheiro nenhum.' E eu disse: 'Deixe que eu pago.' Na verdade, alguém na Rússia pagou a viagem de Ivanov, mas eu entrei em contato com a Applied Biosystems, que faz scanners de genes e outras máquinas usadas em testes de DNA, e perguntei se podiam pagar as despesas de Ivanov na Inglaterra. Disseram que sim, e concordaram em pagar de três a cinco mil libras para ele passar dez meses. Então, ele veio trazendo os ossos."

era "inadequado levar a família imperial no porta-malas do meu Volvo", McCrery tinha alugado uma limusine Bentley da Co-operative Funeral Services. Assim Ivanov, McCrery e os restos dos Romanov foram levados em grande estilo à casa de Peter Gill, na floresta perto de Aldermaston, onde os três tiraram fotos para solenizar a ocasião. De manhã, Gill e Ivanov levaram os ossos, passando pelas altas cercas de arame farpado e postos de segurança do centro de pesquisa atômica do imenso Ministério da Defesa britânico, em Aldermaston. No interior do complexo e numa ala lateral, o Serviço de Ciência Forense recebera um espaço para instalar o laboratório de pesquisa. Nos dez meses seguintes, Gill, Ivanov e equipe tentaram comparar e fazer a correspondência de DNA entre os esqueletos de Ekaterinburg e parentes vivos da família imperial russa assassinada.

Se o Laboratório Criminal Central do FBI, dos Estados Unidos, fosse privatizado, com ordens para desenvolver uma "abordagem comercial, com foco no cliente e preocupação com os custos", para empatar ou lucrar cobrando taxas e oferecendo seus serviços a quem quer que aparecesse por lá, ficaria muito próximo ao que aconteceu recentemente com o equivalente britânico do laboratório do FBI, o Serviço de Ciência Forense do Ministério do Interior. Durante cinquenta anos, desde 1930, o Serviço de Ciência Forense (FSS), do Home Office, funcionou como uma fonte de assistência investigativa aos departamentos de polícia locais e provinciais da Inglaterra e do País de Gales. Especialistas do FSS analisavam evidências em casos de assassinato, estupro, incêndio criminoso, roubo, uso de drogas, envenenamento e falsificação. Iam à cena do crime, examinavam corpos, impressões digitais, armas, balas, manchas, nível de álcool, amostras de caligrafia e velhas máquinas de escrever. Os beneficiários desse saber especializado eram os procuradores da Coroa, a quem o FSS oferecia testemunhos de especialistas em julgamentos. O povo britânico pagava por esses serviços através de impostos.

Em abril de 1991, o FSS foi tomado pelo thatcherismo. Seus 600 cientistas, técnicos e outros funcionários, trabalhando em seis laboratórios espalhados pelo país, de repente foram transformados em armas científicas de aluguel. O FSS passou a ser um negócio, que precisava seguir em frente pelos próprios meios, cobrando pelos serviços. A porta estava aberta para todos – "ampliando a clientela" era a terminologia usada. Advogados de defesa, governos estrangeiros, companhias de seguros, fiscais de saúde regionais e cidadãos comuns eram bem-vindos. A transformação foi "turbulenta", admitiu a diretora-geral do FSS, Janet Thompson. Para muitos cientistas, "o mundo dos negócios ainda parecia radical". Em 1991-92, o trabalho com casos policiais caiu 18%, e foi contabilizado um déficit de 1,1 milhão de libras. Mas no ano seguinte as coisas melhoraram. A polícia voltou e pagava as taxas. O FSS teve um lucro igual à perda anterior. O mais espetacular foi que, no verão daquele ano, os serviços do FSS e seu principal biólogo molecular, dr. Peter Gill, foram manchete na mídia, não só na Inglaterra mas no mundo inteiro.

Dr. Gill, o chefe dos Serviços de Biologia (Pesquisa) do Serviço de Ciência Forense, é um homem de constituição leve, pouco mais de 40 anos, cerca de 1,80m de altura, cabelos despenteados, rosto pálido, bigode castanho e olhos atentos por trás dos óculos de lentes grossas. Possui um terno azul-marinho que usa em coletivas de imprensa, mas no laboratório e arredores seu traje típico se limita a um suéter surrado, calças disformes de veludo cotelê e uns mocassins de gente idosa. Nascido em Essex, Gill se formou em zoologia na Universidade de Bristol, fez doutorado em genética na Universidade de Liverpool e cinco anos de pós-doutorado como convidado na Universidade de Nottingham. Em 1982, foi trabalhar no Laboratório de Pesquisa do Serviço de Ciência Forense, em Aldermaston, na área de aplicação forense de métodos convencionais de classificação de tipos de sangue. Em 1985, contra forte oposição no serviço, começou a estudar a utilidade da análise de DNA na ciência forense. Ciente da importância do trabalho de Alec Jeffreys, ficou por algum tempo no laboratório do colega e, no mesmo ano, publicaram, em coautoria, seu primeiro trabalho científico demonstrando que a análise de DNA poderia ser usada na ciência forense. Os métodos descritos nesse estudo são hoje usados rotineiramente no mundo inteiro. Gill publicou mais de setenta trabalhos na literatura científica.

Embora tímido, retraído ao falar com estranhos, em um ponto o dr. Gill, mesmo calmo, é enfático: seu laboratório é o melhor que há no mundo: "Nós mantemos a liderança mundial", é como ele fala. Em sua opinião, portanto, é perfeitamente compreensível que Pavel Ivanov quisesse trazer os ossos russos para Aldermaston. "Muito tempo atrás, Ivanov me perguntou se estaríamos interessados em levar avante esses testes. Quando ele perguntou, precisei consultar o Ministério do Interior. Eles consideraram todas as ramificações políticas, e por fim tivemos a autorização."

As ramificações políticas existiam em vários níveis. A mais óbvia era o relacionamento político entre o governo conservador de John Major, na Inglaterra, e a presidência de Boris Yeltsin, na Rússia. Ambos estavam interessados em viabilizar um projeto diplomático adiado há longo tempo: uma visita da rainha à Rússia. Nenhum monarca inglês havia ido à Rússia desde 1908, quando o rei Eduardo VII e a rainha Alexandra foram de iate a Tallinn (então Reval) visitar o czar Nicolau II e a imperatriz Alexandra.* Tanto Mikhail Gorbachev quanto Boris Yeltsin haviam convidado a rainha, e Sua Majestade e o Ministério do Exterior britânico queriam que a visita acontecesse.

Mas antes havia questões históricas e familiares pendentes. A família imperial russa e a família real inglesa eram intimamente relacionadas. O rei Jorge V, avô de Elizabeth II, era primo-irmão de Nicolau II. De fato, era tão grande a semelhança física dos dois que, no casamento de Jorge, Nicolau foi várias vezes confundido com o noivo. O rei Jorge era também primo da imperatriz Alexandra. Na primavera de 1917, quando o czar abdicou e enquanto Alexander Kerensky e o governo provisório russo tentavam garantir a segurança da família real, enviando todos para um asilo político, a princípio o rei Jorge V recebeu bem a proposta de trazer seus primos para a Inglaterra, por navio. Mas depois, temendo que a impopularidade do ex-czar na Inglaterra maculasse a monarquia inglesa, voltou atrás e pediu que não viessem. O ato de Jorge V ajudou a desgraçar Nicolau, sua esposa e seus cinco filhos. Quando a porta da Inglaterra se fechou, Kerensky mandou a família para a Sibéria, na esperança de deixá-los fora do alcance dos bolcheviques. Eles ainda estavam lá quando, após a queda de Kerensky, o braço longo de Lênin os alcançou.

Essa catástrofe gerou muitas recriminações. Membros da família imperial que haviam escapado, aristocratas emigrados e numerosos russos Brancos no exterior condenaram com amargor o rei Jorge, sua família e seus descendentes. Durante três quartos de século, muitos russos viram a Inglaterra com grande suspeita e ressentimento. A família real inglesa está ciente dessa hostilidade. No correr dos anos, palacianos ingleses tentaram enterrar o papel do rei na tragédia Romanov. Biógrafos oficiais de Jorge V foram aconselhados a "omitir dados e incidentes difamatórios". Em 1992, a possibilidade de que os ossos dos Romanov pudessem vir

---

* Na verdade, os responsáveis pela segurança dos dois monarcas estavam tão preocupados com a possibilidade de terrorismo que Eduardo VII não pisou no solo do império russo. Todos os encontros deles se deram a bordo dos iates.

para a Inglaterra e ser analisados por cientistas ingleses, com auxílio de pessoas da realeza inglesa, oferecia uma oportunidade de apaziguar esses sentimentos passionais.

Segundo um porta-voz do Serviço de Ciência Forense, que atua junto ao dr. Gill especificamente para responder a perguntas não científicas, a decisão de trazer os ossos para Aldermaston foi tomada em um nível relativamente baixo, isto é, por Janet Thompson, diretora-geral do FSS. "É claro que", disse o porta-voz, "em vista da alta importância desse projeto, levamos a Kenneth Clark, do Ministério do Interior. Ele poderia ter objetado, se quisesse." O porta-voz não sabia dizer se Kenneth Clark conversou a respeito do projeto com o Ministério do Exterior ou com o primeiro-ministro. Nem se alguém pensou em consultar a família real. Se isso não aconteceu, a dra. Thompson e o secretário Clark estavam assumindo responsabilidades históricas e diplomáticas muito além do alcance de suas funções profissionais e políticas.

Numa determinada área, a dra. Thompson – sem dúvida apoiada por Clark – foi quem tomou a decisão. Essa decisão era ignorar o decreto de Thatcher de que o FSS teria que cobrar por serviços, visando a obter lucro. O serviço gastou grandes somas de dinheiro no projeto Romanov. "Pegamos todos os nove, o grupo inteiro. Saiu caro", admitiu Peter Gill. "Custou muito caro", concordou o porta-voz, acrescentando que não se sabe quanto. Não é possível estimar a quantia exata. Um ano depois, o FSS negociou com um cidadão um teste de DNA de uma mulher desconhecida e um possível parente. Esses testes teriam que ser realizados em tecidos preservados e com uma coleta de sangue recente, amostras de DNA muito mais fáceis de serem obtidas do que as extraídas de ossos velhos, enterrados por muitos anos. Para aquele trabalho, o FSS cobrou cinco mil libras de entrada e outras cinco mil libras de caução depositadas num banco inglês. O dinheiro foi todo usado. O projeto Romanov envolvia tipificação e comparação de fragmentos ósseos de nove pessoas mortas na Rússia, além de amostras de sangue de pelo menos três parentes vivos. Se mantivessem essas mesmas tarifas para testes muito mais difíceis, isso significava que doze perfis de DNA custariam 60 mil libras (mais de 100 mil dólares). A dra. Alka Mansukhani, uma bióloga molecular norte-americana que trabalha com extração e sequenciamento de DNA no Centro Médico da Universidade de Nova York, acredita que, se forem acrescentadas despesas gerais, essa estimativa deve estar correta.

As contadorias do Ministério do Interior e do FSS lançaram ambas esses valores como custos de pesquisa pura.

* * *

O corpo humano adulto é uma massa coesa de 80 trilhões de células. Contudo, em toda essa amplitude e diversidade, existe uma semelhança extraordinária: cada uma dessas células contém toda a informação genética necessária para produzir um ser humano completo e singular. Esse saber hereditário é transmitido pelos cromossomos; numa pessoa normal, são 46 em cada núcleo celular, 23 da mãe e 23 do pai. Os cromossomos são feitos de moléculas de DNA (ácido desoxirribonucleico), que usam a própria estrutura para armazenar informação genética e comandos. As moléculas de DNA são formadas a partir de quatro substâncias químicas principais, chamadas de bases, e a sequência em que essas bases ocorrem fornece a informação necessária para dar início e controlar a formação do corpo humano.

Para simplificar, os biólogos moleculares designam as quatro bases pela letra inicial de cada uma: A, G, C e T (adenina, guanina, citosina e timina). As bases ficam em pares, ligadas por pontes de hidrogênio. A se liga com T; G se liga com C. Essas combinações são conhecidas como pares de bases. Em 1953, James Watson e Francis Crick descobriram a estrutura molecular geral, detalhada, do DNA. Eles encontraram longas fitas firmemente retorcidas, parecendo uma escada em espiral. Os pares de bases A, T, C e G formam os degraus, e os lados da escada, aos quais os degraus estão ligados, são formados por moléculas alternadas de açúcar e fosfato. Watson e Crick chamaram sua descoberta de dupla hélice.

A estrutura singular de cada corpo humano é determinada pelas diferentes combinações dessas quatro letras dos pares de bases do DNA. Por exemplo: em certo ponto da fita, um indivíduo terá A,C,G,T,C,C,T. Outra pessoa, na mesma parte da fita, terá uma sequência diferente, digamos, A,T,T,C,A,G,C. Seja qual for a sequência do par de bases, cada célula do corpo humano contém a mesma sequência de DNA, armazenando a mesma informação e comandos. Mas, para evitar uma grande confusão, a natureza ativa apenas a parte do sistema de comando necessária para o funcionamento de cada célula em particular.

Cada célula, com seus 46 cromossomos, contém aproximadamente 3,3 bilhões de pares de bases de DNA, agrupados em duplas hélices em espiral. De modo a ficar visível ao olho humano, uma ampliação de 1,3 centímetro dessa estrutura de quatro letras (A,G,C,T) precisaria de uma tira de papel de 200 quilômetros de comprimento para que nela se escrevesse toda a sequência de bases de um único cromossomo. Aproximadamente 99,9% dos 3,3 bilhões de pares de bases, encontrados numa única célula, aparecem na mesma sequência em todos os seres humanos. É o que garante que todos os humanos tenham as mesmas características: dois olhos, duas orelhas, um nariz, dez dedos, sangue, saliva, ácido gástrico etc. No entanto, no 0,1% restante (isto é, 3,3 milhões de pares de bases), a sequência desses pares de bases difere de uma pessoa para outra. O fato de que os indivíduos variam nesse nível molecular básico é que permite aos cientistas determinar de qual ser humano se origina esta ou aquela amostra de osso, tecido, sangue, sêmen e saliva.

No começo dos anos 1980, trabalhando na Universidade de Leicester, o dr. Alec Jeffreys reconheceu o enorme potencial de variação de DNA nos seres humanos para resolver questões de identificação. Ele detectou regiões dentro de áreas hipervariáveis e usou isótopos radioativos, chamados sondas de DNA, para criar imagens em filme das fitas de DNA extraídas dos indivíduos. Esses símbolos têm uma semelhança impressionante com os códigos de barras estampados em embalagens e latas de supermercados.

Os padrões de DNA – Jeffreys os chama de "impressões digitais de DNA" – puderam então ser usados para comparar o DNA de uma pessoa com o de outra. Como os filhos trazem metade dos pares de bases da mãe e metade do pai, o parentesco pode ser confirmado ou refutado. Em 1983, foi recusada a entrada de um menino na Inglaterra porque o funcionário da imigração duvidou que ele fosse filho de uma ganesa que tinha direito a residir no Reino Unido. A nova técnica de DNA de Jeffreys foi usada e provou que o garoto era mesmo filho dela. A chance de ocorrer uma correspondência aleatória é de uma em dez milhões.

Em menos de uma década, a tipagem por DNA tornou-se a mais poderosa ferramenta da ciência forense desde a descoberta, no século XIX, de que duas pessoas não têm impressões digitais idênticas. Hoje, a comparação de DNA é uma forma rotineira de resolver casos de paternidade. Assassinos são identificados por amostras de sangue, cabelos, outros tecidos e fluidos, líquidos ou secos. Amostras de DNA de ossos e dentes têm ajudado a resolver mistérios de longa data, envolvendo pessoas desaparecidas e corpos não identificados. O DNA é extraordinariamente estável; já foi extraído – e possibilitou a identificação – de uma múmia egípcia de três mil anos, de um mamute de sete mil anos e de saliva seca num selo de correio. Manipulado e identificado de maneira apropriada, é infalível. Nenhum promotor ou advogado de defesa, nenhum historiador, nenhum clérigo ou representante de qualquer religião, nenhum adepto de qualquer ideologia política podem desaprovar a mensagem essencial do DNA: que todo ser humano é distinto de qualquer outro. Um promotor público norte-americano declarou que a evidência do DNA é "como o dedo de Deus apontando para alguém e dizendo 'É você!'".

Devido à idade e ao estado de deterioração dos ossos dos Romanov, o trabalho do dr. Gill e do dr. Ivanov era radicalmente mais difícil do que nos exames anteriores de DNA. Num ambiente esterilizado, eles começaram raspando um milímetro das superfícies contaminadas dos ossos com uma coletora acoplada a uma furadeira elétrica de alta potência. Esse resíduo de osso era congelado em nitrogênio líquido, depois pulverizado e dissolvido em várias soluções, e então centrifugado de modo a liberar uma quantidade microscópica de DNA. O que rendia das amostras, assim tão irrisórias e degradadas, Gill e Ivanov utilizaram e, mais recentemente, desenvolveram uma técnica chamada PCR (reação em cadeia da polimerase), em que seções significativas de pares de bases das fitas são selecionadas e duplicadas quimicamente várias vezes num tubo de ensaio, de modo a prover material suficiente de DNA para fins de estudo científico.

Usando DNA nuclear, a equipe de Aldermaston se propôs a determinar primeiro o sexo de cada esqueleto. Um gene X no cromossomo (mulheres têm dois X) tem seis pares de bases a mais do que um gene similar no cromossomo Y (os homens têm um X e um Y). Usando o PCR, os cientistas podiam obter material suficiente para medir e determinar essa diferença de seis pares de bases. O resultado confirmou os achados de Abramov e Maples: havia quatro homens e cinco mulheres. Em seguida, ainda usando DNA nuclear e estudando as sequências de pares de bases, Gill e Ivanov fizeram testes de parentesco em todos os esqueletos.

Sequências de repetições curtas em tandem (STR) são repetições naturais de par de bases – digamos, T,A,T,T – em certas regiões hipervariáveis de um cromossomo e ocorrem repetidamente. Numa família, essas sequências e o número de repetições tendem a ser constantes; uma sequência diferente ou um número diferente de repetições em cada indivíduo indica que o grupo não é da mesma família. Mais uma vez, obtiveram os resultados esperados para os ossos da família imperial. Nas palavras de Gill, "os esqueletos 3 a 7 apresentaram padrões esperados de membros de uma família, em que o 4 e o 7 eram pais das filhas 3, 5 e 6".

Foi excluída a possibilidade de os outros quatro adultos serem da família. Além disso, afirmou Gill: "Se esses restos são dos Romanov, então...

os testes indicam que uma das filhas e o czarevich Alexei não estavam na cova." Outros testes estabeleceram a paternidade. O padrão de STR do Corpo nº 4 foi encontrado nos nº 3, nº 5 e nº 6. Assim, foi confirmado que o homem adulto que se presumia ser Nicolau era o pai das três jovens. Foi até onde Gill e Ivanov conseguiram chegar, usando a pequena quantidade de DNA nuclear degradado de que dispunham. Tinham estabelecido que era um grupo de quatro homens e cinco mulheres, que havia uma família: um pai, uma mãe e suas três filhas. Mas para identificar esses homens e mulheres – para dar nomes a eles – precisavam tentar outra abordagem.

Felizmente, uma segunda forma de DNA está acessível nas células humanas. Chamada de DNA mitocondrial, aparece em abundância em unidades fora do núcleo, que funcionam como central de energia da célula. O DNA mitocondrial é herdado independentemente do DNA nuclear; enquanto o DNA nuclear é herdado metade do pai e metade da mãe, o DNA mitocondrial é herdado exclusivamente da mãe. A transmissão de mãe para filha é intacta, "passando imutável de geração em geração como uma máquina do tempo", disse Gill. "O código genético é o mesmo da mãe, da avó, bisavó, tataravó, e assim por diante." Em todos os pontos da cadeia, os filhos homens possuem DNA mitocondrial provindo da mãe, mas os homens não podem passar o DNA mitocondrial nem para filhas, nem para filhos. Portanto, como ferramenta de identificação, o DNA mitocondrial pode ser usado para identificar uma mulher em qualquer ponto da cadeia vertical de descendentes mulheres. E pode identificar um filho de uma dessas mulheres. Mas não consegue seguir a linha masculina; nos filhos homens, a cadeia é quebrada.

Gill e Ivanov extraíram DNA mitocondrial das amostras dos nove ossos trazidos da Rússia. O material extraído foi ampliado até atingir quantidades manipuláveis por meio de PCR. Exultantes, viram que a qualidade das sequências de DNA obtidas era, segundo Gill, "comparável às produzidas por amostras de sangue fresco". Concentrando-se em dois trechos distintos na sequência de DNA normalmente hipervariável em seres humanos diferentes, contendo entre 634 e 782 letras de pares de bases para cada um dos nove sujeitos, os cientistas conseguiram achar perfis de DNA de todas as nove amostras de ossos.

A seguir, precisavam de DNA contemporâneo para fazer comparações. A busca por parentes vivos começou. Pessoas do FSS e do Ministério do Interior pegaram livros nas bibliotecas e se debruçaram sobre árvores genealógicas. Alguém conseguiu uma lista de nomes de parentes cientificamente indicados e que talvez pudessem ser encontrados. No caso da imperatriz Alexandra, era relativamente fácil achar um parente vivo e geneticamente utilizável. A irmã mais velha de Alexandra, princesa Vitória de Battenberg, teve uma filha que se tornou princesa Alice da Grécia. A princesa Alice, por sua vez, teve quatro filhas e um filho. Em 1993, apenas uma dessas filhas, a princesa Sofia de Hanover, estava viva. O filho era o príncipe Philip, que se tornou duque de Edimburgo e consorte da rainha Elizabeth II da Inglaterra. Sobrinho-neto da imperatriz Alexandra, o príncipe Philip era perfeitamente apropriado para uma comparação de DNA mitocondrial com o material ósseo da imperatriz russa assassinada. Assim sendo, a diretora do FSS, dra. Thompson, escreveu para o Palácio de Buckingham perguntando se o príncipe se dispunha a colaborar. Philip concordou, e um tubo de ensaio contendo seu sangue foi enviado a Aldermaston. O teste foi feito nas partes da sequência de DNA mitocondrial em que ocorre a maior variação entre membros de uma família. Em novembro, Gill e Ivanov tinham os resultados: a correspondência era perfeita. A sequência de pares de bases no DNA da mãe, das três jovens e do príncipe Philip era idêntica. Gill e Ivanov souberam que haviam localizado os restos de Alexandra Feodorovna e de três de suas quatro filhas.

Confirmar a presença do czar Nicolau II foi bem mais difícil. A busca de material de DNA para comparar com o extraído do fêmur do Corpo nº 4 foi ampla, prolongada e, em muitos casos, controversa. As primeiras tentativas foram feitas por Pavel Ivanov. Ele lembrou que o irmão mais novo de Nicolau II, o grão-duque Jorge, que morreu em 1899 de tuberculose, com 28 anos, estava enterrado no mausoléu dos Romanov, na Catedral de São Pedro e São Paulo, em São Petersburgo. A comparação de DNA de irmãos seria mais do que suficiente. Da Inglaterra, Ivanov contatou Anatoly Sobchak, prefeito de São Petersburgo, e Vladimir Soloviev, que se tornaria o investigador encarregado do caso Romanov. "Eles disseram que seria muito caro", relembra Ivanov. "'As tumbas na fortaleza são de mármore italiano... Vai ter que quebrar... Quem vai pagar?', e por aí foi." Ivanov persistiu por oito meses, e, a certa altura, Mstislav Rostropovich, violoncelista e maestro, que era amigo de Sobchak, parecia propenso a pagar a exumação do grão-duque Jorge.

Antes que isso acontecesse, porém, Rostropovich disse a Ivanov que estava de partida, em visita ao Japão. Ivanov, ainda na Inglaterra, lembrou que, em 1892, Nicolau II, ainda czarevich, tinha ido ao Japão. Em Otsu, o herdeiro do trono russo foi atacado subitamente por um espadachim japonês. O golpe de espada, dirigido à sua cabeça, atingiu de raspão sua testa, causando um jorro de sangue, mas não um corte profundo. O sangue foi estancado com um lenço. Durante cem anos, um museu de Otsu guardou numa caixa aquele lenço ensanguentado. Para uma comparação de DNA, nada poderia resultar numa identificação mais precisa do que a correspondência entre um material ósseo de origem desconhecida e o sangue de alguém conhecido. Ivanov ficou entusiasmado para ir ao Japão, mas, como sempre, "não tinha dinheiro. Os ingleses reclamaram: 'Por que nós temos que pagar?'. Os russos repetiram: 'Não temos dinheiro.'" Rostropovich acabou arrumando o dinheiro para a viagem de Ivanov. "Era o dinheiro que íamos usar para exumar Jorge", disse Ivanov. "Então, em vez de Jorge, foi o Japão."

Os japoneses não se mostraram desejosos de entregar e nem mesmo de desacomodar o lenço, mas Rostropovich falou com o imperador do Japão, que era seu amigo, e o imperador se dirigiu às autoridades competentes. Quando Ivanov chegou, teve permissão para pegar e levar com ele uma tirinha de 8 por 2 centímetros do lenço. Infelizmente, ao voltar ao laboratório de Gill, na Inglaterra, Ivanov teve dificuldades. "O lenço tinha sido manuseado por muitas pessoas. Havia células esfoliadas de dedos. Muito sangue no lenço, mas quem sabe quanto sangue era de Nicolau? E muita terra e poeira. Seria impossível obter qualquer resultado confiável daquele lenço. Poderia haver contaminações demais."

Após o insucesso com Jorge e o Japão, Ivanov aventou uma terceira origem possível de DNA para comparar com a parte do fêmur presumivelmente do czar em Aldermaston. Em 1916, a irmã mais nova de Nicolau II, a grã-duquesa Olga, casara-se com um plebeu, o coronel Nicolai Kulikovsky. Olga teve dois filhos, Tikhon, nascido em 1917, e Guri, em 1919. Em 1948, Olga e família foram morar no Canadá, onde Kulikovsky comprou uma fazenda de criação de gado e porcos. Guri morreu, mas quando Gill e Ivanov começaram a trabalhar juntos, em 1992, Tikhon tinha 75 anos e morava em Toronto, aposentado. Agora, ele era o único sobrinho vivo do czar Nicolau II e, portanto, a melhor fonte disponível para uma comparação de DNA mitocondrial. Se o fêmur do Corpo nº 4 fosse de Nicolau II, corresponderia perfeitamente com o DNA de Tikhon Kulikovsky.

Todavia, o sr. Kulikovsky se recusou a cooperar. Ivanov escreveu a ele explicando o objetivo da investigação e pedindo uma amostra de sangue, mas não obteve resposta. Ivanov tentou novamente através do bispo Basil Rodzianko, da Igreja Ordoxa na América, e depois através do metropolita Vitaly, chefe da Igreja Ortodoxa Russa no Exterior. Por fim, Kulikovsky respondeu a Ivanov. "Ele me respondeu que achava toda aquela coisa de ossos uma palhaçada", Ivanov recorda. "Ele disse: 'Como você, um russo, pode estar trabalhando na Inglaterra, que foi tão cruel com o czar e com a monarquia russa? Por razões políticas, nunca darei uma amostra de sangue, nem de cabelo, nem de nada.'" Ivanov ficou decepcionado, mas não desistiu. "Na época, era crucial", Ivanov disse. "Ele era o parente mais próximo. Gastei um dinheirão do meu próprio bolso falando com ele e a esposa por telefone, garantindo que eu não era um agente da KGB. E eles responderam: 'Então, a única razão dessa investigação só pode ser para provar que Tikhon Nicolaevich não tem sangue da realeza.'" Então, Ivanov desistiu. "OK, esquecemos o tal Tikhon. E quando publicamos o trabalho, algumas pessoas escreveram que a nossa análise não era rigorosa porque não tínhamos usado o sangue de Tikhon Kulikovsky. O fato é que o sangue dele não era mais necessário. Encontramos dois outros parentes. Eles nos doaram o sangue, e tínhamos tudo o que era preciso para nossa pesquisa."

Para localizar os outros dois parentes, os genealogistas de Aldermaston voltaram a estudar a árvore genealógica da família. Como a cadeia similar de DNA mitocondrial é repetida indefinidamente através de gerações femininas, concentraram-se nas mulheres de sangue mais próximo ao do czar Nicolau II. Começando por sua mãe, a imperatriz viúva Maria, encontraram uma linha ininterrupta de cinco gerações de mães e filhas, levando a uma descendente contemporânea disposta a colaborar. A irmã do czar, grã-duquesa Xenia, teve uma filha, a princesa Irina, que se casou com o príncipe Felix Yussoupov, famoso por ter assassinado Rasputin. Tiveram uma filha, também chamada Irina. Essa segunda Irina se casou com o conde Nicolau Sheremetyev, com quem teve uma filha chamada Xenia. Ao se casar, a jovem condessa Xenia Sheremetyeva passou a se chamar Xenia Sfiris. Agora, com pouco mais de 50 anos, a sra. Sfiris morava em Atenas e em Paris, e foi em Atenas que ela recebeu o pedido de colaboração do FSS. Exuberante, calorosa, ela concordou imediatamente. Seguindo instruções, ela fez um furinho em um dedo, deixou escorrer um pouco de sangue num guardanapo de papel e, quando secou, o pôs num envelope e o entregou na embaixada britânica. De lá foi enviado para Aldermaston pela mala diplomática.

O outro doador de material de DNA para identificar Nicolau II foi encontrado no que parecia ser um ramo infinitamente remoto da enorme árvore genealógica da nobreza europeia. Entretanto, apesar de a linha se estender a seis gerações anteriores, a conexão era tão confiável e produtiva quanto no caso da sra. Sfiris. James George Alexander Bannerman Carnegie, terceiro duque de Fife, conde de Macduff e lorde Carnegie, é um nobre escocês de 66 anos, fazendeiro e descendente de uma ancestral comum ao czar Nicolau II. Essa ancestral era Louise de Hesse-Cassel, uma princesa germânica que se casou com o rei Christian IX, da Dinamarca. Uma de suas filhas se tornou a imperatriz Maria Feodorovna, mãe de Nicolau II. Outra filha, mais velha, chamada Alexandra, casou-se com o príncipe de Gales, mais tarde rei Eduardo VII. A filha da rainha Alexandra, chamada Louise, casou-se com o primeiro duque de Fife. Em 1929, a filha de Louise, chamada Maud, deu à luz James, que em 1959 tornou-se o sucessor ao título. O duque estava disposto a doar sangue, mas, sem desejar publicidade, impôs a condição de permanecer anônimo. Inevitavelmente, no decorrer de uma investigação dessa relevância, o nome dele vazou.

Como Gill e Ivanov esperavam, o DNA mitocondrial de Xenia Sfiris combinou perfeitamente com o do duque de Fife. Os trechos com as 782 letras dos pares de bases da mulher grega eram compatíveis com o aristocrata escocês, mas quando comparados com a mesma seção do DNA mitocondrial extraído do suposto czar não combinaram.

Uma única letra era diferente. Numa posição numerada como 16169, Xenia Sfiris e o duque de Fife tinham um T, e nessa posição Nicolau tinha um C. Os outros 781 pares tinham sequência idêntica. Para verificar esses dados, Gill e Ivanov fizeram uma segunda extração de DNA mitocondrial do osso que acreditavam ser do czar. Clonaram o DNA dessa região, ampliaram com PCR e transferiram o produto para a bactéria *E. coli*. Quando fizeram novo sequenciamento desses clones, viram que sete deles tinham um T na posição 16169, correspondendo aos da sra. Sfiris e do duque de Fife. Mas 28 clones ainda apresentavam um único erro de grafia, um C que não combinava. Os cientistas de Aldermaston concluíram que o czar Nicolau II tinha duas formas de DNA mitocondrial, um que correspondia exatamente ao de seus parentes e outro, num único ponto, que não correspondia. Essa rara condição é conhecida como heteroplasmia.

Essa única discrepância de letras do par de bases causou grande ansiedade em Aldermaston. No relato da pesquisa, os cientistas apresentaram sua interpretação dos achados. "Nós consideramos... que o DNA mitocondrial extraído do czar era geneticamente heteroplásmico. Isso complica a interpretação porque a força da evidência depende de aceitarmos a priori que ocorreu uma mutação no czar. A probabilidade de uma única mutação é calculada em aproximadamente uma em trezentas por geração, mas essa estimativa não leva em conta a incidência de heteroplasmia (que muitas vezes pode ser indetectada)."

Gill compreendeu que essa discrepância de uma letra levantava questões sobre a validade dos achados. Ele acreditava que tinha havido a mutação, embora admitisse que era grande a probabilidade contra uma mutação em qualquer geração. "Supõe-se que uma mutação ocorre [numa família] uma vez em três gerações", ele disse. Mas insistiu que estava falando essencialmente sobre uma heteroplasmia encontrada, não uma mutação, que ele não podia provar, mas que era a causa provável daquela heteroplasmia. "A heteroplasmia é diferente de uma mutação no DNA nuclear; significa que há dois tipos de DNA mitocondrial numa mesma pessoa. O que fizemos foi demonstrar que há dois tipos de DNA mitocondrial no czar. Um desses tipos difere em uma única base; o outro é idêntico ao dos parentes. Já é uma boa evidência de que houve uma mutação. Tenha em mente que estamos trabalhando nas fronteiras do saber. A incidência factual desse tipo de fenômeno ainda não é bem conhecida, e suspeitamos que é muito mais comum do que se havia previsto."

Em julho de 1993, após dez meses de trabalho, Gill e Ivanov estavam prontos a anunciar seus resultados. O Serviço de Ciência Forense organizou uma entrevista coletiva à imprensa e, em 10 de julho, um grande salão do sombrio prédio moderno do Ministério do Interior, no Queen Anne's Gate, estava cheio de repórteres, fotógrafos e câmeras de televisão. A dra. Janet Thompson, diretora-geral do FSS, presidiu a mesa. Sabendo que fariam perguntas sobre quem tinha arcado com os custos da pesquisa, ela começou expressando a esperança de que "em breve o FSS poderá pôr as técnicas usadas, uma vez validadas, em análises aplicadas a casos de criminalidade em benefício da justiça como um todo".

Gill falou sobre o que ele e seus colegas tinham feito. Relatou como o sexo dos espécimes havia sido determinado, como foram estabelecidas as relações de parentesco dos cinco esqueletos, que o sangue do príncipe Philip tornou possível comprovar a identidade de Alexandra Feodorovna e de suas filhas, e que a heteroplasmia encontrada no DNA do czar havia complicado a iniciativa de fazer uma declaração em definitivo sobre Nicolau II. No entanto, a equipe de Aldermaston anunciou que, dada a evidência do DNA, somada às antropológicas e históricas fornecidas por outros, eles tinham 98,5% de certeza de que eram os Romanov. Essa percentagem, disse Gill, era baseada na interpretação mais conservadora de evidências de DNA. Uma interpretação mais generosa elevaria a probabilidade para 99%. Pavel Ivanov tinha uma visão mais ampla do que havia acontecido e disse: "Estamos muito perto da última parte desse mistério, um dos grandes mistérios do século XX, um dos grandes mistérios do meu país, a Rússia."

A coletiva de imprensa repercutiu em manchetes: ENIGMA DOS OSSOS DOS ROMANOV SOLUCIONADO (*Financial Times*), TESTES DE DNA IDENTIFICAM ESQUELETO DO CZAR NICOLAU (*The Times*), OSSOS DO CZAR NICOLAU IDENTIFICADOS (*The Washington Post*). Na Rússia, a agência Tass disse aos leitores que "cientistas ingleses" tinham "quase certeza" de que os restos mortais encontrados na Sibéria eram do czar Nicolau II e sua família. Sete meses depois, em fevereiro de 1994, Peter Gill, Pavel Ivanov e outros colocaram as próprias palavras em letra impressa, publicando seu trabalho no periódico *Nature Genetics*, uma autoridade em sua área profissional. Seus achados e seu artigo nunca foram contestados, e nem mesmo levemente criticados, por escrito ou oralmente, por qualquer cientista especializado em DNA.

## ❦ 9 ❦
## DR. MAPLES X DR. GILL

DEPOIS DOS EXAMES dos ossos e da apresentação de seus achados na conferência de julho de 1992, em Ekaterinburg, William Maples relutava em se afastar da investigação Romanov. Na conferência, ele recomendou mais exploração arqueológica no local do enterro, documentação fotográfica mais abrangente e testes de DNA dos restos. Ao que parece, ele pretendia fazer, ou pelo menos supervisionar, a maior parte desses trabalhos. Em abril de 1993, o dr. Maples, o dr. William Hamilton e a esposa de Maples voltaram à Sibéria, com duas passagens aéreas dadas pelo programa de televisão *Unsolved Mysteries*. Em Ekaterinburg, Maples fez novas fotografias dos restos de esqueletos, mais minuciosamente do que fizera na viagem anterior. Retirou um dente de cada crânio, à exceção do dr. Botkin, que já tinha poucos, e de Kharitonov, do qual restava apenas a parte superior do crânio. De Botkin e Kharitonov, ele retirou fragmentos de ossos das pernas. Em sua opinião, os dentes seriam um material muito mais adequado para a identificação correta da família imperial nos testes de DNA do que os pedaços de fêmures levados para a Inglaterra por Peter Ivanov. Além dos dentes e fragmentos, Maples levou de Ekaterinburg um decreto do promotor regional de Sverdlovsk autorizando-o a exportar os ossos, supervisionar testes e relatar os achados às autoridades de Sverdlovsk. Um fato curioso foi que ninguém se preocupou em comunicar isso ao dr. Vladislav Plaksin, médico-legista chefe do governo russo, nem a Pavel Ivanov, que já estava no sétimo mês de trabalho com Peter Gill, em Aldermaston.

De volta à Flórida, Maples reteve os dentes russos por seis meses em seu laboratório, depois "transferiu a custódia" para Lowell Levine, que os levou para a Califórnia e, em junho de 1993, os deu à dra. Mary-Claire King, que tinha duas cátedras na Universidade da Califórnia, em Berkeley, uma em epidemiologia na Escola de Saúde Pública e outra no Departamento de Biologia Celular e Molecular. Segundo Maples, a dra. King "é a melhor cientista em genética forense nos Estados Unidos e uma das mais conceituadas cientistas nessa área, no mundo inteiro". Ela redigiu o relatório preparado para a Academia Nacional de Ciências sobre uso de DNA em aplicações forenses. Trabalhou com uma equipe das Nações Unidas na Argentina para identificar crianças sequestradas a fim de devolvê-las às famílias. Acompanhou as Nações Unidas em El Salvador para tentar identificar os restos das vítimas de um massacre na cidade de El Mozote. Os doutores Maples, Levine e Baden a conheciam porque ela havia trabalhado com eles nos restos de soldados trazidos do Vietnã. Em 1993, diz Maples, a dra. King tinha mais experiência com DNA mitocondrial do que o Serviço de Ciência Forense britânico. E possuía uma base de dados muito maior. Segundo Maples, a base de dados da dra. King continha informações de DNA mitocondrial de 1.000 pessoas. Peter Gill e Aldermaston tinham somente umas 300. "Nesse campo", disse o dr. Maples, "não há ninguém que possa se comparar à dra. King." Michael Baden e Lowell Levine concordaram.

Para Maples e seus colegas, Peter Gill tinha uma importância secundária, e nunca haviam ouvido falar de Pavel Ivanov antes da conferência de Ekaterinburg, em 1992. Como não entendiam russo, não sabiam o que Ivanov havia comunicado sobre o acordo de levar os ossos para testes na Inglaterra. Entretanto, Ivanov foi amável e tentou ajudar. O retorno a Moscou naquele verão foi desagradável para a equipe norte-americana. No avião da Aeroflot, um cachorro ficou correndo pra lá e pra cá pelo corredor; no aeroporto doméstico de Moscou, as pessoas os trataram com gritos e empurrões. O dr. Ivanov, que falava inglês fluentemente, chegou ao aeroporto e conduziu a equipe em segurança. No dia seguinte, vestindo uma camiseta da Academia do FBI, ele os acompanhou à Praça Vermelha. Ele contou o que estava fazendo, que tinha contatado Gill para realizarem testes de DNA na Inglaterra. Os americanos tentaram mudar aqueles planos.

"Oferecemos a ele a oportunidade de vir trabalhar num laboratório americano", disse Baden, "mas ele foi para a Inglaterra porque podia chegar lá mais depressa e eles pagariam os gastos." "O melhor para Ivanov", disse Levine, "era levar pessoalmente os ossos para a Inglaterra e dar um jeito de ficar lá."

William Maples conheceu Peter Gill quando se encontrou novamente com Pavel Ivanov, em julho de 1993, pouco depois da entrevista coletiva de Gill à imprensa, anunciando a identificação dos ossos dos Romanov. Maples estava na Inglaterra, na viagem de retorno para a América depois de sua terceira estada em Ekaterinburg, onde tinha sido filmado pela *Nova* enquanto examinava e descrevia os restos. De Londres, Maples e esposa foram de carro a Aldermaston, onde levaram Peter Gill e Pavel Ivanov para almoçar. A conversa durante o almoço foi cortês, com o ambiente contribuindo para que os dois lados ignorassem os ressentimentos mútuos. Maples estava aborrecido por Gill anunciar ter 98,5% de certeza de que os ossos que havia testado pertenciam aos Romanov. Esse anúncio ocorrera justamente quando o dr. Maples tinha chegado à Rússia para ser filmado pela *Nova*. Ivanov estava indignado porque Maples, com permissão das autoridades de Sverdlovsk, havia iniciado uma segunda rodada de testes no laboratório da dra. King, na Califórnia, sem que ele, Ivanov, tivesse sido informado e enquanto seus testes com Gill ainda estavam em andamento.

Durante o almoço não se falou na heteroplasmia do czar Nicolau II descoberta por Gill ou na possibilidade de que tivesse sido causada por mutação. Os cientistas conversaram brevemente sobre os achados em Aldermaston de que as três jovens tinham o mesmo DNA mitocondrial que uma das mulheres mais velhas, e, portanto, não restava dúvida de que eram mãe e filhas.

Até o almoço em julho de 1993, Peter Gill pouco sabia de William Maples. Em seis meses, essa situação mudou radicalmente quando Maples deu início a um vigoroso ataque aos achados de Gill, seus procedimentos administrativos e, até mesmo, à sua competência como cientista.

\* \* \*

Achando que Ekaterinburg, e não Moscou, tinha maior autoridade para dispor dos ossos dos Romanov, o dr. Maples sugeriu que os testes em Aldermaston eram ilegais pelas leis russas. Na verdade, quando Pavel Ivanov levou os ossos dos Romanov para a Inglaterra, ele o fez com respaldo do Ministério da Saúde russo e com instruções específicas do médico-legista chefe do governo russo, Vladislav Plaksin. E antes, na conferência de julho de 1992 em Ekaterinburg, quando Ivanov anunciou seu próximo trabalho na Inglaterra, nenhum dos russos presentes, inclusive os de Ekaterinburg, fez objeção. O dr. Maples achou que tinha havido irregularidades. "Não sei que permissão foi dada a Ivanov, oficial ou não oficialmente", ele disse. "Ivanov deu um jeito de conseguir as amostras, mas não sei se foi oficial levá-las para testes de DNA. Eles tinham em Moscou ossos para fazer tipagem de sangue, serologia, e provavelmente usaram essas amostras para testes de DNA. Se pediram permissão ao pessoal de Ekaterinburg para levá-los para fora do país, eu não sei."

O dr. Levine apoiava a crença de Maples de que Ekaterinburg, e não Moscou, era a proprietária legal dos ossos e, portanto, tinha direito exclusivo em decidir sobre testes de DNA. "Tenho a impressão de que a pessoa na jurisdição onde os restos foram encontrados tem a responsabilidade de identificá-los e assinar o certificado de óbito", ele disse. "Nesse momento, ele tem nove homicídios que ocorreram em seu distrito de Sverdlovsk, e ponto final. Ele é a pessoa que deveria receber de volta todas as evidências."

Levine tinha mais uma queixa. Ele argumentava que, mesmo se estivesse errado sobre a questão da propriedade e os testes de Aldermaston fossem legais perante a lei russa, a declaração de Gill na coletiva à imprensa em Londres constituía um procedimento científico irregular. "Seu relato deveria ter sido remetido a quem o encarregou desse trabalho", Levine declarou. "Se foi Plaksin, o relatório deveria ter sido enviado a Moscou, ao Ministério da Saúde, e ter sido comunicado à imprensa por eles. Veja bem, se você me entrega uma evidência para ser analisada, meu relatório científico vai para você. Não vai para *The New York Times, The Washington Post, Time, Newsweek* e CNN. E eu espero que você, doador da evidência, faça a divulgação dos resultados. Foi assim que fizemos com Mengele. Enviamos nosso relatório para os brasileiros. E eles organizaram uma entrevista coletiva à imprensa. O que Gill fez foi dar o tiro antes da hora. Como ele pôde divulgar um relatório dizendo 'Fiz pesquisas de

DNA e este é o czar, tenho 98,5% de certeza'? É ridículo. Deveria ter enviado o relatório para Moscou a fim de ser correlacionado com todas as outras evidências. E quando divulgou, deveria ter dito apenas 'Pesquisei o DNA e estes são meus achados'. O fato é que, do modo como Gill agiu em Londres, foi um arranjo de publicidade para ficar famoso."

Acusações mais graves por parte dos americanos visaram à competência científica da equipe de Aldermaston. Para começar, Maples questionou se Gill e Ivanov haviam ao menos usado os ossos certos para a pesquisa. "Ivanov trouxe amostras de ossos longos para as pesquisas na Inglaterra", ele disse. "E eu sei, pessoalmente, que no necrotério de Ekaterinburg os ossos longos poderiam não estar de forma correta nas mesas. Por isso usei dentes retirados diretamente dos crânios. Não há problema em misturar os crânios, e os dentes vieram diretamente dos maxilares de Nicolau, Alexandra, as três filhas e um dos serviçais. O crânio de Botkin tinha apenas uns poucos dentes no maxilar inferior, e por isso usei a amostra de um osso longo para ele."

A acusação mais contundente de Maples a Peter Gill e Pavel Ivanov foi sobre os achados em Aldermaston de heteroplasmia no DNA mitocondrial do czar Nicolau II e a declaração de Gill e Ivanov de 98,5% de certeza de que haviam identificado os ossos dos Romanov. Esse ataque apareceu por escrito, em novembro de 1993, quando William Maples preparou e assinou um depoimento para constar de um processo judicial na Virgínia. Nesse depoimento, ele escreveu:

> Eu... estou a par da pesquisa com o DNA mitocondrial dos restos dos Romanov vindos de Ekaterinburg, conduzida no Laboratório Aldermaston, na Inglaterra.
>
> ... Como Aldermaston está se baseando em ossos de várias partes da anatomia humana, não podem estar certos de terem recebido amostras de cada um dos restos humanos de Ekaterinburg, e eu estou.
>
> ... Um comunicado à imprensa [dado pelo Ministério do Interior na entrevista coletiva do dr. Gill]... indica que o Laboratório Aldermaston tem tido dificuldades para identificar os restos do czar Nicolau II...
>
> ... A evidência de heteroplasmia interpretada por Aldermaston é mais provavelmente o resultado de amostras contaminadas.
>
> ... A declaração pública de Aldermaston, de que encontraram DNA mitocondrial com diferenças (heteroplasmia) nos

restos do czar, significa que foram malsucedidos na determinação do verdadeiro DNA mitocondrial de Nicolau II. Por esse motivo, a declaração pública de Aldermaston não demonstra que identificaram em definitivo os restos do czar Nicolau II.

Dois meses depois, numa conversa, Maples ampliou sua crítica a Gill e Ivanov: "Eles estão alegando heteroplasmia no DNA do czar Nicolau, e isso, muito provavelmente, é apenas uma contaminação do DNA. É a chamada banda fantasma e é encontrada frequentemente. Ninguém, em muitos círculos, interpreta isso como heteroplasmia. Portanto, suponho que a letra no código do DNA que Gill disse estar faltando, provavelmente, não estava."
— E Gill entendeu errado?
— Isso mesmo.
Baden e Levine compartilhavam a opinião de Maples. A respeito da certeza de 98,5% de Gill, Baden disse: "Isso é bobagem. Com DNA, ou é 100% ou não é." Levine concordava, em cores mais fortes: "98,5% não faz o menor sentido. Nunca seria aceito num tribunal desse país.* Se você pensar realmente sobre isso, 98,5% significa que três entre 200 idosos poderiam ser o czar."

Peter Gill ficou surpreso com o ataque de Maples. Ao ler as declarações naquele depoimento, não entendeu por que aquele respeitado antropó-

---

* O dr. Walter Rowe, da Universidade George Washington, em Washington, D.C., é um professor de ciência forense cujo trabalho está intimamente ligado a equipes de identificação de DNA do Instituto de Patologia das Forças Armadas, do FBI e da Cellmark Diagnostics, em Bethesda, Maryland, o maior laboratório comercial de identificação de DNA nos Estados Unidos. Frequentemente, representando uma ou outra dessas instituições, ele depõe em julgamentos. Ele admira o trabalho de William Maples em antropologia forense e tem grande respeito pela reputação de Peter Gill em testes de DNA. A birra de Rowe na questão dos ossos dos Romanov foi com a afirmação do dr. Lowell Levine de que 98,5% "não seria aceito num tribunal".
"Bem, eu diria ao dr. Levine que todas as vezes é aceito no tribunal", afirmou o dr. Rowe. "Muitas vezes, vamos depor com uma certeza muito menor. Tenho certeza de que o dr. Levine é conhecedor de alguns aspectos da ciência forense, mas acho que não é tão conhecedor quanto pensa que é. Noto que ele é dado a fazer, seguidamente, afirmações francamente contrárias à minha experiência pessoal nos tribunais. A maioria dos químicos [Rowe é Ph.D. em química] se contentam em operar com um nível de 95% de confiança na maior parte do que fazem, então por que 98,5% vai atrapalhar alguém?"

logo forense havia se aventurado tanto para fora do campo em que era um especialista conceituado. Pressupondo uma consideração normal pela exatidão científica e uma cortesia profissional, ele não entendia como Maples podia condená-lo apenas se baseando numa declaração à imprensa e em matérias de jornal. Maples assinou seu depoimento em novembro de 1993, três meses antes da publicação de Gill na *Nature Genetics*.

Entretanto, antes mesmo de seu artigo ser publicado, Gill respondeu vigorosamente aos dois pontos principais do ataque americano: que a heteroplasmia encontrada no DNA mitocondrial do czar Nicolau tinha sido causada por contaminação e que a probabilidade de 98,5% nos achados de Aldermaston era insuficiente, não científica, ou "bobagem".

"A possibilidade de contaminação de nossas amostras é altamente improvável", disse Gill, escolhendo deliberadamente as palavras para evitar emoção. "Testamos dois tipos de DNA, mitocondrial e genômico [nuclear]. Sim, conseguimos extrair DNA nuclear dessas amostras; são provavelmente as amostras mais antigas das quais esse tipo de DNA foi extraído. Depois testamos o DNA genômico com STR, repetições curtas em tandem, a fim de confirmar a paternidade do czar. Foi muito difícil, muito mais difícil do que o trabalho com DNA mitocondrial. Mas era crucial para mostrar que se tratava de uma família, que o DNA dessa família estava presente nas filhas. Foi a maior investigação histórica em que o STR e o DNA mitocondrial foram ambos usados como ferramentas investigativas. Relatamos isso detalhadamente em nosso artigo na *Nature Genetics*. Não, STR não foi mencionado na comunicação à imprensa. Acho que as pessoas não perceberam que usamos STR."

Isso se refere diretamente à acusação de contaminação porque, como disse Gill, "o DNA nuclear que usamos veio dos mesmos segmentos de ossos que o DNA mitocondrial. Se houvesse contaminação, apareceria tanto no DNA nuclear quanto no DNA mitocondrial do czar. Não vimos nada disso". Dr. Gill fez uma pausa e disse com um leve sorriso: "Isso é um golpe fatal na teoria da contaminação."

Além disso, Gill continuou, Aldermaston verificou seus achados com vários testes de confirmação. "Duplicamos nossos achados diversas vezes, obtendo resultados idênticos de dois ossos diferentes, cada um extraído em duplicata em ocasiões diferentes." E, ainda, como precaução precisamente contra a contaminação de laboratório de que foram acusados, Gill e Ivanov enviaram amostras de osso de cada um dos nove restos para a dra. Erika Hagelberg, da Universidade de Cambridge. Ela é especialista em técnicas de reação em cadeia da polimerase para investigar DNA

As grã-duquesas Olga, Maria, Tatiana e Anastácia, filhas do czar Nicolau II, eram lindas, inteligentes, poliglotas e bem-educadas, correspondendo plenamente ao que se poderia esperar do estereótipo de princesas na vida real.

Este cartão-postal impresso na Alemanha mostra o czarevich Alexei na condição de herdeiro do trono russo, engalanado, uniformizado e solene como o pai, e já ostentando no peito uma série de condecorações destinadas a salientar sua importante condição.

Ao lado da mãe, o jovem czarevich Alexei ostenta um ar um pouco cansado, como se há pouco saído de um período de convalescença. A expressão de Alexandra combina fadiga e uma desolação resignada, denunciadoras da dedicação constante ao filho, sempre ameaçado por uma crise inesperada de hemofilia.

Retrato formal de Alexandra, em 1906, em Tsarkoe Selo. Era a foto preferida das filhas dela.

Nicolau e Alexandra em 1910, no iate imperial Standart. Essa foto é uma das poucas que captam um sorriso de Alexandra, talvez motivado pelo estilo informal da vida a bordo do iate favorito de Nicolau.

Nicolau, Alexandra e filhos num retrato formal em 1914

ga, Maria, Nicolau, Alexandra, Anastácia, Alexei e Tatiana.

© Peter Newark Military Pictures /The Bridgeman Art Library

1917: Os eventos dos últimos meses pesam no semblante do ex-czar, que fora recentemente obrigado a assinar sua abdicação. Aqui, o "Cidadão Nicolau Romanov" está sentado num cepo no jardim de Tsarkoe Selo – antes seu palácio, e agora sua prisão.

em ossos antigos, recuperados arqueologicamente. Hagelberg usou essas técnicas, por exemplo, para extrair DNA de um pernil de porco salgado recuperado do navio de guerra *Mary Rose*, de Henrique VIII, que virou de lado em 1545. Anos depois de Lowell Levine e outros especialistas terem identificado os restos de Josef Mengele por meios forenses, um tribunal alemão, não totalmente satisfeito, pediu a Alec Jeffreys para verificar os achados por testes de DNA. Jeffreys escolheu Hagelberg para lhe dar assistência. Agora, em 1993, independentemente e sem saber os resultados dos testes de Aldermaston, ela extraiu, ampliou e sequenciou o DNA dos nove restos no laboratório dela. Seus resultados estavam de acordo com os de Aldermaston.

Dr. Gill estava igualmente seguro quanto ao número de 98,5% para expor seu grau de certeza de que eram os Romanov. "Trabalhamos com um valor limite mais alto [a maior probabilidade] e um mais baixo [a menor probabilidade]", ele explicou. "O limite mais baixo se baseia no que chamamos razão de verossimilhança. É a probabilidade de evidência de que é o czar e sua família, dividida pela probabilidade de ser uma família desconhecida. Quando calculamos esse limite mais baixo de probabilidade, supondo que tenha havido a mutação, chegamos a uma razão de verossimilhança de 70 para 1. Isto é, 70 vezes mais provável que seja o czar e sua família do que uma família desconhecida. Uma razão de verossimilhança de 70 para 1 é equivalente a uma probabilidade de 98,5%. [Quando você divide 70 por 71, o resultado é 0,9859.] Por outro lado, quando calculamos a probabilidade supondo que *não* tenha havido a mutação – o que se pode argumentar que tínhamos o direito de fazer porque achamos uma sequência em que o DNA mitocondrial do czar era idêntico ao da família –, então a verossimilhança sobe para milhares, muitos milhares. Daria pelo menos 99,9%. Fomos muito cautelosos. Ficamos com o limite mais baixo. Foi por isso que dissemos 98,5%."

A certeza da identificação pode ser reforçada para mais de 98,5% se forem somadas a ela todas as outras evidências, Gill prossegue. "Temos 100% de certeza quanto às mulheres. Temos a mãe e três filhas; temos o pai dessas mesmas três filhas. A mãe é parente do príncipe Philip. Além do DNA, temos a evidência antropológica. Antes de termos qualquer evidência de DNA, o dr. Helmer [e o dr. Abramov] estimou que as chances de ser a família do czar eram de 10 para 1. É razoável multiplicar essas chances pelas chances dadas pelas evidências do DNA. Portanto, tendo 70 para 1 na evidência do DNA e 10 para 1 na evidência antropológica, se multiplicarmos os dois, teremos uma probabilidade de 700 para 1 de que são os restos do czar." Em suma, Gill afirmou, o número 98,5% foi o mais cauteloso possível.

Em fevereiro de 1994, Gill e seu laboratório foram transferidos de Aldermaston para um novo espaço, bem maior, em Birmingham. A essa altura, ele já sabia que o dr. Maples estava trabalhando com Mary-Claire King e que a dra. King vinha fazendo testes de DNA nas amostras de dentes e ossos que Maples trouxera de Ekaterinburg.

O que Gill pensava de Maples?

"Não tenho comentários", Gill respondeu. "Que eu saiba, ele não faz testes de DNA."

O que ele sabia de Mary-Claire King, e como se sentia a respeito de ela estar fazendo mais testes de DNA nos Romanov?

"Por que não? Eu a conheci rapidamente numa ocasião. Ela tem uma reputação muito boa nesse campo. Em princípio, cientistas não veem problema nenhum se as pessoas repetem seus resultados só para ter certeza. Portanto, se alguém quer rever nossos resultados, seja bem-vindo. Há um monte de trabalho envolvido, principalmente se quiserem usar repetições curtas em tandem. Seria muito difícil porque não há muitos laboratórios capacitados a fazer isso. Talvez um ou dois. E lembre-se também de que a dra. Hagelberg já repetiu e, independentemente, verificou nossos testes no laboratório dela. Assim, o laboratório de Mary-Claire King será o terceiro a fazer isso."

Sendo o principal colega de Gill em Aldermaston e o único cientista russo envolvido, Pavel Ivanov ficou profundamente ressentido com as críticas de Maples. Uma parte da indignação de Ivanov era dirigida a Maples e outra às autoridades de Ekaterinburg, que, na visão de Ivanov, induziram à retirada da Rússia dos dentes dos Romanov por Maples, o que fora ilegal ou pelo menos indevido.

"Maples nunca foi convidado oficialmente pelo governo russo", Ivanov disse. "Foi convidado pelas autoridades locais. Existe muito ciúme lá. Não é uma história bonita, nem um pouco bonita. É muito Rússia, sabe?", Ivanov ia ficando bravo à medida que falava. "Esta investigação é oficial. É um caso de crime. Está sob a jurisdição das leis russas. Então, Maples chega lá e as autoridades escrevem uma lei deles, para eles. Pegaram umas amostras de ossos e dentes e deram a Maples. Ele enfiou no bolso e levou embora do país. Eu sou um cientista russo e preciso ter autorização do promotor-geral para trazer amostras de ossos para a Inglaterra. Mas para Maples é diferente. Plaksin não sabe. Ninguém sabe."

"É uma história triste. Para mim e para a Rússia. Porque, antes de eu vir para a Inglaterra, os ingleses disseram: 'Sim, pagaremos pela estadia do dr. Ivanov. Vamos pagar a análise toda.' Foi muito caro. E o único pedido que fizeram ao dr. Plaksin, nosso coordenador chefe, foi que não houvesse competição, que ninguém fosse autorizado a realizar testes paralelamente até que obtivéssemos um resultado. Plaksin concordou. 'O dr. Ivanov será nosso representante oficial, de acordo com a lei russa. Ele irá à Inglaterra, e, até vocês nos darem sua opinião, não vamos fazer novas verificações.' Mais tarde os ingleses souberam, por seus próprios canais, que Maples havia tirado amostras da Rússia para realizar testes no laboratório de Mary-Claire King. Os ingleses não sabiam e não se importavam em saber quem tinha dado as amostras a Maples. Telefonei para Plaksin e perguntei: 'Por quê? Por quê? Estou na Inglaterra, numa situação terrível; As autoridades inglesas vieram me dizer: 'Sabemos que algumas amostras foram para a América. Por quê?' E eu precisei responder a eles, com toda a sinceridade: 'Não sei nada sobre isso.' A Inglaterra fez uma indagação oficial a Plaksin, que ficou muito desconfortável porque teve que dizer: 'Não sei por que isso foi feito. Está fora do meu controle. Está além de mim.' Isso pareceu muito estranho para os ingleses, porque ele é o especialista chefe do serviço forense na Rússia. A razão é que isso é a Rússia. Mas os ingleses não são russos e por isso não entendem."

"Achei que podia descobrir com Maples o que estava acontecendo. Telefonei e perguntei a ele, que respondeu: 'Desculpe, mas me pediram para não falar sobre isso até Mary-Claire King concluir sua análise.' Escrevi duas cartas a Mary-Claire King, pedindo para comentar seus resultados. Ela não respondeu. Mais tarde, no outono de 1993, quando eu estava no Arizona, telefonei novamente para Maples, pedindo a ele que marcasse uma reunião com Mary-Claire King. Não houve resposta e não tive possibilidade de me encontrar com ela. Mas Maples me disse: 'Sabe, não tem nada de interessante. Ela fez as análises e confirmou seus resultados.' Achei esse comentário muito estranho, vindo de um cientista. Se ela havia usado um método e nós tínhamos usado outro, e ambos chegamos ao mesmo resultado, isso é muito interessante."

Ivanov estava furioso por Maples ter atribuído a heteroplasmia encontrada no DNA mitocondrial do czar à contaminação no laboratório. "É muito estranho que Maples diga isso, porque ele não é especialista nessa área. Ele não conhece essas coisas. Nosso artigo na *Nature Genetics* teve resenhas de especialistas. Ele poderia ter esperado antes de atacar nosso trabalho." Ivanov ficou particularmente aborrecido pelo ataque de Maples ter acontecido logo depois de seu almoço em Aldermaston. "Ele veio ao nosso encontro, conversamos muito bem e explicamos a ele nossos métodos. Aí ele faz a declaração de que tínhamos contaminado os ossos. Ele não entendeu nada. Seria o mesmo se eu dissesse: 'Maples se enganou porque não reconheceu uma cartilagem.'"

Ivanov achava que esse tipo de competição era normal entre cientistas num caso de alta visibilidade e grande prestígio? "Não a esse ponto", ele respondeu. "Claro que todo mundo quer ser o primeiro. Mas não a esse ponto. Maples é um mau exemplo. Não posso falar da dra. King. Nunca cheguei a ela."

A parte mais estranha da história de William Maples, Mary-Claire King e os dentes que foram parar na Califórnia para testes é que nunca houve um relatório divulgado. Em novembro de 1993, quando assinou seu depoimento no tribunal da Virgínia, Maples declarou que a dra. King e seus associados haviam trabalhado durante cinco meses na extração e sequenciamento de DNA mitocondrial. Maples disse no tribunal que, em sua pesquisa, a dra. King não tinha encontrado heteroplasmia no DNA mitocondrial do czar (que Gill e Ivanov tinham encontrado) e, portanto, ela não precisava de "especulações sobre condições genéticas raras [uma mutação] para estabelecer relações de parentesco próximo num grau muito alto de certeza científica". Maples disse que King estava preparando um relatório para ser enviado ao governo de Sverdlovsk antes de fazer uma declaração formal.

Em dezembro de 1993, o dr. Levine afirmou que King ia "divulgar um relatório final dali a um mês". Em janeiro de 1994, o dr. Maples disse que esperava o relatório de King "dentro de um ou dois meses". Em fevereiro, Maples previa uma iminente coletiva à imprensa, em Berkeley. Em meados de abril, Levine disse: "Sim, estamos esperando." No fim daquele mês, Maples revelou que a própria dra. King não tinha feito os testes de DNA, mas que eles haviam sido realizados no laboratório dela por seu associado, o dr. Charles Ginther. Maples soube que Ginther redigira seu relatório numa linguagem técnica, decifrável apenas por especialistas. A dra. King não gostou e segurou o relatório até que ela mesma tivesse tempo de reescrevê-lo de forma adequada à compreensão das autoridades de Sverdlovsk e para divulgação. Na verdade, àquela altura, Maples estava "totalmente irritado" com King. Justamente agora ele fora convidado para ir a Moscou a fim de depor diante de uma comissão do governo russo e queria muito levar os achados dela. "Estou passando um fax para ela", ele contou, "falando que preciso desesperadamente do relatório porque, se não pudermos apresentar os resultados agora, toda a nossa credibilidade ficará seriamente prejudicada."

O fax do dr. Maples não deu em nada, e, em junho de 1994, um ano depois de a dra. King ter recebido os dentes e os fragmentos de ossos, ela ainda não havia divulgado o relatório. A viagem de Maples a Moscou foi adiada. Ele continuou telefonando para ela, sem receber resposta. Por fim, a dra. King retornou suas ligações, dizendo que seus achados estavam prontos e que, se ele quisesse, ela iria com ele a Moscou para depor perante a comissão do governo russo. A essa altura, porém, o convite de Moscou a Maples tinha evaporado.

Em junho de 1994, embora não tivesse visto o relatório final de King, Maples deu uma informação surpreendente: "A dra. King e o dr. Gill, ambos tiveram dificuldades na mesma área do DNA mitocondrial do czar Nicolau." Maples disse então que King ainda precisava resolver se a dificuldade "é o problema de contaminação ou se o czar tinha uma anomalia rara (isto é, a heteroplasmia), ou se havia uma mutação". É claro que a possibilidade de heteroplasmia e mutação era precisamente o que Peter Gill e Pavel Ivanov tinham relatado onze meses antes e que William Maples e seus colegas americanos haviam atacado veementemente.

## ❧ 10 ❧

# EKATERINBURG CONFRONTA O PASSADO

PEDRO, O GRANDE, alto, visionário e impaciente, fundou duas cidades importantes da Rússia moderna. Uma foi São Petersburgo, denominada em honra a seu santo onomástico. Seu objetivo era dar à Rússia acesso ao mar. A outra foi Ekaterinburg, batizada em homenagem à sua esposa Ekaterina (Catarina), que foi sua sucessora e a primeira imperatriz soberana. Essa cidade, nos Urais, a apenas cinquenta quilômetros a leste da fronteira da Europa com a Ásia, foi construída por causa da imensa riqueza mineral da região. O primeiro minério tirado da terra foi o ferro. No século XVIII, quatro quintos do ferro da Rússia eram extraídos e fundidos lá. Mais tarde, a terra também revelou carvão, ouro, prata e outros metais em tamanha profusão que a cidade ficou rica, famosa e orgulhosa.

Nos anos 1990, a cidade de 1,4 milhão de habitantes era um dos mais importantes centros industriais da Rússia moderna. As sólidas fábricas de onde jorravam as armas de defesa que por tanto tempo representaram o poder soviético foram sendo transformadas em indústrias de bens civis. Instalações para maquinaria pesada, equipamentos elétricos, de metalurgia e química contornam a cidade. O orgulho cívico continua forte. Em junho de 1991, 91% dos eleitores de Ekaterinburg elegeram o filho da terra, Boris Yeltsin. Na ocasião do golpe de agosto de 1991, Sverdlovsk foi escolhida como quartel-general alternativo do governo da Rússia, caso o presidente fosse obrigado a sair de Moscou. Em 4 de setembro de 1991, a cidade mudou seu nome de Sverdlovsk de volta para Ekaterinburg.

Infelizmente, todas essas coisas boas – riqueza, fama, orgulho cívico – continuam obscurecidas por um único evento nefasto. Durante aquele mesmo verão momentoso de 1991, ocorreu a exumação dos Romanov. Quando isso aconteceu e os olhos do mundo se voltaram para lá, a cidade foi obrigada a se confrontar com o fato de que é e sempre será famosa em todo o mundo, não por seus minerais ou por suas indústrias, mas pelo que ali aconteceu na noite de 16-17 de julho de 1918.

O povo de Ekaterinburg desenvolveu uma diversidade de reações a esse famoso evento histórico. Alguns ficaram na defensiva: "Claro que sabemos dessa história, mas por que dar publicidade?", disse o último chefe do Partido Comunista da cidade. "Ninguém tem nada mais importante para fazer?" Outros ficaram curiosos, desconfortáveis, ansiosos para entender e chegar a um consenso. "Eu soube que alguém criou um clima de hostilidade contra a monarquia, e a morte de Nicolau II foi a vingança do povo contra anos de opressão", disse o arquiteto chefe do governo da cidade. "Mas retaliação contra crianças? Isso eu nunca vou entender." Um montador de computadores de 27 anos levou seu filho de 4 anos ao local da Casa de Ipatiev. "Eu não tinha ideia do que aconteceu", ele disse. "Só soube a verdade alguns anos atrás. Agora trago meu filho aqui e lhe conto nossa história. É bom saber finalmente a verdade sobre essas coisas. O assassinato do czar foi uma grande tragédia para nosso país, e devemos saber todos os detalhes." "Precisamos lembrar", um metalúrgico concordou. "Não podemos deixar que um ato de barbarismo como esse aconteça de novo."

Recentemente, virou uma tradição para recém-casados visitarem a alta cruz branca erigida no local da demolida Casa de Ipatiev. Eles levam flores, ajoelham-se e são fotografados. "Queríamos uma foto na frente da cruz", disse um minerador de ouro, de 25 anos, recém-casado. "Viemos para dar sorte, mas também porque nos faz sentir mais russos. O que está acontecendo hoje faz parte do ressurgimento da Rússia." Outro grupo de visitantes, mais velhos, veem a cruz como algo mais do que sorte. Estão doentes, acreditam em milagres e têm esperança de cura. "Dizem que é um lugar sagrado", contou Lilya Subbotina, professora primária de 52 anos, cuja dor de cabeça e pressão alta não melhoravam com tratamento médico. "Soube de pessoas que vieram aqui com doenças e saíram totalmente curadas. Espero que aconteça comigo também." Atraídas por essas histórias, pessoas aflitas vão lá, deixam flores e encostam reverentemente a mão na cruz. "Quando a gente toca na cruz, sente uma explosão de energia positiva", afirmou uma romeira de 59 anos, que viajou quase cinco mil quilômetros, desde Vladivostok, na esperança de curar uma fraqueza progressiva nas pernas. "Depois de três dias nesse lugar sagrado, minhas pernas estão fortes de novo. Deus abençoe essa cruz porque nosso czar foi assassinado aqui."

Paralisada por 75 anos de submissão ao Estado ateu, a Igreja Ortodoxa Russa ainda peleja para achar um meio de lidar com a execução dos Romanov. Se morreram como mártires, deveriam ser canonizados como santos – como de fato foram pela Igreja Ortodoxa Russa no Exterior, em 1981. Ainda que Nicolau e sua família não fossem considerados vítimas de martírio e merecedores de canonização, mas simplesmente vítimas de um assassinato político, a igreja se sentia na obrigação de levar em conta sua morte violenta. (Mesmo não tendo considerado o assassinato do czar Alexandre II, em São Petersburgo, em 1881, um martírio, a Igreja Ortodoxa Russa construiu no local a Catedral do Sangue para perpetuar a memória do czar.)

Mesmo antes da exumação dos esqueletos de Ekaterinburg, o arcebispo local queria erguer uma igreja memorial na área da Casa de Ipatiev. "Este é o lugar onde começou o sofrimento do povo russo", afirmou o arcebispo Melkhisedek. A igreja seria chamada Catedral do Sangue Derramado para "simbolizar a penitência da sociedade e expurgar as ilegalidades e as repressões desmedidas que foram infligidas durante os anos do bolchevismo". Em 1990, foi lançado um edital para a obra da igreja, e arquitetos de toda a Rússia foram convidados a apresentar projetos. Em outubro de 1992, o arquiteto siberiano Konstantin Yefremov ganhou o concurso com o projeto de uma igreja alta e branca, de pedra e vidro, combinando estilos da Rússia antiga e moderna, com uma torre do sino e um hotel próximo para hospedar romeiros e turistas. Infelizmente não havia dinheiro, nem da diocese do arcebispo, nem da cidade de Ekaterinburg, nem do patriarca, chefe religioso da Igreja Ortodoxa em Moscou, nem da Igreja Ortodoxa Russa no Exterior. Em abril de 1995, dois anos e meio após o projeto ter sido escolhido, a catedral memorial permanecia somente em projeto.

Em outro sentido, porém, o dinheiro estava na cabeça de alguns habitantes de Ekaterinburg. Desde o momento em que os ossos foram exumados, surgiu na cidade uma onda de esperança de prosperidade. "Achamos que esses restos terão muito valor", disse o delegado. "Estão falando em compensações. Pelo menos as pessoas acham que terá valor para turistas." Numa curiosa, mas não incomum, mistura de perspectivas comunista e capitalista, um universitário afirmou: "Hoje, temos orgulho do fato de que o czar foi morto na nossa cidade. Esperamos que algo de bom resulte dessa tragédia."

Uma desagradável manifestação de oportunismo de Ekaterinburg aconteceu por ocasião da conferência científica de julho de 1992. Primeiro, os organizadores tentaram cobrar mil dólares de cada jornalista estrangeiro em troca de "credenciamento" para a coletiva de imprensa depois da conferência. Os repórteres estrangeiros recusaram e, após um breve impasse, foram admitidos sem pagar. Depois foi pedido aos repórteres o pagamento de dez mil dólares, cada um, se quisessem ver e fotografar os ossos. Alguns pagaram, mas muito menos do que a quantia pedida. Por trás desse empreendimento comercial, estava uma firma suíço-soviética chamada Interural, contratada pelas autoridades de Ekaterinburg para tratar da publicidade e dos direitos de fotos dos restos mortais. A Interural declarou ao *Sunday Times*, de Londres, que tinha um motivo nobre. "Fazemos isso por amor", disse Vladimir Agentov, diretor da companhia, explicando que o lucro seria usado para ajudar na construção da igreja no local da Casa de Ipatiev. "Recebemos proposta de um jornal americano", Agentov disse, "para comprar os direitos de tudo relacionado aos restos mortais. Além disso, nos dariam uma participação nas vendas de direitos de publicação. Quanto você acha que isso vale?"

A chave de todas essas esperanças cívicas está na permanência dos restos mortais em Ekaterinburg. Precedentes históricos exigiam que fossem sepultados em São Petersburgo, na Catedral de São Pedro e São Paulo, tradicionalmente o lugar de descanso final dos czares Romanov. Entretanto, em 1995, Ekaterinburg ainda esperava revogar esse precedente. Essa atitude incomodou e por vezes causou indignação em outros russos. "Hoje, como antes [da morte deles], Ekaterinburg não quer entregar os Romanov", disse Edvard Radzinsky, o dramaturgo e autor de *The Last Tzar*. "Em Ekaterinburg, eles têm o sonho louco de criar um mausoléu como parte de um complexo turístico. É fantástico, terrível, horrível. Os Romanov, que foram executados pelo povo de Ekaterinburg, teriam que jazer no mesmo chão e dar lucros para o povo da cidade."

## ❦ II ❦
# O INVESTIGADOR SOLOVIEV

A BRIGA DE MOSCOU e Ekaterinburg pelo controle dos ossos dos Romanov começou quando os restos foram exumados. Desde o momento em que Geli Ryabov revelou o que Alexander Avdonin havia descoberto em 1989, Ekaterinburg se considerou dona dos ossos. A exumação, em 1991, foi ordenada pelo governador regional de Sverdlovsk, Edvard Rossel, e seu vice, Alexander Blokhin. A escavação propriamente dita foi supervisionada pelo delegado e investigador Volkov, da Promotoria Pública da Região de Sverdlovsk. Quando os ossos foram levados ao necrotério, Volkov deu início à investigação de identidade. Foi ele quem proibiu Sergei Abramov, o perito forense de Moscou, de fotografar os esqueletos e, quando fotos foram tiradas, exigiu que todos os filmes e anotações ficassem em Ekaterinburg. Foi Rossel quem pediu a ajuda de cientistas americanos ao secretário de Estado Baker.

Em todo esse período, o governo russo nunca aceitou o argumento de que o assassinato de um imperador russo e a descoberta de seus ossos fossem um assunto local. Mas, à época desses eventos, a posição política do governo era fraca. O presidente Yeltsin sobrevivera a uma tentativa de golpe da Velha Guarda Comunista e a outra do líder do parlamento eleito, o próprio vice-presidente. Nessa batalha pela sobrevivência em Moscou, os únicos representantes do governo central interessados na investigação dos Romanov estavam no relativamente baixo escalão do gabinete do médico-legista chefe, no Ministério da Saúde. Além disso, as autoridades de Ekaterinburg tinham certeza do apoio não oficial do filho da terra, o presidente Yeltsin.

Essa crença foi formulada publicamente por Blokhin, vice-governador de Sverdlovsk, na conferência de julho de 1992, em Ekaterinburg. Sua declaração foi uma resposta à questão apresentada por Vladimir Soloviev, da Promotoria Pública da Rússia, que estava presente na qualidade de observador. Na coletiva à imprensa, Soloviev perguntou: "No momento, a administração de Sverdlovsk decidiu se apropriar dos restos da família imperial. Essa descoberta pertence à Rússia. A questão do enterro dos restos mortais foi levada ao governo russo?" Com toda a calma, Blokhin respondeu que o governo regional não considerava ter feito uma "apropriação". A região de Sverdlovsk não havia pedido permissão oficial ao governo russo, mas – ele disse a Soloviev – "você deve estar informado de que, antes de iniciar qualquer trabalho de investigação ou de exumação, o chefe da administração telefonou para o presidente Boris Nikolaevich [Yeltsin] relatando o fato de que esse trabalho estava sendo tratado pela região". Soloviev foi rechaçado, mas não se deu por vencido. Para ele, ainda era absurdo que uma capital provincial quisesse se aproveitar e obter lucro de um evento significativo da história russa. Ademais, ele ficou enojado ao ver os esforços ineptos para comercializar as ossadas, depois da conferência científica de 1992.

Em agosto de 1993, o monopólio de Ekaterinburg terminou abruptamente quando a Promotoria Pública da Rússia assumiu o controle da investigação Romanov. Vladimir Soloviev foi oficialmente nomeado investigador-chefe. O governo russo designou uma comissão para se reunir em Moscou.* Suas atribuições eram receber do promotor público todas

---

* Os indicados constituíam o que os americanos chamam de comissão *blue ribbon*. Seus 22 membros permanentes representavam um amplo espectro das instituições políticas, científicas, históricas e culturais russas. O presidente era Yuri Yarov, vice-primeiro-ministro da Rússia, e as reuniões se davam no gabinete de Yarov, na Casa Branca de Moscou. O vice-presidente era Anatoly Sobchak, prefeito da segunda maior cidade da Rússia, São Petersburgo. A Igreja Ortodoxa Russa foi representada pelo metropolita Euvenaly. A comissão incluía o representante do ministro das Relações Exteriores, o representante do ministro da Cultura, o representante do ministro da Saúde e Vladislav Plaksin, o médico-legista chefe. Incluía ainda um historiador, um pintor, o presidente da Sociedade da Nobreza de Moscou e o dramaturgo-biógrafo Edvard Radzinsky. De Ekaterinburg, foram três membros: o ex-governador Edvard Rossel, Veniamin Alekseyev, diretor do Instituto de História e Arqueologia de Ekaterinburg, e Alexander Avdonin.

as evidências sobre a validade dos ossos, avaliá-las e informar o governo sobre suas conclusões. Se a comissão decidisse que os restos eram legítimos, deveria recomendar onde, quando e com que rituais teriam de ser enterrados.

A comissão trabalhou em regime *ad hoc*. Não havia reuniões programadas regularmente; os membros eram chamados quando havia novas evidências a receber e discutir. Poucos compareciam com assiduidade. Edvard Rossel, ainda nominalmente na comissão, nunca apareceu por lá. Veniamin Alekseyev ia raramente. De Ekaterinburg, restava apenas Alexander Avdonin, que ia a todas as reuniões às próprias expensas. Às vezes, pessoas eram convidadas a participar, mas não recebiam aviso das reuniões. Aos 80 anos, respeitado em toda a Rússia por 25 anos de seus programas religiosos nas rádios de Londres e Washington D.C., o bispo Basil Rodzianko foi oficialmente convidado por Anatoly Sobchak e respondeu que iria com prazer a uma reunião, mas nunca mais recebeu notícias de ninguém.

Embora não fosse membro da comissão, Vladimir Soloviev tornou-se a figura central nos trabalhos. Ele era o representante do Escritório do Promotor Público encarregado de levar evidências à comissão. Sua tarefa era acompanhar cientistas, historiadores, arquivistas, localizar documentos, autorizar testes e reunir resultados. Ele comparecia à maior parte das reuniões da comissão a fim de responder a perguntas e receber pedidos de informações adicionais. Deram-lhe amplos poderes. No verão de 1994, quando Alexander Avdonin, a meu pedido, perguntou se eu podia ver os restos em Ekaterinburg, a primeira resposta das autoridades locais foi negativa. Pouco depois, chegou um fax de Moscou, enviado por Soloviev, dando instruções para que me mostrassem "tudo".

Vladimir Nikolaevich Soloviev é baixo, tem tórax arredondado, olhos castanho-claros e uma barba castanha caprichosamente aparada no estilo da de Nicolau II. Em sua voz profunda, Soloviev disse que, quando foi a trabalho ao palácio imperial em Tsarskoe Selo, perto de São Petersburgo, para vistoriar uniformes, roupas, vestidos, capacetes e chapéus que tinham sido usados pela família imperial, notou que as medidas do czar eram idênticas às suas. Por curiosidade, ele experimentou uma das túnicas militares, já então bem desbotadas, do czar Nicolau. Serviu perfeitamente. O uniforme de uso diário de Soloviev era uma simples camisa marrom em estilo militar, com dragonas, mas sem insígnias.

Vladimir Soloviev nasceu em 1950, filho de um advogado, na região de Stavropolski no Cáucaso russo, perto das cidades turísticas de Pyatigorsk e Kislovodsk – "terras de Lermontov", ele as chamava. Terminou os estudos aos 18 anos, trabalhou aqui e ali durante um ano, passou dois anos no exército, depois entrou para o Departamento de Direito da Universidade de Moscou. Quando se formou, em 1976, foi mandado para Taldom, uma cidade a cerca de 100 quilômetros de Moscou, onde trabalhou na Prokuratura (Procuradoria) como investigador regional. Seu trabalho principal era investigar assassinatos que, como ele recorda, "infelizmente eram muito numerosos na época... camponeses queimando corpos no fogão de numa cabana... essas coisas".

Transferido após dois anos para o Escritório do Procurador Público de Moscou, ele trabalhou num ramo da supervisão da milícia e depois foi para a Procuradoria Regional de Transportes de Moscou, onde investigava casos de violência ligados a transportes: acidentes de avião, de trem e, mais uma vez, "muitos assassinatos a bordo de trens, por exemplo, ou perto de trilhos de trem".

Mais tarde, Soloviev voltou para a Universidade de Moscou como supervisor interino do laboratório do Departamento de Criminologia, orientando alunos em procedimentos de criminalística. Em 1990, foi transferido para o Escritório do Procurador-Geral da Rússia, com o cargo de procurador criminologista do Escritório do Procurador-Geral da Federação Russa. Também ali sua especialidade era assassinato. Em toda a sua carreira, Soloviev nada teve a ver com a KGB. "O Escritório do Procurador Público não se envolve em questões políticas", ele disse. "As duas organizações têm propósitos diferentes."

Soloviev sempre se interessou por história e arqueologia. Quando Geli Ryabov anunciou que tinha descoberto os restos dos Romanov na Sibéria, Soloviev não acreditou muito, mas ficou interessado. Uma vez exumados os ossos, Soloviev – devido à sua familiaridade com o principal arquivo do governo (antes Arquivo Central da Revolução de Outubro, e mais recentemente denominado Arquivo do Estado da Federação Russa) – foi chamado a dar assistência ao investigador representante de Sverdlovsk, Volkov. Nos arquivos, Soloviev encontrou muito material útil aproveitável: quatro volumes do trabalho de Sokolov, fotos de Kharitonov e Trupp, materiais sobre Yurovsky e o grão-duque Jorge Alexandrovich (irmão mais novo de Nicolau II). Esse trabalho aguçou o interesse de Soloviev pela família imperial. Em agosto de 1993, seus superiores lhe deram a responsabilidade de conduzir a investigação Romanov como representante do governo.

Quando assumiu o cargo, Soloviev qualificou imediatamente a investigação do assassinato dos Romanov como processo criminal. Essa definição ampliou seus poderes. Assim, ele podia exigir testemunhos, nenhum russo podia se negar a responder a suas perguntas, e as pessoas interrogadas eram responsáveis por seus depoimentos. A mudança do caso para processo criminal aumentava muito o âmbito da investigação de Soloviev. Além de estabelecer os fatos específicos do assassinato, ele agora precisava resolver a questão da responsabilidade: essencialmente, se foi assassinato, quem foram os assassinos?

"O processo criminal foi revivido a fim de determinar se foi cometido um assassinato em Ekaterinburg ou se foi uma execução por sentença de um governo legítimo", Soloviev explicou. "Se alguém comete um crime pelo qual é sentenciado à morte, quem executa a sentença não está cometendo um crime. Portanto, preciso esclarecer se o Soviete do Ural, em 1918, tinha o direito legal de decretar a pena de morte do czar e sua família." Nesse contexto, Soloviev tinha mais perguntas: "Quem era Yurovsky? Quem era Sverdlov? Quem era Lênin? Em termos legais, como eles estavam ligados àquelas execuções? Eram criminosos ou pessoas respeitáveis?"

Soloviev sabia que perguntas dessa natureza transformavam a investigação criminal numa sindicância do mais alto e mais sensível dos temas políticos e históricos da Rússia. "Sim, eu tinha que fazer muito mais do que simplesmente estabelecer a identidade de um crânio ou de vários crânios. Isso já era muito difícil, mas as verdadeiras questões são sobre algo diferente. Abaixo da superfície, há um iceberg gigantesco."

Concordando que essas questões têm grande impacto político e histórico, Soloviev balançou a cabeça, com um sorriso pesaroso: "Sim, mas meus chefes, graças ao Senhor, ainda não sabem disso. Estou liderando a investigação e, agora, graças a Deus, ninguém está me impedindo de fazer o meu trabalho. Na verdade, isso interessa muito pouco ao Escritório do Promotor Público. Meus chefes têm outros problemas mais prementes. A dor de cabeça deles é que na Rússia, finalmente, alcançamos e superamos a América em índice de assassinatos."

* * *

Soloviev começou como qualquer investigador em algum lugar do mundo: recuperando e examinando as armas que diziam ter sido usadas no assassinato. Recolheu as pistolas, que haviam sido doadas a museus, e mandou que peritos em balística as disparassem a fim de saber se as balas atuais tinham características similares às encontradas na cova. Infelizmente, as balas na cova se encontravam muito corroídas, e os detalhes, ínfimos, estavam destruídos para a identificação. Ademais, Soloviev observou, com tristeza, que aquelas pistolas haviam sido disparadas muitas vezes durante muitos anos, e todas as características do cano tinham desaparecido. No entanto, ele disse: "Não havia provas de que as balas *foram* disparadas daquelas armas, mas também não havia contradição. As balas *podiam* ter sido disparadas daquelas pistolas."

Em seguida, Soloviev tentou trazer à comissão a constatação final das identidades dos restos mortais. Embora ele, pessoalmente, aceitasse o veredicto universal de cientistas russos, ingleses, alemães e americanos de que eram os Romanov, descobriu que alguns dignitários da Igreja Ortodoxa Russa – tanto o patriarca da Igreja na Rússia quanto o da Igreja Ortodoxa Russa no Exterior – ainda tinham dúvidas. As duas igrejas continuavam cismadas com a heteroplasmia encontrada por Gill e Ivanov no DNA de Nicolau. Mais tarde, Soloviev e a comissão do governo russo receberam um comunicado não oficial dizendo que, após o exame dos dentes levados para os Estados Unidos pelo dr. Maples, a dra. King e o dr. Ginther, em Berkeley, haviam confirmado os achados de Gill e Ivanov na Inglaterra, inclusive a heteroplasmia. Mas a comissão não recebeu nenhum comunicado oficial de Berkeley. A Igreja Ortodoxa Patriarcal Russa, que considerava a canonização da família imperial, exigiu mais testagens, insinuando que seu representante, o metropolita Euvenaly, seria retirado da comissão do governo caso essa exigência não fosse atendida. A comissão cedeu. O investigador Soloviev então relançou a proposta de Pavel Ivanov, de que fossem exumados os restos mortais do grão-duque Jorge, enterrado na Catedral de São Pedro e São Paulo, em São Petersburgo, para que o DNA dos irmãos fosse comparado.

A exumação de Jorge ocorreu entre 6 e 13 de julho de 1994. Encontraram dificuldades para levantar a lápide de mármore sobre o caixão, mas, quando conseguiram, o corpo estava intocado. A parte superior do corpo ainda estava vestida com uma roupa soberbamente bem preservada. A parte de baixo estava coberta por quinze centímetros de água (um lembrete de que São Petersburgo foi construída num pântano, onde a água não está muito abaixo da superfície do solo). Os cientistas retiraram o topo do crânio e uma parte do osso da perna do grão-duque para o teste de DNA. A princípio, Soloviev pretendia mandar esses fragmentos para o dr. Gill, na Inglaterra, mas quando essa intenção vazou houve, nas palavras de Soloviev, "uma gritaria nos jornais russos de que Gill falsificara alguma coisa". O resultado foi uma prolongada série de negociações com o Instituto de Patologia das Forças Armadas (AFIP) dos Estados Unidos, que acabou concordando em realizar os testes sem cobrar nada. "Então, agora podemos dizer que estamos entregando essas análises a pessoas totalmente independentes de nós", afirmou Soloviev. "Mas nosso especialista, dr. Ivanov, vai estar lá também."

Pavel Ivanov chegou ao laboratório de DNA do refulgente Instituto de Patologia das Forças Armadas, em Rockville, Maryland, em 5 de junho de 1995, levando uma parte do fêmur do grão-duque Jorge. Sua missão era reforçar a certeza de que o Corpo nº 4 no necrotério de Ekaterinburg era de Nicolau II. "Dois anos atrás, no laboratório de Peter Gill, obtivemos uma probabilidade de 98,5%", falou Ivanov. "Agora, neste laboratório, com novas abordagens e tecnologias mais avançadas, podemos chegar a 99,5% ou 99,7%. Para facilitar a decisão da comissão do governo russo, queremos chegar o mais perto possível de 100%."

Ivanov também levou de Moscou duas outras peças de evidência potencialmente úteis. Uma foi o lenço manchado de sangue trazido do Japão e do qual o laboratório de Gill não pôde extrair DNA utilizável. No laboratório do AFIP, provido de antecâmaras especiais e sistemas de purificação de ar projetados para reduzir ao mínimo a contaminação do laboratório, e com equipamentos de última geração para realçar o DNA degradado, Ivanov queria tentar novamente. Outra peça foi uma mecha de cabelo do czar Nicolau II, cortada quando ele era um menino de 3 anos e preservada num medalhão no palácio de São Petersburgo, que Soloviev descobriu ali e deu para Ivanov. "Não tem folículo, e cabelo cortado tem muito pouco DNA", falou Ivanov, "mas o AFIP tem equipamentos de ampliação de enorme potência. Vamos fazer o melhor possível."

Esses testes de DNA – do irmão de Nicolau, do sangue e do cabelo de Nicolau – seriam completados no outono de 1995.

O paradeiro dos restos das duas crianças não encontradas na cova deixava atônitos o investigador e a comissão. Avdonin, que comparecia a todas as sessões, incitava sempre os outros membros, dizendo: "Se acharmos esses dois corpos, tudo será esclarecido, tudo será concluído e a história ficará completa." Soloviev concordava. "A não ser que os encontremos", continuou o investigador – citando o provérbio russo "no fundo de cada alma existe uma cobra" –, "sempre existirá uma dúvida no coração dos cientistas e de todos os ligados à investigação."

A empreitada de encontrar os corpos que faltavam ficou imensamente complicada quando, na primavera de 1993 – ou seja, antes de o promotor público de Moscou assumir a chefia da investigação –, um acadêmico de Ekaterinburg, professor V. V. Alekseyev, do Instituto de História e Arqueologia dos Urais, chegou com tratores e arados de agricultura na área em torno da cova aberta. Feroz inimigo de Avdonin, Alekseyev tentava localizar os corpos antes da conferência de julho de 1993, em Ekaterinburg. Alekseyev não encontrou nada, mas quando desistiu a terra estava remexida, com grandes sulcos irregulares. Ao chegar a Ekaterinburg naquele verão, o dr. William Maples ficou enfurecido com o que Alekseyev fizera. Maples conseguira trazer a Ekaterinburg uma máquina portátil ultrassensível, do tamanho de um cortador de grama, que envia ondas de som para o solo e registra qualquer alteração nos padrões das camadas superiores da terra. Ele havia visto seu uso na América, para localizar corpos enterrados, e achou que tinha grandes possibilidades de detectar os corpos das crianças Romanov. Quando viu o que Alekseyev fizera, seu rosto ficou sombrio. "Agora não há mais esperança", ele disse. "Está absolutamente arruinado!"

Soloviev admite que a esperança de encontrar os dois corpos é cada vez mais reduzida. "Já se passou muito tempo", disse. "O solo foi mexido. Colocaram um cabo na área." Contudo, ele acredita que ainda há uma pequena chance. E prosseguiu: "Yurovsky diz que dois corpos foram queimados. Sokolov encontrou um lugar onde tinha havido fogueiras. Ele encontrou ossos e gordura congelada. Sokolov acreditava que todos os corpos haviam sido queimados naquele lugar. Sokolov escreveu também que, em sua época, não havia métodos para determinar se eram ossos humanos ou de animais. Agora esses métodos existem. Se ao menos pudéssemos achar esses ossos."

Assim como Soloviev, Ryabov acreditava nas anotações de Yurovsky e, portanto, que os restos dos dois corpos tinham sido enterrados debaixo da fogueira. Se estavam lá, e ainda estivessem, poderiam ser encontrados, mas a busca custaria, segundo a estimativa de Ryabov, entre 5 e 20 milhões de dólares. Soloviev se preocupava ainda com o fato de que os ossos, enterrados perto da superfície, estariam em condições muito piores do que os restos protegidos pela argila na cova comum. Os ossos poderiam ter estado lá, mas ele receava que não tivessem resistido.

Em seus esforços para localizar os corpos faltantes, ou pelo menos determinar o que havia acontecido com eles, Soloviev adoraria pôr as mãos numa coleção de evidências, o que até então lhe tinha sido negado. Era o conteúdo da caixa trazida de Ekaterinburg para a Europa, em 1920, pelo investigador Nicolai Sokolov, na esteira da derrota do Exército Branco na Sibéria.

Fugindo dos vitoriosos bolcheviques, Sokolov atravessou a Sibéria agarrado à caixa cujo conteúdo ele chamava de "Grandes Relíquias Sagradas Nacionais". De Vladivostok, ele e sua esposa foram para a Europa com o oficial Branco coronel Kiril Naryshkine e a esposa de Naryshkine a bordo do navio francês *André le Bon*. A caixa viajou os 13 mil quilômetros da travessia sob o beliche de madame Naryshkine. A ligação de Sokolov com os Naryshkine vinha de longa data. Antes da Primeira Guerra Mundial, Sokolov tinha sido magistrado na cidade de Penza, a oeste de Moscou, onde fez amizade com o general Sergei Rozanov, comandante do regimento local do exército. Rozanov e Sokolov caçavam frequentemente nas terras de Rozanov. Quando começou a Guerra Civil russa, Rozanov passou a ser chefe do Estado-Maior do almirante Kolchak, o "Governante Supremo" Branco na Sibéria. Quando Ekaterinburg caiu sob o Exército Branco, Rozanov e seu futuro sogro, Naryshkine, foram os primeiros oficiais Brancos a correr à Casa de Ipatiev, derrubar a paliçada e adentrar a mansão deserta. Meses mais tarde, Sokolov chegou ao quartel-general de Kolchak, depois de atravessar a pé as linhas bolcheviques. Foi por recomendação de Rozanov que Sokolov foi indicado para investigar as circunstâncias do desaparecimento dos Romanov.

Quando o *André le Bon* aportou em Veneza, Sokolov e Naryshkine foram juntos à Riviera Francesa levando a caixa para o primo de Nicolau II, o grão-duque Nicolau Nikolaevich, antigo comandante em chefe do Exército Imperial russo e aquele que muitos emigrados consideravam o mais indicado à sucessão do trono russo. Para consternação de Sokolov, o grão-duque, para não ofender a imperatriz viúva Maria, que ainda acreditava que seu filho e família estavam vivos, se recusou a receber a caixa. Sokolov e Rozanov foram então à Inglaterra, tentando doar a caixa ao rei Jorge V, primo-irmão de Nicolau II. O rei também não quis a caixa. Por fim, Sokolov deixou a caixa sob custódia da Igreja Ortodoxa Russa no Exterior.

A Igreja no Exterior guardou a caixa durante muitos anos. Até a exumação dos ossos, perto de Ekaterinburg, acreditava-se que a caixa continha as únicas relíquias remanescentes da desaparecida família Romanov. Ainda profundamente desconfiado do governo russo, intensamente antagônico à Igreja Patriarcal de Moscou, cujo patriarca e clero maior eles acusavam de ser antigos agentes da KGB, o metropolita e os bispos da Igreja no Exterior se recusavam a entregar a caixa a quem quer que fosse para exames e testagens do conteúdo. Até mesmo o local da caixa é segredo, embora todo mundo saiba que está guardada em Bruxelas, na Igreja Ortodoxa Russa de São Jó em Memória do Martirizado Czar Nicolau II e Sua Família. O conteúdo da caixa foi descrito por testemunhas, mas a igreja não endossa esses relatos.

O que torna particularmente frustrante a recusa da igreja em permitir os exames são os relatos do que a caixa contém. O octogenário presidente da Associação da Nobreza Russa na América, príncipe Alexis Scherbatow, foi a Bruxelas no verão de 1994 e, graças a conhecimentos da família com membros importantes do clero, veio a saber que a caixa continha restos escavados da fogueira que consumiu os corpos, "pedacinhos de ossos, muita terra cheia de sangue, dois pequenos frascos de gordura [congelada] dos corpos e muitas balas". O príncipe Scherbatow não se dispôs a falar quem lhe contara aquilo ou como alguém sabia – mas prosseguiu afirmando: "Sim, sim, com certeza. Eram de dois corpos."

No entanto, em abril de 1995, a igreja permanecia inflexível, recusando-se a entregar a caixa. Nem Soloviev, nem qualquer investigador ocidental qualificado puderam examinar o conteúdo para ajudar a determinar o que aconteceu com as duas crianças desaparecidas. Soloviev nada pôde fazer, a não ser esperar. "Se algum dia essa caixa aparecer", ele disse, "acho que muitas questões serão resolvidas. Se houver ossos inteiros, um cientista como Maples saberá dizer se são de uma jovem mulher ou de um garoto de 14 anos. Um teste de DNA pode comparar os ossos com o DNA da mãe e das filhas já encontrados. O DNA não diz de qual das filhas é, mas saberíamos que é a quarta filha. Não saberíamos qual é qual, mas teríamos esclarecido que eram as quatro."

No Ocidente, assim como na Rússia, os achados de Avdonin e Ryabov, e também as atividades investigativas de Soloviev, foram questionados agressivamente. A comunidade de emigrados russos é constituída por homens e mulheres que passaram a vida odiando a doutrina, as personalidades e a parafernália administrativa do Estado comunista. Sua hostilidade vai muito além de ideologia. Membros de suas famílias foram chacinados durante a campanha do Terror Vermelho, suas posses foram confiscadas e redefinidas como propriedade do Estado. Durante 75 anos, eles viram historiadores soviéticos mentindo sobre o passado, e políticos, jornais, rádio e televisão soviéticos mentindo sobre o presente. Durante todo esse tempo, eles desenvolveram suspeitas não facilmente erradicáveis.

Assim, em 1989, quando Geli Ryabov anunciou ao mundo que havia localizado os ossos da família imperial, muitos russos receberam a notícia com ceticismo. Um grupo, autodenominado Comissão de Especialistas Russos no Exterior, se autorizou a monitorar tudo o que fosse falado e feito na Rússia a respeito dos restos mortais. O presidente desse grupo era um engenheiro de Connecticut, chamado Peter Koltypin. O vice-presidente era o príncipe Alexis Scherbatow. O secretário era um ex-oficial da CIA, chamado Eugene Magerovsky. Na visão coletiva desse grupo, a história de Ryabov era fictícia e a descoberta dos restos na cova era uma astúcia, um embuste armado pela ainda ativa KGB.

Alexander Avdonin se encontrou pela primeira vez com Koltypin e Scherbatow em março de 1992, em São Petersburgo, no enterro do grão-duque Vladimir, pretendente ao trono russo. Avdonin já era então muito conhecido dos russos emigrados devido ao seu papel na descoberta da cova em Ekaterinburg. Após a cerimônia, as pessoas queriam lhe fazer perguntas, e ele sugeriu se reunirem a fim de poder responder a todos simultaneamente. Ele falou durante uma hora, e ao fim foi aplaudido pela maior parte dos presentes. Depois foi questionado por Koltypin e por Scherbatow. "Eu vi que eles não acreditaram em mim, nem por um minuto", diz Avdonin. "Na verdade, eles estavam dizendo, com perguntas provocativas, que o assassinato do czar havia sido investigado extensivamente por Sokolov e que julgavam a investigação suficiente. Acreditavam que as cabeças tinham sido cortadas e levadas embora, e o resto dos corpos tinha sido queimado. Acharam que tudo o que eu lhes dizia tinha sido armado pela KGB." Quando Avdonin lhes disse que cientistas russos e ucranianos estavam fazendo testes com os restos mortais, Koltypin e Scherbatow disseram que ninguém acreditaria naqueles cientistas. Quando Avdonin disse que cientistas americanos tinham sido convidados a participar, Koltypin e Scherbatow riram: "Você se vendeu aos americanos!" E Avdonin propôs: "Então, *vocês* escolham pessoas competentes e mandem para nós." "Não", Koltypin retrucou, "você vai continuar trapaceando." "Nesse caso", Avdonin deu de ombros, "nunca poderemos provar a verdade a vocês." "Não, tem um jeito", Koltypin disse. "É o DNA. Mas vocês não sabem fazer isso na Rússia", e Avdonin perguntou quem sabia. "Na Inglaterra", Koltypin respondeu.

O encontro seguinte de Avdonin com a Comissão de Especialistas emigrados foi em fevereiro de 1993, em Nyack, Nova York. Avdonin e sua esposa estavam em Boston como convidados de William Maples para apresentar o trabalho sobre a descoberta dos Romanov no encontro anual da Academia Americana de Ciência Forense. Avdonin fez sua palestra em Nyack e depois se retirou para conversas particulares em uma biblioteca. Koltypin e Scherbatow estavam lá, acompanhados por Magerovsky. Tal como fizeram em São Petersburgo, os emigrados atacaram Avdonin. "Posso ser um velho russo Branco qualquer", Magerovsky começou, "mas não acredito em você." Mais tarde Scherbatow falou: "Eu não gosto de Avdonin. Ele estava mentindo. É um verdadeiro comunista, dos antigos."

O ataque vindo de fora da Rússia se tornou formal em 25 de dezembro de 1993, quando a Comissão de Especialistas Russos no Exterior escreveu a Yuri Yarov, vice-primeiro-ministro da Rússia e presidente da comissão do governo russo encarregada de examinar as evidências dos restos dos Romanov. Os emigrados começaram advertindo Yarov para ter cautela com informações transmitidas por pessoas que pudessem ter conexão com "o Partido Comunista, a KGB ou o Escritório do Procurador [isto é, Soloviev]". Disseram que "alguns fatos da biografia de Geli Ryabov são muito duvidosos... ele esteve ligado à KGB... seu relacionamento com A. N. Avdonin é suspeito". A Comissão de Especialistas Russos no Exterior contestou a autenticidade das anotações de Yurovsky, declarando que "é fato conhecido que a cabeça do último imperador foi levada para Moscou". Portanto, na hipótese da comissão, se era o crânio de Nicolau II que Ryabov encontrou na cova de Ekaterinburg, esse crânio deve ter sido colocado lá "por ordem de alguém". A comissão dos emigrados finalizou declarando: "Supomos que os outros ossos foram postos lá em 1979, de modo que foi possível simular a recuperação dos restos em julho de 1991."

Vladimir Soloviev leu a carta dos emigrados e refutou vigorosamente as acusações a Ryabov e Avdonin. "Existe uma conversa fiada, principalmente no exterior, de que a cova não era da família do czar, que foi um enterro 'plantado' ou armado pela KGB, ou pela Cheka ou por algum outro 'órgão' dos velhos dias", Soloviev disse. "Falam que Ryabov era agente da KGB. O fato é que agora temos acesso aos arquivos da KGB, e eu chequei oficialmente essas alegações contra Avdonin e contra Ryabov.

Antes de 1989 não há nenhum documento sobre os dois nos registros da KGB. Quando Ryabov publicou sua entrevista e seu artigo no *Moscow News* e na *Rodína*, tanto Ryabov como Avdonin passaram a ser vigiados. A KGB queria descobrir onde era o local da cova. De fato, já existia um volumoso arquivo sobre tentativas anteriores da KGB para encontrar o lugar. Portanto, todo esse boato de que a descoberta foi uma ação da KGB ou de outros órgãos especiais é ridículo. Conhecendo aqueles tempos e aquelas circunstâncias, eu lhes dou a minha palavra de honra de que, se a KGB ou o partido tivessem tomado conhecimento do local, bastaria o mínimo tempo necessário para mandar um monte de soldados para ficar lá."

A respeito do ataque, Soloviev tinha tentado entender o ponto de vista dos emigrados. "As pessoas têm estereótipos, sabe", ele disse. "À medida que ficam mais velhos, é mais difícil mudá-los. Durante muitos anos, não tiveram motivo para confiar no que era falado aqui. Mas, hoje, as investigações que fizemos e as conclusões a que chegamos nesse caso seriam suficientes para um processo criminal. Não haveria qualquer dúvida, nem no tribunal, nem para ninguém. Mas nesse caso temos que fazer cinco ou seis vezes mais do que já foi feito. Aí não haverá mais dúvida. Eles [Koltypin, Scherbatow e Magerovsky] não acreditam em nada do que dizemos. Na visão deles, eu sou um patife, Rayabov e Avdonin são patifes, todo mundo é patife. Somente Koltypin sabe a verdade. Ele poderia vir aqui pessoalmente e ver tudo. Mas isso ele não fez."

Soloviev estava falando da ausência de qualquer pesquisa séria por parte da Comissão de Especialistas dos emigrados. "Quando vou aos arquivos", ele continuou, "vejo a lista de documentos retirados e os nomes de quem os viu. Tem a assinatura de Avdonin, tem Geli Ryabov, tem um terceiro, um quarto, um quinto, e outros mais. Com esse círculo de pessoas, eu posso ter discussões. São pessoas que realmente se familiarizaram com fontes em primeira mão e são capazes de dizer algo significativo. Enquanto os outros não querem ver nada, não querem aprender nada, não querem saber de nada."

Soloviev acreditava que os emigrados o atacavam porque haviam depositado toda a sua fé nos achados de Sokolov 75 anos antes. "Muitas vezes escrevem", disse Soloviev, "que estou conduzindo uma investigação sem conhecer o material de Sokolov, que não estou interessado nele e que não aceito Sokolov como um investigador importante. Não é verdade. O fato é que Sokolov cometeu um erro, mas esse erro poderia ter sido cometido por qualquer investigador que estivesse no lugar dele. Seu erro foi acreditar que os corpos estavam totalmente queimados e destruídos. Na época, as evidências davam suporte a essa teoria. Agora temos mais evidências. Entretanto, em minha opinião, esse foi o único erro de Sokolov."

Uma acusação feita pela Comissão de Especialistas de Koltypin estava correta: era de que nem todos os arquivos russos haviam sido totalmente abertos. Soloviev admitia, dizendo que lhe deram acesso a todos os arquivos, "exceto o Arquivo Presidencial", do Politburo. Naturalmente, essa restrição exacerbou as suspeitas dos emigrados russos de que fatos importantes ainda estavam escondidos. Alguém capaz de ajudar nessa questão era Edvard Radzinsky, membro da comissão do governo e que, independentemente, estava escrevendo uma biografia de Stalin. "É verdade que Soloviev não tem permissão para trabalhar no Arquivo Presidencial", disse Radzinsky, "mas eu tenho. O chefe de administração do Gabinete do Presidente pessoalmente me autorizou a trabalhar lá com o material referente a Stalin. Quando me tornei membro da comissão do governo, pedi para expandir minha pesquisa aos Romanov. Agora tenho um passe especial para ver todos os arquivos relativos à família imperial no Arquivo Presidencial. Todos concordam que é razoável para o meu trabalho."

Baseado em sua experiência, Radzinsky acreditava que o motivo pelo qual nenhum material sobre os Romanov aparecia não era por ter sido escondido ou suprimido deliberadamente, mas porque era infindável. Ele contou que o Arquivo Presidencial ainda estava ativo e continha documentos secretos diplomáticos, não só da União Soviética, mas da Rússia na atualidade. "Quando comecei a trabalhar lá", contou Radzinsky, "entendi que é impossível para eles, nesse estágio, separar documentos históricos de segredos de Estado vigentes. Disseram-me: 'Vamos mostrar os documentos desse período a esse período. Não podemos deixar você entrar e ficar mexendo em tudo por aí.' Além disso, está tudo misturado. Eles estão só começando a separar e classificar os documentos. As pastas estão com etiqueta errada ou sem etiqueta nenhuma. Em meu livro, imprimi material de arquivos que eles nem sabiam que eu tinha. Quando leram o livro, me perguntaram: 'Onde você achou isso?'"

Radzinsky encontrou um documento que trazia provas adicionais da cínica falsidade de Lênin a respeito da sobrevivência da imperatriz e suas filhas. Eram as memórias de Adolf Ioffe, um diplomata soviético servindo em Berlim na ocasião dos assassinatos. Curioso sobre a história oficial de que somente Nicolau havia sido morto, mais tarde Ioffe perguntou a Felix Dzerzhinsky, chefe da Cheka. Dzerzhinsky admitiu que a família inteira estava morta e acrescentou que Lênin tinha proibido categoricamente de contar a Ioffe. "Melhor Ioffe não saber de nada", Lênin dissera. "Vai ser mais fácil para ele mentir."

Esse documento não surpreendeu Soloviev. "Vou lhe dar outro exemplo do pensamento de Lênin", ele prosseguiu. "Em 1912 ou 1913, houve um atentado terrorista a um membro desimportante da família real espanhola. Lênin reagiu com desdém: 'Não vamos nos importar com terror individual. Se for para eliminar, tem que eliminar a dinastia inteira, e não caçar uma pessoa.' Depois, em 1918, o fato de não terem anunciado imediatamente que haviam matado todos nada teve a ver com critérios morais. Havia uma boa razão para dizerem oficialmente que somente Nicolau tinha sido executado. Imagine se tivessem anunciado que haviam eliminado todos. Nos círculos monarquistas, teria surgido a questão imediata de um novo czar. Lênin não queria a oposição consolidada em torno de um único sucessor de Nicolau. Então, deixou que todo mundo ficasse imaginando quem teria morrido e quem estaria vivo. E onde estariam esses ainda vivos. Durante a Guerra Civil, os líderes do Exército Branco, de princípios monarquistas, não sabiam em quem deveriam se concentrar. Assim, Lênin operou em duas frentes: matou todos os membros da família imperial e muitos outros Romanov, e lançou a ideia de que alguns da família nuclear permaneciam vivos. Mais tarde, quando o poder soviético ganhou força, quando a possibilidade de uma contrarrevolução monarquista ou de qualquer outra havia desaparecido, os comunistas ficaram à vontade para anunciar o que tinham feito. Não só anunciar, mas se gabar do fato de que tinham matado crianças."

Essas questões iam além do encargo da comissão do governo, de validação e enterro dos restos dos Romanov. Mas continuavam sob investigação no Escritório do Promotor Público russo. "Quando eu terminar a investigação", Vladimir Soloviev prometeu, "vou apresentar meus achados."

## 12

# ENTERRANDO O CZAR

A ÚLTIMA CERIMÔNIA FÚNEBRE de um czar russo foi em 1894, quando Alexandre III, pai de Nicolau II, foi enterrado na Catedral de São Pedro e São Paulo, em São Petersburgo. Um século mais tarde, a comissão do governo russo estava em fase de conclusão e deliberações para o enterro de Nicolau II. Em seguida, o patriarca da Igreja Ortodoxa Russa, o Conselho de Ministros e o presidente da Federação Russa tomariam as decisões finais: a igreja decidiria como, e o governo onde e quando o último czar da Rússia e sua família seriam enterrados.

"Estávamos aguardando os cientistas finalizarem seu trabalho", disse Edvard Radzinsky. "Quando os cientistas derem à comissão a certeza absoluta de que os ossos são autênticos, a Igreja Ortodoxa Patriarcal determinará o ritual a ser seguido no funeral. Se Nicolau for santificado, será um ritual, se não for santificado, será outro. A Igreja no Exterior já declarou que Nicolau é santo. Então, nossa Igreja tem um grande problema pela frente."

Alexander Avdonin, cujo pequeno local de trabalho é cheio de retratos de Nicolau II, tentou explicar o dilema da Igreja Patriarcal: "Lembre que, ao contrário da Igreja no Exterior, a nossa está localizada no país em que esses eventos ocorreram. Aqui, muita gente acha que o próprio Nicolau II foi culpado por deixar acontecer a revolução e, portanto, foi pelo menos parcialmente responsável por sua morte. Se assim for, ele deve ser canonizado? Como nosso povo irá reagir? Afinal, não se pode esquecer que o povo não tem muito entusiasmo por Nicolau II. Em setenta anos, o respeito por ele foi destruído. A verdade é que ele foi um imperador fraco. O fato de que era boa pessoa, um homem bondoso, que tratava bem a família, não exclui sua culpa pelo mau governo do país. A questão é diferente para os que morreram com ele. Esses, categoricamente, não são culpados. De fato, são mártires."

Representante da Igreja na comissão do governo, o metropolita Euvenaly era o principal encarregado da questão da canonização. Segundo Avdonin, Euvenaly "examina pessoalmente tudo o que diz respeito aos restos. Mas", aqui a expressão de Avdonin mudou, "há quatro anos que a igreja sabe desses restos. Em todo esse tempo, ninguém, nem uma vez, ninguém de Moscou veio sequer dar uma olhada. Nem um padre! Nem mesmo um diácono!"

Avdonin tinha razão quanto à existência de uma mistura de sentimentos sobre Nicolau II na Rússia contemporânea, pós-comunista. Mas estava enganado ao dizer que, segundo a doutrina ortodoxa, o desempenho de Nicolau no exercício de governante afetava a questão do martírio. O padre Vladimir Shishkoff, da Igreja Ortodoxa no Exterior, explicou: "O martírio nada tem a ver com as ações individuais de alguém. Trata-se somente de como e por que a pessoa morreu. No caso de Nicolau II, é irrelevante o tipo de governante que foi, o que ele conseguiu e o que não conseguiu fazer enquanto czar. Nicolau é mártir porque foi morto brutalmente pela única razão de ser o governante do país."

Padre Shishkoff não condenava a Igreja Patriarcal de Moscou por demorar a tomar uma decisão. "Na verdade", ele admitiu, "antes que nossa Igreja Ortodoxa no Exterior santificasse Nicolau II, em 1981, tivemos muita resistência de pessoas aqui, inclusive de padres. Eles usavam exatamente os mesmos argumentos contra a canonização do czar Nicolau II."

Uma vez que os ossos tivessem sido autenticados pelos cientistas, a decisão do governo russo seria quanto ao lugar para enterrá-los. Oficialmente, a decisão ficava ente duas cidades: Ekaterinburg, onde a família fora assassinada e os ossos encontrados, e São Petersburgo, onde por 300 anos os czares e imperatrizes Romanov foram enterrados. Havia muitos fatores a considerar, inclusive questões de religião e de tradição, mas no fim a decisão recairia puramente no poder político. São Petersburgo, cujo prefeito Anatoly Sobchak era vice-presidente da comissão e forte aliado político de Boris Yeltsin, tinha uma vantagem esmagadora. Mas Ekaterinburg, apesar da tagarelice sobre complexos de hotéis e restaurantes para turistas ter enfraquecido, ainda tinha esperanças.

O bispo Basil Rodzianko, de Washington, D.C., que tinha ido a Ekaterinburg e visto os restos mortais, defendia que os Romanov deveriam ser enterrados lá, onde tinham ficado 73 anos numa cova. Ele argumentou que a decisão já havia sido tomada por Deus: "Os ossos não devem ser separados dos corpos. Os corpos estão em formas diferentes, mas estão lá, no solo. Portanto, tirar os ossos daqui e colocá-los em São Petersburgo significa um desmembramento dos corpos. Para mim, isso é sacrilégio." O bispo Basil reprovava o plano de sepultar os Romanov na Catedral de São Pedro e São Paulo, que, segundo ele, é um "lugar meramente terreno, meramente secular e nada tem a ver com a Igreja ou com a religião. Enterrá-los lá seria apenas uma reabilitação política. 'Nós os matamos', diz o Estado. 'Agora os reabilitamos e acusamos Lênin e outros do crime.'"

Bispo Basil explicou que, se a família fosse canonizada, não seria um culto fúnebre, mas um culto ortodoxo de glorificação. Os ossos, em vez de serem colocados em caixões e sepulturas, seriam relíquias, e fragmentos dessas relíquias seriam distribuídos e expostos em altares das igrejas ortodoxas. Toda igreja ortodoxa tem alguma relíquia no altar; sem isso, o serviço religioso não pode ser celebrado. Mas se não houver canonização, explicou, "eles devem ser enterrados em Ekaterinburg. E devem ser enterrados todos juntos".

Nenhum Romanov sobrevivente foi convidado a participar da comissão na polêmica do enterro dos parentes. Os Romanov comunicaram suas opiniões ao presidente Yeltsin, ao presidente da comissão, Yarov, ao patriarca e ao investigador Soloviev. Mas a voz da família era debilitada pelo fato de ser dividida. Os dois ramos se detestavam intensamente, e cada um objetava com veemência à reivindicação de primazia do outro. A grã-duquesa Maria Vladimirovna, que mora em Madri e se acha pretendente ao trono — em nome de seu filho Jorge, de 14 anos —, propôs que os restos mortais fossem distribuídos em três grupos: o czar Nicolau e a imperatriz Alexandra seriam enterrados como os antigos czares, na Catedral de São Pedro e São Paulo, em São Petersburgo; as três filhas seriam enterradas como os grão-duques, num jazigo ao lado da catedral; e o médico e os três serviçais, em Ekaterinburg.

Essa proposta horrorizou os primos de Maria, os numerosos príncipes e princesas Romanov, liderados pelo príncipe Nicolau Romanov, chefe da Associação da Família Romanov na Suíça. Do ponto de vista deles, todos os restos deveriam ser deixados em Ekaterinburg e enterrados juntos. "Seria um crime separá-los", argumentou o príncipe Rostislav Romanov, um banqueiro de investimentos em Londres, sobrinho-neto de Nicolau II. "Eles morreram juntos, devem ser enterrados juntos. Seria intolerável que a comissão e o governo rejeitassem essas pessoas, considerando-as sem importância. Além disso, faz sentido deixá-los em Ekaterinburg. Se forem canonizados por martírio, por que não enterrá--los onde foram martirizados? Enterrá-los em São Petersburgo, com os outros czares, equivale a fingir que nada aconteceu. E seria um excelente argumento de que o futuro da Rússia está no leste, seria simbólico."

O príncipe Nicolau Romanov, chefe da família, insistiu apaixonadamente que os restos não fossem separados. "Escrevi duas vezes ao patriarca. Falei com ministros do governo, e falei em público pela televisão russa: nós, Romanov, queremos que todos, todas as vítimas do massacre, sejam enterrados juntos, no mesmo lugar, na mesma catedral, e eu diria que no mesmo sepulcro. Querem enterrar o czar na Catedral Fortaleza de São Pedro e São Paulo? Ótimo! Então, enterrem o médico, a camareira e o cozinheiro lá também, no mausoléu do czar. Estiveram juntos por 73 anos. São os únicos que nunca traíram a família. Merecem ser honrados ao mesmo tempo, no mesmo lugar. Se os russos de hoje não entendem isso, mesmo se alguns Romanov forem ao funeral, eu não irei."

Nicolai Nevolin, o especialista forense que por quase quatro anos vigiou os restos no necrotério de Ekaterinburg, ainda tinha esperança de que fossem enterrados lá. "Os Romanov foram executados aqui, e nossa cidade gostaria de ter um memorial. Mas há duas cidades no país, Moscou e São Petersburgo, que durante os 74 anos do regime soviético sempre se omitiram. Agora, estão tentando pegar tudo de volta." Quando Nevolin soube que a maioria dos sobreviventes da família Romanov queriam que os restos mortais fossem enterrados em Ekaterinburg, ficou pasmo. "Eu não sabia", disse ele. "Se isso acontecer aqui, eu ficarei tão imensamente grato que nem tenho palavras. Eu nasci aqui nos Urais. Sou um patriota da minha região."

Boris Yeltsin também nasceu nos Urais, mas passou para um estágio mais amplo, onde sua frágil presidência precisa de todo apoio possível. Politicamente, o apoio de Anatoly Sobchak é essencial para Yeltsin, e Sobchak está decidido a enterrar os restos em São Petersburgo. A hipótese mais plausível, portanto, é que Yeltsin fique nos bastidores até que a comissão decida e, então, ratifique a recomendação da comissão, seja qual for. Uma vez feito isso, porém, Yeltsin vai se colocar no centro dos políticos e do clero russos, de gente da realeza e de outras pessoas presentes ao funeral.


Três datas para o enterro foram escolhidas e depois descartadas. A princípio, a cerimônia foi programada para 18 de maio de 1994, dia do aniversário de Nicolau, e uma data que, dez meses após Gill e Ivanov terem verificado os ossos em Aldermaston, daria tempo suficiente para organizar tudo. Em abril de 1994, a Igreja Patriarcal de Moscou exigiu maiores apurações, incluindo a exumação do grão-duque Jorge. A data pulou para 3 de julho de 1994. Quando esse dia chegou, com Jorge ainda no sossego de seu jazigo, o enterro foi reprogramado, dessa vez para 5 de março de 1995. Essa nova data era religiosamente apropriada: no calendário ortodoxo russo, era o primeiro dia da Quaresma [quarta-feira de cinzas]. Ao enterrar o czar e a família nesse dia, o governo, a Igreja e todo o povo pediriam perdão, não só por terem matado a família imperial, mas por toda a matança de milhões de outros desde 1918. Esse ato público de arrependimento, um exorcismo nacional de culpa histórica, era o tipo de cerimônia que Yeltsin gostaria de presidir. Em novembro de 1994, a programação foi cancelada. Não marcaram outra data.

Os anos se passavam, e Alexander Avdonin esperava. Enquanto os cientistas discutiam, a comissão ponderava, os líderes da Igreja exigiam mais provas e os emigrados disparavam acusações, os restos terrestres do último imperador russo, sua família, três de suas filhas e quatro fiéis servidores jaziam em mesas de metal numa salinha no segundo andar do necrotério de Ekaterinburg. Avdonin não entendia por que aquilo era permitido. "Essa família foi injuriada enquanto viva, depois horrivelmente assassinada", ele disse. "Por muitos anos ficaram num poço, com carros passando por cima. Agora foram tirados de lá. A descoberta tem um tremendo significado histórico. Esses restos mortais deveriam ser uma fonte de unificação do nosso povo, que foi dividido pela revolução. Mas ainda promovem divisão. Esses restos deveriam unir nossa Igreja e a Igreja no exterior, mas não unem. Poderiam unir os cientistas, mas não adianta. As pessoas no exterior não acreditam. Koltypin, Scherbatow e Magerovsky fomentam várias desinformações e distorções. Não deveria ser assim."

Desde a exumação, Avdonin tentou fazer um memorial no lugar onde os ossos foram descobertos. Sua pequena fundação, Obretenye, tem por objetivo adquirir a terra das autoridades locais para criar um parque e um monumento. Ele quer erguer uma cruz de pedra, uma placa em memória e depois, quando tiver dinheiro, uma capela. "Você entende, o sangue e os corpos deles estão aqui, fazem parte do solo", disse, apontando para um lugar cheio de lixo, lama remexida e poças de água suja.

O czar Alexandre III morreu de nefrite em novembro de 1894, na Crimeia, aos 49 anos. Enquanto o trem levando seu corpo seguia para o norte, passando pela Ucrânia e pela Rússia, os camponeses tiravam o chapéu e se aproximavam dos trilhos. Nas cidades de Kharkov, Kursk, Orel e Tula, o trem parou para cultos religiosos. Em Moscou, o caixão foi transferido para um carro fúnebre e levado até o Kremlin. Nuvens baixas castigavam o céu cinzento de novembro, pingos de neve e granizo fustigavam os rostos dos moscovitas enfileirados nas ruas vendo o cortejo passar. A procissão parou dez vezes para litanias cantadas nas escadarias de dez igrejas antes de chegar ao Kremlin. Em São Petersburgo, carruagens da corte, adornadas em vermelho e ouro, acortinadas de negro, esperavam o corpo e a família na estação. O cortejo seguiu lentamente pela cidade durante quatro horas, até a Catedral de São Pedro e São Paulo, onde os czares e imperatrizes Romanov eram enterrados. Em toda a cidade, os únicos sons eram o lento rufar abafado dos tambores, os cascos dos cavalos batendo no chão, o rangido das rodas de ferro das carruagens e o bater dos sinos. Sessenta e uma pessoas da realeza, inclusive três reis, vieram se unir ao luto da família. Os ministros do governo imperial, os comandantes do exército e da marinha, os governadores das províncias e 460 representantes de cidades e vilas de toda a Rússia vieram prestar homenagem. O corpo do imperador ficou exposto no caixão durante dezessete dias, com visitação de centenas de milhares de pessoas. Em 19 de novembro de 1894, o czar foi enterrado.

Uma semana depois, deixando momentaneamente de lado o clima de luto, sem recepção nem lua de mel, o novo czar Nicolau II, de 26 anos, casou-se com sua noiva, de 22 anos, a alemã Alexandra Feodorovna.

# PARTE II
## Anna Anderson

*L*Á VÊM DOIS homens rasgando o caminho no passo mais apertado que aguentam... Um dos camaradas tinha uns setenta anos ou mais, era careca e tinha bigodes muito cinzentos. Estava com um chapéu enxovalhado de abas longas, camisa de lã azul ensebada e uma velha calça jeans esfarrapada... O outro tinha uns trinta anos e um jeito petulante. Depois do café da manhã, tiramos uma folga e ficamos conversando. A primeira coisa que se viu foi que os dois não se conheciam...

No começo, ninguém falou nada; depois o homem mais jovem dá um suspiro e diz: ..."Ah, vocês não vão acreditar; o mundo não acredita mesmo... deixa pra lá... faz mal não. O segredo do meu nascimento... Senhores", diz o rapaz, muito solene, "vou revelar a vocês, porque sinto que posso confiar. Por direito de nascença, eu sou um duque!"

Os olhos de Jim se esbugalharam ao ouvir isso; e calculo que os meus também.

"Sim, meu bisavô, primogênito do duque de Bridgewater, fugiu para este país no fim do século passado para respirar o ar puro da liberdade; casou aqui e morreu, deixando um filho, e seu pai morreu nessa mesma época. O segundo filho do finado duque se apossou dos títulos e propriedades... O verdadeiro duque, infante, foi ignorado. Eu sou o descendente linear desse infante... sou o legítimo duque de Bridgewater, e estou aqui, largado, destituído da minha alta posição, perseguido, desprezado pelo mundo cruel, maltrapilho, esgotado, desolado e degradado a ponto de estar numa jangada em companhia de bandidos."

Jim ficou com muita pena dele, e eu também. Tentamos consolá-lo... Ele disse que devíamos fazer uma reverência ao falar com ele e dizer "Sua Graça", ou "Meu Senhor", ou "Vossa Excelência...". Bem, isso era fácil, e fizemos... Mas o velho foi ficando cada vez mais calado... Então, lá pelo meio da tarde, Jim disse: "Olhaí, ô Bílgewater... lamento muito por você, mas não é a única pessoa com esse problema aí."

"Não?"

"Não, não é o único com segredo de nascimento... Bílgewater, dá pra confiar em você?... Bílgewater, eu sou o último Delfim... É, meu amigo, é a pura verdade... seus olhos tá vendo, agorinha mesmo, o pobre Delfim desaparecido, Luís Dezessete, filho do Luís Dezesseis e da Maria Antonieta... Sim, senhores, vocês tá vendo aqui na sua frente, de calça jeans e na miséria, o vagabundo errante, exilado, espezinhado e sofrido, o legítimo rei da França."

*... Ele disse que sempre se sentia melhor e mais à vontade quando as pessoas... se ajoelhavam num joelho só para falar com ele, o chamavam de "Vossa Majestade", esperavam que ele começasse a comer primeiro nas refeições, e só se sentassem na sua presença quando ele dava permissão... Então, Jim e eu passamos a tratá-lo com toda a majestade... Isso lhe fez muito bem, ficou cheio de alegria, sentindo-se confortável. Mas o duque ficou meio despeitado com ele...*

MARK TWAIN, As aventuras de Huckleberry Finn

## ❦ 13 ❦
## OS IMPOSTORES

O MISTERIOSO DESAPARECIMENTO DA família imperial, em julho de 1918, criou um solo fértil em que germinaram delírios, mentiras, tramoias, romantismos, farsas, simulacros e disparates. Desde então, longas filas, às vezes pitorescas mas frequentemente patéticas, de reivindicadores e impostores desfilaram e tropeçaram no correr do século. Suas histórias têm um começo em comum: entre os carrascos de Ekaterinburg, supostamente havia um homem ou homens, de compaixão – até a Yurovsky foi atribuído esse papel –, que ajudaram secretamente um Romanov, ou dois, ou talvez a família inteira, a escapar. Um motivo recorrente em muitas dessas imposturas era a crença de que o czar Nicolau II deixara uma fortuna num banco estrangeiro.

Em fantasias e delírios, quem não gostaria de ser um grão-duque na vida real, vivendo como um prisioneiro num gulag, um treinador de cavalos ou até um famoso espião? E ser tratada como uma grã-duquesa era certamente preferível a ser uma operária de fábrica ou uma chapeleira. Naturalmente, o apoio público é essencial para essas fantasias. Por muitos anos, um cidadão carismático adornou a sociedade de Scottsdale, no Arizona, usando o nome de Alexei Nikolaevich Romanov. Quando perguntaram a um jornalista de Phoenix se as pessoas de Scottsdale acreditavam que o sujeito sentado com elas num jantar era realmente o czarevich, ele respondeu: "Elas queriam acreditar. Elas *queriam* acreditar."

Essas lendas se originaram e foram nutridas pela "desinformação" falada, publicada e difundida pelo governo de Lênin: Nicolau fora morto, mas sua esposa e filhas estavam a salvo, Alexei fora executado junto com o pai, o Kremlin não sabia onde estavam as mulheres, tinham desaparecido no caos da Guerra Civil. O ministro das Relações Exteriores soviético supunha que elas estavam na América. Essa torrente de desinformação continuou até – como o investigador Soloviev observou – o regime se sentir seguro o bastante para se vangloriar de que todos, inclusive as filhas, tinham sido assassinados simultaneamente. Dadas as constantes correções e alterações nessas histórias, pouca gente fora da União Soviética acreditava em qualquer coisa que o governo soviético dissesse.

Não tendo encontrado os corpos, a investigação de Sokolov abriu ainda mais a porta para a dúvida. Alguns aceitaram sem questionar sua crença de que onze pessoas tinham sido mortas e seus corpos totalmente destruídos. Outros aceitaram seus achados, mas com reserva. E outros rejeitaram Sokolov completamente. Russos Brancos emigrados e jornais ocidentais espalhavam por toda parte boatos de que os assassinatos tinham sido uma farsa. Em 1920, dizia-se que o czar tinha sido visto nas ruas de Londres, com os cabelos totalmente brancos. Outra história o punha em Roma, escondido pelo papa no Vaticano. Diziam que toda a família imperial ficava a bordo de um navio, cruzando eternamente o Mar Branco, sem nunca tocar em terra.

A confusão sobre a morte da família imperial e o monte de histórias contraditórias na União Soviética e no Ocidente tornaram inevitável o que aconteceu a seguir. Ao longo dos anos, dezenas de pessoas se apresentaram como esse ou aquele membro da família imperial. Nicolau e Alexandra não reapareceram (embora houvesse uma versão de que tinham fugido para a Polônia), mas todas as filhas e o filho apareceram em diferentes tempos e lugares. A União Soviética (atualmente a Rússia e a Comunidade de Estados Independentes) produziu a maior congregação:

- Uma jovem alegando ser Anastácia, em cujos documentos constava o nome Nadezhda Ivanova Vasilyeva, apareceu na Sibéria, em 1920, tentando ir para a China. Foi detida e passou de prisão em prisão em Nizhny Novgorod, Moscou, Leningrado e finalmente numa ilha do gulag, no Mar Branco. Em 1934, ela foi transferida para um hospital-prisão em Kazan, de onde escreveu cartas em francês e alemão para o rei Jorge V ("Tio Jorge") pedindo socorro. Por um breve período no hospital, ela mudou a história, dizendo ser filha de um mercador de Riga. Morreu num asilo, em 1971, mas, segundo o diretor do hospital em Kazan, "exceto pela alegação de ser Anastácia, tinha perfeita sanidade mental".

- Não muito tempo atrás, Edvard Radzinsky viajou "um dia de trem, um dia de ônibus, um dia a cavalo" até uma vila remota nos Urais, onde diziam ter abrigado, em 1919, as duas filhas mais jovens do czar, Maria e Anastácia. Disseram a Radzinsky que as grã-duquesas tinham vivido como freiras "em terrível pobreza, sempre com muito medo", acolhidas pelo padre local até morrerem, ambas em 1964. O povo do lugar mostrou a Radzinsky as lápides com inscrições "Maria Nicolaevna" e "Anastácia Nicolaevna".
- O próprio Radzinsky deu algum crédito à história que lhe contaram sobre um ex-prisioneiro do gulag, chamado Filipp Grigorievich Semyonov, que alegava ser o czarevich Alexei. Descrito como "bem alto, meio robusto, ombros descaídos, costas ligeiramente arredondadas... rosto comprido e pálido, olhos azuis ou cinzentos levemente saltados, testa alta", Semyonov tinha servido na cavalaria do Exército Vermelho, estudado economia em Baku e trabalhado como economista na Ásia Central. Em 1949, ele deu entrada num hospital psiquiátrico, onde foi diagnosticado com "surto psicótico". Entrevistado por médicos soviéticos, o paciente mostrou saber mais sobre os nomes e títulos da família imperial, os palácios, protocolos e cerimônias da corte do que os entrevistadores. E tinha criptorquidia (um testículo que não desce), que o médico clínico disse saber que era o caso do czarevich. Sua hemofilia, que aparentemente não lhe causou incômodos em seus anos na Cavalaria Vermelha, "retornou", disse Radzinsky, "dois meses antes da morte dele".

A história de Semyonov atraiu a atenção de Vladimir Soloviev e do Escritório do Promotor Público. "Semyonov era uma pessoa enigmática, muito ambígua", disse Soloviev. "Foi preso durante a guerra. Os homens que partiam para a frente de batalha recebiam dinheiro, e ele roubou esse dinheiro, cem mil rublos. Foi condenado à morte e então se lembrou de que era o czarevich. Foi mandado para um hospital psiquiátrico, e assim escapou da pena de morte. Acabou trabalhando no necrotério, no cargo mais baixo, carregando cadáveres." Radzinsky possuía uma foto de Semyonov que, na visão do dramaturgo, tinha alguma aparência com o czarevich aos 13 anos. Na opinião de outros, não havia semelhança.

- Alexander Avdonin tinha vários armários de arquivos cheios de cartas e fotos enviadas por "filhos" e depois por "netos" do czar Nicolau II. Enquanto me mostrava, ele apontava: "Aqui é Alexei e aqui é a filha dele... Essa é Maria Nicolaevna... Aqui é a filha de Olga Nicolaevna, uma das duas filhas de Olga... Essa é Anastácia... e a filha de Anastácia... e aqui é o neto de Anastácia... Aqui tem outra Anastácia." Avdonin não zombava dessas pessoas; as cartas que elas lhe escreviam eram tão lastimáveis que lhe causavam pena. "Eu queria que pudéssemos pagar exames de sangue e de DNA para todas elas", ele disse. "Assim, saberiam quem são. E quem não são."

Outros apareceram na Europa. Uma mulher chamada Marga Boodts, que morava numa villa no lago Como, na Itália, declarou que era a filha mais velha do czar, a grã-duquesa Olga. Dizia que vivia com dinheiro dado pelo papa e pelo antigo kaiser.

Sobre outra filha do czar, a grã-duquesa Tatiana, dizia-se que fora resgatada por agentes ingleses na Sibéria, levada de avião para Vladivostok, de onde atravessou o Pacífico a bordo de um navio de guerra japonês até o Canadá, e escoltada através desse país e do Atlântico até a Inglaterra, onde chegou um mês depois das execuções em Ekaterinburg. Outra versão fala de Tatiana fazendo dança do ventre e se prostituindo em Constantinopla, salva dessa situação por um oficial inglês que se casou com ela. Essa mulher, Larissa Feodorovna Tudor, morreu em 1927 e está enterrada num cemitério em Kent.

A terceira filha do czar, Maria, disseram que fugiu para a Romênia, onde se casou e teve uma filha chamada Olga-Beata, que por sua vez, teve um filho que viveu em Madri como príncipe Alexis d'Anjou de Bourbon-Condé Romanov-Dolgoruky. Em 1994, o príncipe se proclamou "Sua Alteza Imperial e Real, grão-duque e czarevich hereditário da Rússia, rei da Ucrânia e grão-duque de Kiev". Em 1971, a família Dolgoruky e a Associação dos Descendentes da Nobreza Russa na Bélgica moveram uma ação judicial no tribunal belga contra o "príncipe Alexis", acusando-o de ser de fato um cidadão belga chamado Alex Brimeyer. O tribunal sentenciou Brimeyer-Dolgoruky-Romanov a dezoito meses de prisão. Em 1995, ele morreu na Espanha.

Depois da Segunda Guerra Mundial, um czarevich apareceu em Ulm, na Alemanha. Tinha servido como major na Força Aérea Vermelha, esperando uma oportunidade, dissera, para fugir da União Soviética. Chegando a Ulm, ele trabalhou como técnico em instalações industriais, sem revelar sua identidade até o fim de seus dias.

Outros czareviches surgiram na América do Norte. A sra. Sandra Romanov, de Vancouver, na Colúmbia Britânica, acredita que seu marido, Alexei Tammet-Romanov, que morreu de leucemia em 1977, era filho do czar. Ela quer exumar o corpo dele para fazer teste de DNA.

E houve o robusto príncipe Alexis Romanov, que passou os últimos trinta anos de sua vida em Scottsdale, no Arizona, e morreu em 1986. Esse empreendedor czarevich gerenciava uma loja de perfumes e joias, e comercializava uma vodca de marca Alexis. No rótulo, constava "destilação especial conforme especificações do príncipe Alexis Romanov, descendente direto do czar Nicolau Romanov, Czar de Todas as Rússias". Esse príncipe Alexis teve uma vida animada, namorou artistas de cinema, casou-se cinco vezes e ganhou fama como jogador de polo. O polo é um esporte violento. Ele admitiu que, em quarenta anos, teve onze fraturas de ossos. Sua quinta e última esposa se apaixonou por ele quando o viu cavalgar. "Era o cavaleiro mais elegante que eu já tinha visto", ela disse. "Parecia fazer parte do cavalo. Quando ele cavalgava no terreno ao lado do Hilton, o trânsito ficava engarrafado porque as pessoas paravam para assistir."

Recentemente, o filho de outro czarevich Alexis apareceu em Washington D.C. dizendo que seu pai tinha sido assassinado em Chicago pela KGB. Ele contou que teve reuniões secretas com o vice-presidente Dan Quayle e o secretário de Estado James A. Baker III, e eles lhe disseram: "Nós sabemos quem você é. Fique de prontidão."

No começo dos anos 1960, apareceram nos Estados Unidos dois pretendentes que atraíram a atenção dos jornais e agências de notícias nacionais. Vieram até a se conhecerem. Um era Alexei, e a outra era Anastácia.

Em 1º de abril de 1958, o embaixador americano em Berna, na Suíça, recebeu uma carta anônima escrita em alemão, postada em Zurique. O autor da carta dizia ser um oficial veterano do serviço nacional de inteligência do Bloco Soviético, oferecendo seus serviços ao governo dos Estados Unidos e pedindo que a carta fosse encaminhada ao diretor do FBI, J. Edgar Hoover. Durante vinte e quatro meses esse agente, usando o codinome de Heckenschuetze (atirador ou franco-atirador em alemão), passou mais de dois mil documentos em microfilmes para a Agência Central de Inteligência [CIA]. Sem querer revelar seu nome nem seu país de origem, ele expôs vários espiões da KGB infiltrados em governos e agências de inteligência ocidentais. Entre esses agentes estavam Stig Wennerström, George Blake, Gordon Lonsdale, Israel Beer, Heinz Felfe e John Vassal.

O mistério da identidade desse agente parece ter sido resolvido em dezembro de 1960, quando um homem telefonou para o consulado dos Estados Unidos em Berlim Ocidental e, falando em inglês, declarou ser Heckenschuetze. Disse que sua vida estava sendo ameaçada e ele iria para o consulado. No dia de Natal, Heckenschuetze atravessou para Berlim Ocidental. Era um homem forte, de cabelos escuros e olhos azuis, lábio inferior protuberante e um viçoso bigode de soldado da Guarda Nacional. O desertor revelou seu nome e apresentou seus documentos de identidade. Aparentemente, era o tenente-coronel Michael Goleniewski, oficial superior da Inteligência Militar do Exército Polonês. Mais tarde, Goleniewski deu detalhes: "De 1957 a 1960, fui chefe do Departamento Técnico e Científico do Serviço Secreto da Polônia. Essa função me levou a viajar para o exterior, o que foi muito importante para minhas atividades clandestinas. Eu tinha fortes laços com pessoas influentes da KGB, sem nunca ter pertencido à organização." Um agente da inteligência americana explicou: "Goleniewski era da Inteligência Militar polonesa. Ao mesmo tempo, era empregado pelos russos para ficar de olho em todos os serviços da inteligência e em personalidades na Polônia e no Ocidente."

O coronel Goleniewski ficou chocado e descontente com o pessoal que o recebeu. Ele esperava ser recebido por agentes do FBI. Em todos aqueles meses de informações, ele acreditava estar lidando diretamente com o diretor do FBI, J. Edgar Hoover. Sabia que, por lei, a CIA é responsável por espionagens conduzidas pelos Estados Unidos fora do território norte-americano, mas tinha deliberadamente tentado contornar a CIA porque achava que era infiltrada por agentes soviéticos. Seu engano sobre a identidade dos americanos encarregados de receber suas comunicações tinha sido aceito e encorajado: todas as mensagens que ele recebeu de volta estavam assinadas "Hoover". Todavia, os homens esperando por ele em Berlim eram da CIA. O coronel Goleniewski não chegou a se encontrar com Hoover. O mais perto que chegou foi um tour pelo prédio do FBI, em Washington, onde viu uma exposição de objetos de Dillinger e Bonnie and Clyde, uma vitrine de peças e impressões digitais no laboratório criminal e muitos retratos e fotos de J. Edgar Hoover.

Em 12 de janeiro de 1961, Goleniewski chegou aos Estados Unidos vindo da Alemanha num avião militar norte-americano. Recebeu um contrato de emprego com um estipêndio pago pelo governo dos Estados Unidos e trabalhou por quase três anos em interrogatórios junto com agentes da CIA, descrevendo técnicas e operações da inteligência soviética e apontando nomes de agentes comunistas em vários países do Ocidente. Em 30 de setembro de 1961, ele teve uma reunião de uma hora com o diretor da CIA, Allen Dulles. A agência ainda não tinha se mudado para seus escritórios em Langley, na Virgínia, e o único detalhe de que o visitante se lembrava era a preocupação de Dulles de que a nova sala não tinha espaço suficiente nas paredes para colocar sua vasta coleção de cachimbos. Segundo Goleniewski, a conversa foi vaga e prosaica.

Como o governo polonês, ao saber de sua deserção, o condenou à morte *in absentia*, a CIA o colocou num apartamento com aparato de segurança em Kew Gardens, no Queens. Para que Goleniewski tivesse a proteção da cidadania americana, a agência negociou com os comitês de imigração e nacionalidade da Câmara e do Senado. "O beneficiário, Michael Goleniewski, é nativo e cidadão da Polônia, nascido em 16 de agosto de 1922, em Nieswiez", informou a CIA ao Subcomitê de Imigração da Câmara. "Cursou três anos de direito na Universidade de Poznan e, em 1956, recebeu diploma de mestre em ciências políticas na Universidade de Varsóvia. Alistou-se no exército polonês em 1945 e foi promovido a tenente-coronel em 1955." Em 10 de julho de 1963, foi emitido um projeto de lei particular, H.R. 5507, declarando: "O beneficiário, de 40 anos, nativo e cidadão da Polônia, está admitido para residência permanente nos Estados Unidos e é empregado pelo governo norte-americano... seus serviços para os Estados Unidos são avaliados como verdadeiramente significativos." O projeto de lei passou nas duas casas do Congresso e Michael Goleniewski tornou-se cidadão americano.

O caso, porém, não acaba aí. Em certo momento dessa temporada com a CIA, Goleniewski contou outra história aos interrogadores. Disse a eles que Goleniewski era o nome de fachada que ele usava na Polônia enquanto trabalhava na inteligência. Sua verdadeira identidade era grão-duque Alexei Nikolaevich Romanov. Ele era o czarevich russo, supostamente morto em Ekaterinburg.

Segundo Goleniewski, em vez de fuzilar a família inteira no porão, Yurovsky os ajudou a fugir. Ele os levou, disfarçados de pobres refugiados, até saírem da Rússia. Após meses de viagem, passando pela Turquia, Grécia e Áustria, conseguiram chegar a Varsóvia. Por que Varsóvia? "Meu pai planejou meticulosamente", disse Goleniewski. "Escolheu a Polônia porque havia grande quantidade de russos nas cidades e nas fazendas. E achou que poderíamos nos misturar com o povo sem chamar a atenção. Ele tirou a barba e o bigode, e ninguém o reconheceu. Em 1924, nos mudamos de Varsóvia para um vilarejo no campo, perto de Poznan, próximo à fronteira alemã."

No mesmo ano, ele disse, sua mãe, a imperatriz Alexandra, morreu e o czar mandou Anastácia para a América, a fim de retirar dinheiro de um banco em Detroit. Ela nunca retornou à Polônia. Depois, Olga e Tatiana foram para a Alemanha. Nicolau, Alexei e sua irmã Maria permaneceram perto de Poznan durante a Segunda Guerra Mundial, e por algum tempo o czar participou da Resistência polonesa. Goleniewski cresceu em Poznan. Em 1945, depois da guerra, amigos arrumaram sua admissão no exército polonês, onde começou sua carreira na Inteligência. Em 1952, aos 84 anos, Nicolau II morreu. Na época da deserção de Goleniewski, segundo ele diz, suas quatro irmãs estavam vivas, e ele mantinha contato com elas.

Duas questões se destacam: Qual era a idade de Goleniewski? E como estava sua hemofilia? Goleniewski disse à CIA e ao Congresso que tinha nascido em 1922, mas o czarevich Alexei nasceu em 1904. É difícil esconder uma diferença de dezoito anos, e a idade de Goleniewski em 1961 era muito mais próxima de 39 do que de 57. Ele explicou. Sua hemofilia foi confirmada pelo dr. Alexander S. Wiener, do Brooklyn, um codescobridor do fator Rh no sangue.* Ele atribuía sua aparência mais jovem a uma rara suspensão do crescimento na infância, causada pela doença. A hemofilia, disse, fez com que ele fosse criança pelo "dobro do tempo".

Tendo revelado sua identidade, o coronel Goleniewski estava pronto para cobrar sua herança. "Depois da guerra de 1905 com o Japão", ele disse, "meu pai passou a depositar dinheiro em países ocidentais." Em Nova York, ele escolheu o Chase Bank, Morgan Guaranty, J. P. Morgan & Co., Hanover e Manufacturer's Trust; em Londres, o Bank of England, Baring Brothers, Barclays Bank e Lloyds Bank; em Paris, o Bank of

---

* O dr. Wiener morreu há muito tempo e seus arquivos sumiram. Um colega dele, dr. Richard Rosenfield, disse: "Não sei se Al Wiener tinha competência para dar esse diagnóstico. Não tinha nada a ver com sua especialidade. Ele tentava dar conta de tudo na clínica médica, mas era mais ou menos incompetente, exceto na área de classificação de tipos de sangue, e nisso ele era excepcionalmente bom."

France e Rothschild Bank; em Berlim, o Mendelssohn Bank. "Somente nos Estados Unidos, o montante é de 400 milhões de dólares", Goleniewski declarou. "O dobro dessa quantia está depositado em outros países. Não vou exigir cada centavo, mas quero uma quantia razoável. Se eu não conseguir, vou entrar com um processo e muitos nomes importantes vão aparecer."

A alegação de Goleniewski de ser o czarevich causou constrangimento na CIA. Ele tinha um temperamento violento. O diretor Dulles se esquivou rapidamente do espião. Perguntado por um repórter sobre a afirmação de Goleniewski, Dulles respondeu: "A história pode ser verdadeira ou não. Não me disponho a falar mais sobre esse assunto." Por fim, tomou-se uma decisão: por mais valioso que fosse o serviço de Goleniewski para a agência, a CIA não podia ficar numa posição de apoiar sua reivindicação à fortuna do czar. No fim de 1964, a agência concedeu a Goleniewski uma pensão e cortou todas as relações com ele.

Revendo o relacionamento da CIA com Goleniewski, um antigo alto funcionário da agência, já aposentado, lembrou ter se encontrado duas vezes com ele. "Tentei acalmar a situação. Não adiantou. Ele estava muito alterado mentalmente. Mas vou lhe dizer: o material que ele nos trouxe era de fato muito bom. Não tinha nada de absurdo. Não era produto de uma imaginação febril. Era tudo bem real." Teria sido Goleniewski, como disse o *The New York Times*, o agente mais produtivo na história da CIA? "Não, isso é um enorme exagero. Mas ele trouxe identificações muito claras, muito precisas. E levou a detenções importantes."

Durante o último ano de Goleniewski na CIA, a mídia foi envolvida. Sua história havia permanecido fora dos jornais por três anos, mas quando o projeto de lei particular chegou ao Capitol Hill o subcomitê responsável quis que a CIA trouxesse o desertor para ser interrogado. "Quero ver a pessoa aqui", disse o presidente do subcomitê. A agência se recusou a deixar Goleniewski comparecer perante o subcomitê. O ex-espião se enfureceu e foi à imprensa. Achou um ouvido amigo no repórter Guy Richards, do *New York Journal-American*. Richards encontrou Goleniewski "andando energicamente pra lá e pra cá em seu apartamento", e o descreveu como "um agente de 41 anos, nascido na Polônia, forte, bonito, que lembra o protótipo hollywoodiano do espião gentil".

Enquanto isso, Goleniewski foi intimado duas vezes para comparecer a sessões secretas do Subcomitê de Segurança Interna do Senado. Esses comparecimentos nunca ocorreram. Após vários adiamentos, o subcomitê decidiu não pôr Goleniewski no banco das testemunhas. Em vez disso, Jay Sourwine, advogado do subcomitê, interrogou testemunhas do Departamento de Estado que atestaram a invariável acurácia e importância das informações dadas por Goleniewski. Sourwine disse que o motivo para Goleniewski não ser interrogado diretamente foi a insistência dele em falar primeiro sobre sua identidade Romanov. Os senadores decidiram, disse o advogado, que "não seria apropriado".

Deprimido pela recusa do Senado em ouvir seu depoimento, Goleniewski tornou-se rapidamente o centro de outra tempestade. Em 30 de setembro de 1964, horas antes do nascimento de sua terceira filha, Tatiana, ele se casou com Irmgard Kampf, uma protestante alemã de 35 anos, com quem ele estava morando. Na certidão de casamento e no registro da igreja, Goleniewski assinou como Alexis Nikolaevich Romanov, filho de Nicolau Alexandrovich Romanov e Alexandra Feodorovna Romanov, *née* von Hesse. Colocou seu dia de nascimento em 12 de agosto de 1904, em Peterhof, Rússia. Duas mulheres de meia-idade, que ele disse serem suas "irmãs Olga e Tatiana", vieram da Alemanha para o casamento. A cerimônia foi realizada no apartamento de Goleniewski pelo mui reverendo arcipreste da Igreja Ortodoxa Russa no Exterior, conde George P. Grabbe, mais conhecido como padre George. (Padre George era sobrinho do major-general. conde Alexander Grabbe, comandante da guarda da Cavalaria de Cossacos do czar Nicolau II.) Uma foto tirada naquele dia mostra um Grabbe barbudo, sentado junto à noiva grávida, o noivo e as duas "irmãs", cuja semelhança com as grã-duquesas, mesmo com a passagem de muitas décadas, é inexistente.

A tempestade não bramia tanto em torno de Goleniewski – cuja reivindicação de ser o czarevich já havia sido descartada como "absurda", "ultrajante" e "uma mentira soviética estúpida" pela comunidade de emigrados na América –, mas em torno do padre George. O padre foi atacado ferozmente na imprensa russo-americana. Os superiores eclesiásticos de Grabbe o proibiram de batizar a recém-nascida Tatiana. Ele foi obrigado a ficar repetindo que o nome Romanov era tão comum na Rússia quanto Smith na América, que, como padre, ele não podia negar o sacramento a um casal qualificado, que Goleniewski não era de forma alguma *aquele* Alexis Nikolaevich Romanov e que sua atuação na cerimônia de casamento não significava absolutamente o reconhecimento da alegação da identidade do noivo.

Na época, a explicação do padre George não convenceu seus críticos, principalmente quando se soube – por uma matéria de três colunas no *Journal-American*, supostamente paga pelo coronel Goleniewski – que, antes de concordar em realizar a cerimônia, ele tinha ido cinco vezes ao apartamento de Goleniewski, no Queens. Em consequência de sua ação, Grabbe foi levado a se afastar de todas as organizações de emigrados russos. Durante algum tempo, todos se recusaram a falar com ele.

Trinta anos depois, padre George, agora chamado bispo Gregory e aposentado, explicou por que fizera o que fez. Em 30 de setembro de 1964, ele recebeu um telefonema de Goleniewski às cinco horas da manhã, dizendo que a esposa estava prestes a dar à luz e que ele tinha uma certidão de casamento civil. Padre George foi ao apartamento de Goleniewski, onde encontrou o casal expectante e um editor chamado Robert Speller. Goleniewski entregou ao padre a certidão de casamento em nome de Alexis Nikolaevich Romanov e uma certidão judicial, mostrando que ele tinha mudado seu nome de Michael Goleniewski para Alexis Romanov. "Eu poderia ter me retirado", admitiu o bispo Gregory. "Talvez tivesse sido melhor. Mas dadas as circunstâncias não tive escolha. Quando uma criança está prestes a nascer fora do matrimônio, um padre tem responsabilidade. A esposa foi diretamente para o Manhasset Hospital e deu à luz." Muitos anos depois, a criança nascida naquele dia escreveu ao bispo Gregory pedindo ajuda para encontrar o pai. "Não respondi", disse o bispo. "Não quis mais me misturar com ele."

O temperamento e a instabilidade mental de Goleniewski pioraram. Ele cortou relações com todos os americanos que tinha conhecido, declarando: "Você está dispensado!" Acusou Guy Richards de "difamação criminosa". Continuou morando no Queens, vivendo com a pensão do governo americano, queixando-se de que eram apenas 500 dólares por mês, o equivalente à pensão de um coronel polonês. Em 1966, começou a escrever cartas abertas ao diretor da CIA, ao procurador-geral Ramsey Clark, à União Americana de Liberdades Civis [ACLU] e à Cruz Vermelha Internacional. "Não posso mais pagar o aluguel do apartamento providenciado pela CIA", ele se queixava. "Fui privado de tratamentos médicos necessários e caros. Fui privado de qualquer possibilidade de expressar minhas opiniões pela imprensa livre." Exigia 50 mil dólares de pagamentos de salários atrasados e 100 mil dólares de reembolso por perda de propriedades na Polônia.

Nos anos 1970, o coronel Goleniewski publicou um boletim mensal feito em casa, intitulado *Double Eagle*, "dedicado à independência e segurança nacional dos Estados Unidos e à sobrevivência da Civilização Cristã". No boletim, ele assinava "Sua Alteza Imperial, Herdeiro do Trono Imperial de Toda a Rússia, czarevih e grão-duque Alexis Nikolaevich Romanov, da Rússia, o Augusto Ataman e Chefe da Casa Imperial Romanov da Rússia etc. Cavaleiro de OSA, OSG, OSJ etc. e de SOS, FLH etc." O boletim era uma enxurrada de vinte páginas densamente datilografadas, sem parágrafos, de insultos contra "banqueiros judeus de Londres", "ladrões aristocratas", "fraudadores", "escroques e chefes de quadrilhas transcontinentais" e "usurários canibalescos". Goleniewski declarou que os Rockefeller eram os "maiores bandidos que jamais existiram" e que na lista de agentes soviéticos que ele dera para a CIA, em 1961, havia um professor universitário chamado Henry Kissinger.

Em 1981, a Igreja Ortodoxa Russa no Exterior canonizou todos os membros imediatos da última família imperial, inclusive o czarevich Alexei. Essa cerimônia, possível apenas porque a Igreja determinou que toda a família havia sido martirizada na morte, desencadeou um surto do coronel Goleniewski. Ele declarou que a Igreja Ortodoxa no Exterior – uma instituição ferreamente anticomunista – tinha sido "totalmente penetrada pela KGB" a fim de levar avante o complô contra a verdadeira herança. Depois disso, Goleniewski ficou menos visível. Em agosto de 1993, um antigo agente da Inteligência polonesa escreveu num jornal polonês que seu colega de outros tempos, Michael Goleniewski, tinha morrido em Nova York em 12 de julho de 1993. A Agência Central de Inteligência dos Estados Unidos não sabe o que foi feito de seu antigo agente Heckenschuetze.

Em 18 de outubro de 1963, a capa da *Life*, a revista semanal mais proeminente e mais lida na época, trazia uma foto dos cinco filhos de Nicolau II. A manchete era "O CASO DE UMA NOVA ANASTÁCIA: UMA SENHORA DE CHICAGO É A FILHA DO CZAR?" Numa reportagem de dez páginas, a *Life* trazia excertos de um livro recém-lançado, *Anastasia, the Autobiography of the Grand Duchess of Russia*, com resumo da vida da autora, que se chamava Eugenia Smith. Havia 40 anos que essa mulher morava em Illinois, e nos últimos 17 anos como hóspede permanente de uma mulher rica, a sra. William Emery, cuja família era proprietária da Chicago Rawhide Company. A sra. Emery acreditava que sua hóspede era a grã-duquesa Anastácia. Levou a sra. Smith em viagens à Europa e sempre comemorava solenemente o aniversário dela em 18 de junho, dia do aniversário de Anastácia. A sra. Smith morou com a sra. Emery de 1945 até junho de 1963, quando herdou dinheiro de sua benfeitora e se mudou para Nova York a fim de agilizar a publicação de seu livro.

Durante seus anos em Illinois, a sra. Smith recebeu uma breve atenção da mídia e do público. Não teve apoio de um Romanov local, mas nesse caso a culpa foi dela. Quando apareceram matérias dizendo que a grã-duquesa Anastácia estava morando em Elmhurst, o príncipe Rostislav da Rússia, sobrinho de Nicolau II, também morava em Chicago. Sua primeira esposa, Alexandra, tinha se divorciado dele e se casado com um banqueiro, Lawrence Armour. Ao ouvir dizer que uma parente de seu ex-marido morava ali perto, em Elmhurst, a sra. Armour telefonou e convidou a sra. Smith para almoçar. Estava convidando também seu ex-marido, porque o príncipe Rostislav estava ansioso para encontrar a prima Anastácia, com quem tinha brincado muito na infância. A sra. Armour fez o convite três vezes, e a cada vez a sra. Smith teve dor de cabeça e recusou, explicando que estava nervosa demais para ver o primo.

Quando Eugenia Smith levou pela primeira vez seu manuscrito à editora Robert Speller & Sons, em Nova York, não alegou ser a grã-duquesa Anastácia. Disse que tinha sido amiga dela, que, antes de morrer, em 1920, havia confiado a ela suas anotações pessoais. Pouco depois, a sra. Smith alterou a história e virou a grã-duquesa. Disse que tinha fugido de Ekaterinburg e da Rússia para a Romênia. Em outubro de 1918 – três meses depois do massacre de Ekaterinburg –, ela se casou com um croata católico, Marijan Smetisko. Tiveram uma filha que morreu ainda bebê. Em 1922, ela teve permissão do marido para ir para a América. Em seus documentos de imigração, consta o nome de Eugenia Smetisko. Chegou a Nova York, ficou por pouco tempo em Detroit e depois foi para Chicago. Seu casamento se dissolveu poucos anos mais tarde, e ela foi vendedora, modelo, chapeleira, palestrante e vendedora de perfumes. Durante a Segunda Guerra Mundial, tornou-se cidadã americana e trabalhou numa central da defesa. Depois da guerra foi morar com a sra. Emery.

A *Life* apresentou a história como um mistério ainda não solucionado e trouxe evidências a favor e contra. Um especialista em polígrafo, contratado pela revista, interrogou a sra. Smith durante trinta horas e declarou estar praticamente certo de que era Anastácia. Dois antropólogos, comparando fotos de Anastácia e a sra. Smith, declararam que não viam possibilidade de serem fotos da mesma mulher. Estudando amostras de caligrafia, um especialista em grafologia concordou com os antropólogos. A princesa Nina Chavchavzdze, uma prima que brincava com Anastácia na Rússia quando ambas tinham 13 anos, conheceu a sra. Smith e também concluiu que era alegação falsa. Tatiana Botkin, filha do médico que foi morto junto com a família do czar, leu o livro da sra. Smith e compilou uma lista, de vinte páginas, de erros específicos. Indicou também várias similaridades entre passagens de seu livro e o livro da sra. Smith. A *Life* localizou um croata chamado Marijan Smetisko por meio de um endereço que constava nos documentos de imigração da sra. Smith. Ele disse que nunca tinha conhecido uma mulher chamada Eugenia e nunca tinha se casado com ninguém além de sua mulher atual.

Dois meses após a publicação da matéria da *Life*, o coronel Goleniewski apareceu na porta de Eugenia Smith. Nessa época, ele ainda estava envolvido com a CIA, e ninguém nos Estados Unidos, afora a agência e o FBI, ouvira falar nele. Em 28 de dezembro de 1963, ele telefonou para a editora do livro da sra. Smith, pedindo para marcar uma hora com ela. Não deu o nome de Goleniewski; disse se chamar sr. Borg. A sra. Smith concordou e os dois reivindicantes, supostamente irmãos, se encontraram em 31 de dezembro. Goleniewski disse que há dois anos tentava fazer com que a CIA o ajudasse a encontrar sua irmã na América. Deu a ela um breve relato de sua vida e colocou-a a par dos destinos da família: "Sua irmã Maria está em Varsóvia... Nossa mãe morreu em Varsóvia... Em 1952, enterrei nosso pai com minhas próprias mãos. Ele era um russo muito bom... Fui duas vezes criança por causa da minha doença."

A sra. Smith ouviu atenta e depois reagiu apaixonadamente. "Ele sabe. Ele sabe. É o meu irmão Alexei. Meu querido. Meu querido." A esse encontro emocional, seguiram-se três outros em várias semanas seguintes, durante os quais ela chamava Goleniewski de "meu irmão Alexei". Mas um fato embaraçoso se intrometeu no feliz relacionamento: a sra. Smith dizia em seu livro que era a única dos Romanov que tinha sobrevivido em Ekaterinburg. Seu editor observou que o reconhecimento público do homem como seu irmão exigia que ela admitisse que não dissera a verdade. A sra. Smith negou-se a mudar sua história, e, inevitavelmente, o relacionamento "fraterno" foi se deteriorando.

Michael Goleniewski e Eugenia Smith não voltaram a se encontrar, mas ele continuou afirmando que ela era sua irmã Anastácia. Mais tarde, ele contou que ela havia morrido em Nova York, em 1968. Disse que ela fora assassinada depois da visita de "homens muito poderosos... dois deles eram Rockefeller".*

---

* Na verdade, em 1995, Eugenia Smith ainda estava viva, morando em Newport, R.I. Perguntada se desejava dar amostra de sangue para que seu perfil de DNA fosse comparado ao da imperatriz Alexandra e das três filhas imperiais, ela se recusou.

* * *

As mulheres que alegaram ser a grã-duquesa Anastácia foram questionadas por parentes que checaram suas lembranças, por antropólogos que mediram seu rosto, por especialistas em grafologia que lhes estudaram a caligrafia. Os homens que aspiraram a ser o czarevich Alexei enfrentaram um teste mais difícil. O único filho do czar Nicolau II sofria de hemofilia. É uma doença hereditária, incurável, transmitida pela mãe a filhos homens. Significa que o sangue do czarevich não coagulava como o da maioria das pessoas. Uma pancada ou contusão que rompesse uma pequena veia dava início a uma lenta infiltração nos músculos e tecidos em volta. Em vez de coagular rapidamente, o sangue continuava a fluir, criando um inchaço ou hematoma, às vezes de tamanho maior que uma laranja. Não existiam transfusões nem técnicas de fracionamento de sangue, como existem hoje em dia, que pudessem estancar o sangramento. Quando a pele já estava cheia de sangue, fazer pressão sobre a veia rompida podia diminuir a hemorragia, permitindo que se formasse um coágulo. Depois, o processo de reabsorção do sangue levava semanas e a pele roxa ia ficando manchada de amarelo-esverdeado. Um simples arranhão num dedo não era perigoso. Cortes pequenos e arranhões na superfície do corpo eram tratados com pressão e bandagens apertadas, que prendiam o sangue e o tecido se recuperava. Hemorragias na boca e no nariz, porém, eram exceções porque não era possível aplicar bandagens.

    O constante efeito paralisante da hemofilia de Alexei era causado por sangramento nas juntas. O sangue entrando no espaço confinado de um cotovelo, um joelho ou tornozelo, pressionava os nervos e infligia dores intensas. Às vezes, a causa do machucado era aparente, às vezes, não. Em qualquer desses casos, Alexei acordava de manhã chamando "Mamãe, não consigo andar", ou "Mamãe, não consigo dobrar o cotovelo". No começo da infiltração, enquanto era possível flexionar o músculo, deixando uma área maior na cavidade da junta para a entrada do sangue, a dor era pouca. Depois, quando aquele espaço era tomado, começava o verdadeiro sofrimento. Quando a dor obliterava tudo o mais de sua consciência, Alexei ainda conseguia gritar: "Mamãe, me ajude, me ajude!" Chamavam médicos, aplicavam compressas de gelo, faziam orações. Nada adiantava. Foi então que Grigori Rasputin, o camponês siberiano com fama de ter poderes miraculosos de cura através da fé, foi levado a Alexandra.

    Cada episódio de sangramento piorava a situação. Uma vez preso na junta, o sangue tinha um efeito corrosivo, destruindo ossos, cartilagens e tecidos. À medida que a formação dos ossos era modificada, os músculos ficavam travados em posições torcidas. Não havia reabilitação, somente repouso e esperar que o hematoma fosse reabsorvido. A melhor terapia consistia em massagens e exercícios constantes, mas isso implicava o risco de um recomeço da hemorragia. Quando Alexei chegou à idade de 5 anos, dois marinheiros da frota imperial foram designados para protegê-lo todo o tempo, a cada minuto. Quando estava doente, eles o carregavam. Muitas fotos e filmes de cerimônias imperiais com Nicolau II mostram a passagem do czar e da imperatriz cumprimentando e acenando, seguidos por um forte marinheiro, carregando um menino bonito de 6, 8 ou 10 anos.

Quando eclodiu a revolução, esses cuidados e proteção acabaram. Um dos marinheiros desertou e o outro foi preso e fuzilado. Alexei passou bem durante os sete primeiros meses de prisão da família em Tobolsk. Depois, em abril, precisando dar vazão à sua energia, levou um trenó para cima de uma escada da casa e desceu escorregando. Caiu e começou a sangrar na virilha. Nos últimos quatro meses de vida, não pôde mais andar. Quando uma tropa da cavalaria chegou a Tobolsk, enviada por Moscou para levar a família para a capital, Alexei estava doente demais para viajar e foi deixado para trás. Três semanas depois, reencontrou os pais em Ekaterinburg. No período de aprisionamento da família imperial na Casa de Ipatiev, Alexei passou a maior parte do tempo na cama, no quarto dos pais. Na noite de 16 de julho de 1918, quando Yurovsky subiu para buscar a família, Nicolau desceu as escadas, carregando o filho para o porão.

É inconcebível que um hemofílico pudesse ter sobrevivido à carnificina no porão de Ipatiev. E se – de alguma forma – Alexei tivesse sido salvo e levado por milhares de quilômetros para conseguir abrigo político, suas perspectivas clínicas seriam desastrosas. Os hemofílicos nascidos no começo do século XX passaram a maior parte da vida na cama ou em cadeira de rodas, com os músculos contorcidos por lesões permanentes nas juntas. Muitos morreram aos 20 anos. Muitos outros morreram antes dos 30 anos. Hoje, a hemofilia pode ser tratada, mas não pode ser curada.

## 🍀 14 🍀
# A REIVINDICANTE

*A sra. Tschaikovsky, ou é a grã-duquesa Anastácia ou é um milagre.*
— EMBAIXADOR SERGEI BOTKIN, PRESIDENTE DA
AGÊNCIA DE REFUGIADOS RUSSOS EM BERLIM, 1926.

Uma reivindicação Romanov se destacou de todas as outras. Desde seu aparecimento, em 1920, até sua morte, em 1984, a identidade da mulher de vários nomes, Fräulein Unbekannt (Senhorita Desconhecida), sra. Alexander Tschaikovsky, Anna Anderson, Anastasia Manahan e Franziska Schanzkowska, foi um dos mistérios mais notáveis do século XX. Ela afirmava ser a grã-duquesa Anastácia, filha mais nova de Nicolau II. Os sobreviventes da revolução, alguns dos quais haviam conhecido bem Anastácia, discordavam ardentemente entre eles sobre a legitimidade da reivindicação. Tias, tios, primos, grão-duques, grã-duquesas, antigas damas de companhia, amas, tutores, oficiais do exército, oficiais do iate imperial e até a antiga amante de Nicolau II foram chamados ou se apresentaram espontaneamente para opinar.

Fizeram declarações, assinaram depoimentos, deram entrevistas e escreveram livros. Sua causa deflagrou uma onda de dedicação e sacrifícios pessoais de uma legião internacional de adeptos. Ao mesmo tempo, trouxe a ela, a seus apoiadores e a seus oponentes, denúncias, processos judiciais e, em alguns casos, ruína financeira. Quando essa reivindicante morreu, a solução não estava mais perto do que no momento em que ela havia aparecido, 64 anos antes.

Às nove horas da noite de 17 de fevereiro de 1920 — dezenove meses depois dos assassinatos em Ekaterinburg —, uma jovem pulou de uma ponte de seis metros de altura sobre o canal Landwehr, em Berlim. Um policial viu, salvou-a e levou-a para o hospital. Ela não tinha bolsa, nem documentos, nem qualquer identificação. Quando se recuperou, perguntaram, e ela se recusou a falar quem era, onde morava, como se sustentava. Diante da insistência da polícia, ela cobriu a cabeça com o lençol e se virou para a parede. Passadas seis semanas, ela foi enviada ao Dalldorf Mental Asylum como Fräulein Unbekannt e colocada numa enfermaria junto com catorze mulheres. Ao chegar, sua altura era 1,58m e pesava 50kg. O exame médico mostrou que seu corpo estava coberto de cicatrizes e, segundo os médicos, não era virgem. Seus dentes estavam em péssimas condições, e sete ou oito foram extraídos por dentistas do Azylum.

Ela permaneceu por mais de dois anos no Dalldorf. Após meses de silêncio, começou a falar com algumas enfermeiras. Mais tarde, uma delas – uma alemã que falava russo – disse que ela falava russo "como uma nativa". No outono de 1921, folheando uma revista ilustrada com retratos da família imperial russa, a paciente perguntou a outra enfermeira se notava alguma semelhança entre ela e a filha mais nova do czar. A enfermeira concordou que eram parecidas, e a paciente declarou que era a grã-duquesa Anastácia. A notícia de que a grã-duquesa *Tatiana* estava lá transpôs os muros do hospital, e a baronesa Buxhoevden, antiga dama de companhia da imperatriz Alexandra, foi vê-la. Quando a paciente se recusou a falar com ela e cobriu a cabeça, a baronesa puxou bruscamente o lençol e foi embora rapidamente, declarando: "Ela é muito baixa para ser Tatiana."

Mais tarde, a paciente voltou a falar com as enfermeiras que era Anastácia. No fim de maio de 1922, Fräulein Unbekannt saiu do Dalldorf e foi morar num pequeno apartamento em Berlim, com um barão russo do Báltico e a esposa dele. Logo, a sala do apartamento do barão se encheu de russos emigrados querendo ver a mulher e ouvir sua história.

Segundo contou, quando os corpos da família estavam sendo carregados para fora do porão, um soldado notou que, embora inconsciente, ela ainda estava viva. Esse homem, um polonês que adotou o nome de Alexander Tschaikovsky, ajudado por seu irmão, Sergei, levou-a para a casa dele em Ekaterinburg. Pouco depois, Alexander, Sergei, sua mãe, sua irmã e a semiconsciente jovem fugiram de Ekaterinburg numa carroça. Quatro meses e meio e três mil quilômetros depois, cruzaram a fronteira da Romênia e se instalaram em Bucareste. Ali, para seu maior tormento, a jovem descobriu que estava grávida. Tschaikovsky confessou o estupro. Quando o bebê, um menino, nasceu fora do matrimônio, a mãe só queria se ver livre dele. Aos três meses de idade, o bebê foi entregue à mãe e à irmã de Tschaikovsky. "Meu único desejo era que fosse levado embora", disse a mãe do bebê. A criança foi colocada num orfanato e a partir daí sumiu da história e da lenda. A certa altura, segundo uma versão do relato, a mãe e Tschaikovsky se casaram numa cerimônia supostamente realizada numa igreja católico-romana. Não muito depois, disse ela, Tschaikovsky morreu numa briga de rua, em Bucareste.

A jovem relatou que decidiu ir para Berlim pedir ajuda à irmã da imperatriz Alexandra, princesa Irene da Prússia, que, além de tia, era madrinha da grã-duquesa Anastácia. Como não tinha passaporte nem dinheiro, um companheiro, possivelmente Sergei Tschaikovsky, ajudou-a a atravessar a pé a Europa, cruzando fronteiras à noite para evitar detenção. Ao chegar a Berlim, foi ao palácio da princesa Irene. Parada na frente dos portões, achou que a tia provavelmente não estava e que ninguém na casa iria reconhecê-la. Num momento de desespero, atirou-se no canal.

Essa foi a história da fuga. Uma posterior verificação dos nomes dos guardas da Casa de Ipatiev revelou que não havia nenhum Alexander Tschaikovsky, e nem mesmo uma família chamada Tschaikovsky morando em Ekaterinburg ou nas redondezas em 1918. Nos anos 1920, pesquisadores em Bucareste não encontraram vestígios de qualquer Tschaikovsky morando na cidade, nenhum registro de casamento ou nascimento com esse sobrenome, nenhuma notificação de assassinato ou morte, nas ruas ou em qualquer outro lugar, de alguém com esse sobrenome. Que a grã-duquesa Anastácia, tendo passado meses em Bucareste sem apelar para a rainha Maria da Romênia, que era prima-irmã tanto de seu pai quanto de sua mãe, e com quem ela estivera em junho de 1914, quando se falou em casamento entre as famílias russa e romena, era, segundo a filha da rainha Maria, "inexplicável".

Mais tarde, a reivindicante disse que não procurou a rainha Maria em Bucareste porque estava grávida e ficou com vergonha. A grã-duquesa Olga, tia de Anastácia, não aceitou essa desculpa, dizendo: "Em 1918 ou 1919, a rainha Maria teria reconhecido Anastácia na mesma hora... Maria não ficaria chocada com coisa alguma, e uma sobrinha minha deveria saber disso... *Minha* sobrinha saberia que sua situação certamente deixaria [a princesa] Irene horrorizada." Portanto, Olga achava impensável que uma filha do czar virasse as costas para a rainha Maria e caminhasse pela Europa inteira para procurar a princesa Irene.

No fim das contas, "a fuga" foi talvez o capítulo menos verificável da lenda de Anastácia. Ou era aceito pela fé, como foi pelos que a apoiavam, ou rejeitado como altamente improvável, como foi por seus oponentes. Acabou deixando de ser uma questão. Os partidários de cada lado da história já não se interessavam em saber como ela escapou do porão. Queriam saber quem ela era.

\* \* \*

Anastácia Nicolaevna, a quarta filha e a mais nova do czar Nicolau II e da imperatriz Alexandra, nasceu em 18 de junho de 1901. Suas irmãs mais velhas, Olga e Tatiana, ocupavam as posições de autoridade na prole da família imperial. A terceira irmã, Maria, era amável, alegre e sedutora. Isso deixou para Anastácia, a menina baixinha, meio gordota, de olhos azuis, a fama de rebelde e agitada. Quando a salva de canhões do iate imperial trovoava ao pôr do sol, Anastácia corria para um canto, tapava os ouvidos com os dedos, arregalava os olhos e punha a língua para fora, fingindo terror. Perspicaz e engraçada, ela era também teimosa, maliciosa e impertinente. O mesmo dom de bom ouvido e oralidade que fazia dela a mais rápida das irmãs para dominar uma boa pronúncia em línguas estrangeiras lhe dava uma admirável qualidade em mímica. Ela arremedava, às vezes cruelmente, a fala e os maneirismos de todos à sua volta. Subia em árvores, recusando-se a descer até receber ordem específica do pai. Raramente chorava. Sua tia grã-duquesa Olga lembra uma ocasião em que Anastácia ficou tão insuportável que lhe deu um tapa. A face da sobrinha ficou vermelha, mas em vez de chorar ela saiu correndo da sala, sem emitir um som. Às vezes, Anastácia pregava peças que iam longe demais. Certa vez, ela enrolou uma pedra numa bola de neve que atirou em Tatiana. O projétil atingiu o rosto da irmã, que caiu estonteada. Assustada, dessa vez Anastácia até chorou.

Sendo filhas do czar da Rússia, sem uma grande variedade de amigos, as quatro grã-duquesas tinham um relacionamento mais íntimo do que a maioria das irmãs. Olga, a primogênita, era apenas seis anos mais velha do que a mais nova, Anastácia. Na adolescência, as quatro proclamaram sua unidade por uma única autografia, OTMA, composta pelas iniciais de cada uma. Assinavam cartas e enviavam presentes com a assinatura OTMA. Foram criadas com simplicidade. Dormiam em camas de acampamento, sem travesseiros, e começavam o dia com um banho frio. Arrumavam as camas junto com as empregadas. Em vez de dar ordens, pediam: "Se não for muito difícil para você, minha mãe pede que vá até lá." Em casa, não eram tratadas por Sua Alteza Imperial, mas simplesmente por Olga Nicolaevna ou Anastácia Nicolaevna. Entre elas, com o pai e os servos, falavam russo. Com a mãe, que havia sido educada na Inglaterra por sua avó, a rainha Vitória, falavam inglês.

Para quem as conheceu, a aparência e as características das quatro grã-duquesas eram claramente distintas. A baronesa Buxhoevden se lembrava de Anastácia com "cabelos claros, olhos bonitos e sobrancelhas escuras que quase se juntavam... Era baixinha, mesmo aos 17 anos e...

realmente gorducha... a que fazia todas as travessuras". Tatiana Botkin, filha do médico da família morto no porão, lembra-se dos "olhos azuis luminosos" de Anastácia", e que ela era "animada, áspera, maliciosa... Quando Anastácia Nicolaevna dava uma risada, ela não virava a cabeça para a pessoa. Ela olhava pelo canto dos olhos, com ar zombeteiro". Gleb Botkin, irmão mais novo de Tatiana, lembra que os cabelos de Anastácia eram "louros, com um leve brilho avermelhado, longos, ondulados e macios. Tinha traços irregulares. O nariz era comprido e a boca muito larga. Tinha o queixo pequeno e reto". Ele também se lembrava dela como autocrática e nem um pouco interessada no que os outros pensavam dela. A princesa Xenia, prima de Anastácia e dois anos mais nova que ela, recordava que a grã-duquesa era uma amiga de infância "terrivelmente temperamental, agressiva e bruta", que "trapaceava nos jogos, chutava, arranhava e puxava cabelos".

Durante oito anos após ter sido retirada do canal, a reivindicante morou na Alemanha. Em 1922, membros da antiga família imperial germânica, os Hohenzollern, quiseram saber se ela era, de fato, sua parente russa. A primeira foi uma tia de Anastácia, a princesa Irene da Prússia, casada com o irmão do antigo kaiser. Tia Irene não via a sobrinha desde 1913, antes da guerra deflagrada entre a Alemanha e a Rússia, quando Anastácia tinha 12 anos. Nove anos haviam decorrido, o bastante para criar dificuldades de lembrança, principalmente de alguém que havia passado por traumas físicos e emocionais. Mas a sra. Tschaikovsky, como se chamava então, não deu chance à suposta tia. Apresentada sob um nome falso, a princesa lançou um olhar firme à paciente. Amedrontada, a sra. Tschaikovsky levantou-se de um salto e saiu da sala correndo. A princesa Irene a seguiu, mas a paciente lhe deu as costas, cobriu o rosto com as mãos e se recusou a falar. "Ela nem ao menos respondeu quando lhe pedi que dissesse uma palavra ou desse um sinal de que me reconhecia", disse a princesa. Ofendida com aquela atitude, a princesa Irene foi embora.

"Vi imediatamente que ela não podia ser uma das minhas sobrinhas", Irene escreveu. "Mesmo sem tê-la visto durante nove anos, as características faciais fundamentais não poderiam ter se alterado a tal ponto, em particular a posição dos olhos, as orelhas etc." Mais tarde, a princesa Irene parecia ter menos certeza. "Eu não poderia ter me enganado", ela insistiu, quando questionada por um sobrinho que acreditava na reivindicante. "Ela *é* parecida. Ela *é* parecida. Mas o que isso vai significar se não for ela?" Confusa e angustiada, a princesa chorou. Mas não voltou a visitar a sra. Tschaikovsky.

Aos poucos, outros membros da antiga família imperial germânica foram aparecendo. Em 1925, a princesa consorte Cecilie, nora do antigo kaiser, visitou a reivindicante. Cecilie ficou "impressionada a princípio pela semelhança da jovem com a mãe do czar e com o próprio czar, mas não vi nada da czarina nela". Mais uma vez, a sra. Tschaikovsky não colaborou. "Foi praticamente impossível a comunicação com a jovem", disse Cecilie. "Ela permaneceu em completo silêncio, ou por obstinação ou porque estava totalmente desnorteada." Mais tarde, tal como ocorrera com a princesa Irene, a opinião da princesa consorte Cecilie oscilou. "Quase acredito que seja ela", Cecilie declarou. Mas como a tia de Anastácia, Irene, e o tio Ernest de Hesse se opunham à reivindicação, Cecilie decidiu que "não cabe a mim prosseguir na questão da identidade dela". Em 1952, após três visitas subsequentes à reivindicante, a princesa consorte tinha mudado de opinião. "Hoje, estou convencida de que é a filha mais nova do czar", ela disse. "Percebi traços da mãe nela." Em resposta a um presente de aniversário, Cecilie escreveu à reivindicante: "Deus a abençoe, com um terno beijo carinhoso da tia Cecilie." A princesa Cecilie disse a sua nora, princesa Kyra da Rússia, casada com seu filho, príncipe Louis Ferdinand, na época o pretendente Hohenzollern: "Essa [reivindicante] é sua prima." Louis Ferdinand e Kyra não concordaram. No fim do depoimento de Cecilie, atestando a legitimidade da reivindicante, Louis Ferdinand escreveu, em grossos rabiscos a caneta: "Kyra e eu não vemos semelhança."

Enquanto isso, outro Hohenzollern, o príncipe Sigismund da Prússia, filho da princesa Irene, enviou de sua casa na Costa Rica um questionário de dezoito perguntas para a reivindicante responder. Eram coisas secretas da infância, que somente sua prima Anastácia poderia saber. A reivindicante respondeu suficientemente bem para que Sigismund, sem divulgar o conteúdo, anunciasse: "Isso me convenceu. Ela é indubitavelmente Anastácia da Rússia."* Até o velho ex-kaiser Wilhelm II, em exílio na Holanda, mandou sua segunda esposa, Hermine, visitar a reivindicante num sanatório da Alemanha. Não foi divulgada qualquer declaração, mas, vindo daquele augusto retiro, o silêncio foi entendido como aprovação.

---

* As poucas pessoas que subsequentemente viram as perguntas e respostas sempre se recusaram a divulgá-las.

* * *

A atitude demonstrada pela jovem a seus supostos parentes durante aqueles anos era frequentemente desagradável. Se ela era intratável e grosseiramente não comunicativa com uma baronesa russa ou com princesas germânicas, seu comportamento era muitíssimo pior com quem a acolhia e tentava ajudá-la. Na presença destes, ela era irritável, exigente e despótica. Seu temperamento era colérico. "Às vezes, ela fica tão brava que se torna até ameaçadora", disse uma de suas anfitriãs. "Seus olhos adquirem uma expressão feroz e ela fica tremendo." Nesses momentos, ela ameaçava "pavimentar as ruas com os crânios de seus inimigos" e "enforcar todos os seus parentes em postes de rua pela traição". Não tinha casa nem dinheiro, mas em geral era ela quem encerrava as estadas, saindo, batendo a porta e rogando pragas. Morou com família após família, em casa após casa e em castelo após castelo. Durante os 64 anos que a reivindicante viveu depois de ter pulado no canal, sempre foi dependente de benevolência e caridade.

Problemas de saúde davam uma desculpa parcial para seu comportamento. Nos primeiros anos, estava sempre doente, entrando e saindo de hospitais, clínicas psiquiátricas e sanatórios. Em 1925, sofrendo de tuberculose nos ossos, ela quase morreu. Sua saúde mental também era instável. Seus nervos ficavam abalados e sua memória, prejudicada. Seus apoiadores diziam que, por esse motivo, ela esquecera o russo e o inglês, e falava somente em alemão. Tatiana Botkin assim explicou: "Sua atitude é infantil, ela não pode ser considerada totalmente uma pessoa adulta e responsável, e precisa ser conduzida e orientada como uma criança. Ela não só esqueceu idiomas, mas também perdeu a capacidade geral de fazer narrativas com precisão, embora não tenha perdido a capacidade de pensamento. Até as histórias mais simples... ela conta de modo incoerente e incorreto. Na verdade, são apenas palavras reunidas num alemão de gramática impossível... Sua deficiência é obviamente na região da memória e em problemas de vista. Ela diz que, depois da doença, esqueceu de como ver as horas e precisou de muito esforço para aprender novamente."

A incapacidade – ou recusa – de falar russo constituiu o maior obstáculo à sua intenção de ser reconhecida como Anastácia. Algumas pessoas, como a enfermeira em Dalldorf, diziam tê-la ouvido falar "russo como uma nativa... que ela falava frases inteiras, completas, sem nenhum tropeço". Um médico que a atendeu no mesmo período relatou que, "durante o sono, ela fala russo com boa pronúncia, na maioria das vezes nada de essencial". Muito frequentemente, ela dava a impressão de entender russo, embora não falasse. O cirurgião russo que operou sua tuberculose óssea no braço, em 1925, disse: "Antes da operação, falei com ela em russo e ela respondeu a todas as minhas perguntas, mas em alemão."

Os apoiadores ficaram divididos. Alguns, como Tatiana, atribuíam sua *incapacidade* de falar russo a dano cerebral e consequente perda de memória. Outros diziam que sua *recusa* em falar a língua nativa era consequência da inibição psicológica causada pelo trauma da prisão e daquela noite no porão. A reivindicante contou que, em Ekaterinburg, a família era obrigada a falar russo para que os guardas onipresentes ouvissem as conversas e entendessem tudo o que falavam. O linguajar dos guardas era grosseiro, cruel e, frequentemente, obsceno. As últimas palavras que ela ouvira no porão foram em russo. Para ela, o russo era a linguagem da humilhação, do terror e da morte. Seus oponentes, é claro, diziam que ela não falava russo porque não sabia. A questão nunca foi resolvida. Em 1965, um frustrado juiz alemão tentou cantar canções em russo para ver se ela entendia. Ela ouviu, impassível.


As testemunhas mais importantes eram certamente os membros principais da família que ela alegava ser a sua, os Romanov. A avó de Anastácia, a imperatriz viúva Maria, sobrevivera à revolução e voltara a morar na Dinamarca, seu país natal. Sobrevivente sênior da dinastia, a velha senhora se recusava a acreditar em notícias da morte do filho e da família dele, mas também não tinha o menor interesse em histórias de que uma neta, que dera à luz um filho fora do matrimônio, tinha vindo parar em Berlim. A filha mais velha da imperatriz Maria, a grã-duquesa Xenia, que morava em Londres como hóspede permanente do rei Jorge V, também não estava interessada. Mas a filha mais nova de Maria, a grã-duquesa Olga, negou-se a dar as costas sem ver a jovem que poderia ser sua querida Malenkaya (Pequenina).

Na jovial tia Olga Alexandrovna, as quatro grã-duquesas haviam tido uma amiga e benfeitora especial. Todos os sábados, ela vinha de São Petersburgo para passar o dia com as sobrinhas em Tsarskoe Selo. Certa de que as jovens precisavam sair do palácio, ela convenceu a imperatriz Alexandra a deixá-la levar as meninas à cidade. Assim foi que, nas manhãs de domingo, a tia e as quatro sobrinhas embarcavam animadamente num trem para a capital. A primeira parte da programação era um almoço formal com a avó, a imperatriz viúva. Depois partiam para lanches, jogos e danças com jovens na casa de Olga Alexandrovna. "As meninas adoravam cada minuto", a grã-duquesa escreveu, cinquenta anos mais tarde. "Principalmente minha querida afilhada [Anastácia]. Ainda posso ouvir sua risada ecoando pelo salão. Danças, músicas, brincadeiras – em tudo ela se atirava de corpo e alma."

Olga Alexandrovna também não tivera uma juventude feliz. Casada aos 19 anos com o príncipe Pedro de Oldemburgo, que não se interessava por mulheres, ela obteve, após quinze anos de casamento não consumado, a permissão de seu irmão para uma anulação. Em 1916, casou-se com o homem que amava, um plebeu, coronel Nicolai Kulikovsky. Depois da revolução, Olga, seu marido e seus dois filhos, Tikhon e Guri, se instalaram na Dinamarca com a mãe dela, a imperatriz viúva.

Quando veio a notícia da reivindicante, a grã-duquesa Olga escreveu a Pierre Gilliard, que fora professor de francês das crianças imperiais: "Por favor, vá imediatamente a Berlim ver a situação da pobre senhora. Imagine se ela for realmente a pequenina... Seria uma desgraça se estiver vivendo sozinha, sofrendo... Se for realmente ela, por favor, me envie um telegrama e irei ao seu encontro em Berlim."

Gilliard era excelentemente qualificado para levar a cabo essa missão. Ele conhecia a família imperial russa melhor do que todos os que já haviam estado com a reivindicante. Tinha vivido por treze anos no círculo mais íntimo da casa imperial, dando aulas várias vezes por semana para as quatro grã-duquesas e para o czarevich. A dedicação de Gilliard à família era absoluta. Foi com eles para a Sibéria e passou o inverno em Tobolsk, continuando a dar aulas, montando peças de teatro em francês para as crianças atuarem e cortando lenha no quintal junto com Nicolau e o czarevich. Viajou com a família para Ekaterinburg, onde somente a separação obrigatória, emitida pelo Soviete Ural, o impediu de ficar com eles na Casa de Ipatiev. Depois da carnificina no porão e da tomada da cidade pelos Brancos, Gilliard colaborou nas investigações de Nicolai Sokolov. Olhando os sinistros restos achados no poço da mina nos Quatro Irmãos, ele bradava: "Mas as crianças? As crianças?" Gilliard deixou a Rússia em companhia da jovem dama das grã-duquesas, Alexandra Tegleva, chamada Shura. De volta à Suíça, seu país natal, em 1919, casou-se com Shura e assumiu o posto de professor na Universidade de Lausanne.

Quando recebeu a carta da grã-duquesa Olga, Pierre Gilliard partiu imediatamente, junto com a esposa, para Berlim. A pessoa que encontraram no St. Mary's Hospital estava febril, delirante e alucinando. Uma infecção tuberculosa no braço esquerdo, agravada por estafilococos, havia criado uma dolorosa ferida aberta. O braço estava inchado como "uma massa informe", e a paciente havia encolhido a ponto de uma magreza esquelética. Enquanto Gilliard se sentava à beira do leito, Shura pediu para ver os pés da paciente. A grã-duquesa Anastácia tinha um problema chamado *hallux valgus* [joanete], uma malformação das juntas nos dedões dos pés que dava a impressão de que a articulação dilatada pendia para um lado. "Os pés parecem ser da grã-duquesa", disse Shura quando o lençol foi retirado. "Com ela [Anastácia] era a mesma coisa; o pé direito era pior do que o esquerdo." Como a reivindicante estava muito mal, Gilliard insistiu que ela fosse levada para um hospital melhor. "O mais importante agora", disse ele, "é mantê-la viva. Nós voltaremos assim que ela melhorar." Numa clínica particular, um cirurgião russo retirou os músculos e parte do osso restante no cotovelo esquerdo, inserindo uma prótese de prata, que deixou o osso exposto permanentemente. A paciente passou muitas semanas tomando injeções constantes de morfina, na luta contra a dor. Chegou a pesar menos de 34 quilos.

Três meses mais tarde, Gilliard e a esposa retornaram. Primeiro Gilliard sentou-se à beira do leito da paciente e disse: "Por favor, vamos bater um papo. Conte tudo o que sabe do seu passado." A reivindicante ficou chocada e zangada. "Eu não sei bater papo", ela retorquiu. "Acha que se alguém tentasse matar você, como tentaram me matar, você saberia muito de antes?" Gilliard se retirou. Naquela tarde, uma mulher vestida com um casaco violeta entrou no quarto, foi até a cama, sorriu e ofereceu a mão. Era a grã-duquesa Olga. Ela voltou na manhã seguinte e as duas conversaram, Olga em russo e a paciente em alemão.

À tarde, veio Shura. Quando a paciente cobriu as mãos com água de colônia, Shura lembrou que Anastácia, que "era louca por perfumes", sempre fazia a mesma coisa. Na varanda, observando a cena, Olga disse a um amigo da reivindicante: "Nossa Pequenina e Shura parecem muito felizes de terem se reencontrado. Estou tão contente por ter vindo, e vim apesar de mamã não querer que eu viesse... E minha irmã [grã-duquesa Xenia] me telegrafou da Inglaterra dizendo que em nenhuma circunstância eu deveria vir ver a Pequenina." Ao voltar, Gilliard também foi arrebatado pela certeza de que a família estava reunida. "Eu queria fazer tudo ao meu alcance para ajudar a grã-duquesa", ele disse. Voltando-se para o cirurgião que a tinha operado, ele perguntou: "Qual é o estado de Sua Alteza Imperial?" O médico respondeu que ainda corria perigo de vida.

No dia seguinte, sua terceira visita, Gilliard tentou novamente perguntar à paciente sobre seu passado, principalmente sobre a Sibéria. Não teve muito sucesso, e os visitantes decidiram se retirar. Quando a grã-duquesa ia embora, a paciente desfez-se em lágrimas. Olga beijou-a nas bochechas, dizendo: "Não chore. Vou lhe escrever. Você precisa ficar bem. Isso é o mais importante." Ao sair, a grã-duquesa Olga comentou com o embaixador da Dinamarca que a acompanhava: "Minha razão não alcança, mas meu coração me diz que é a Pequenina Anastácia." Shura saiu chorando. "Eu gostava tanto dela!", suspirava. "Eu gostava tanto dela! Por que eu gosto tanto assim dessa paciente? Podem me dizer?" Gilliard manteve seus sentimentos e opiniões sob rígido controle, dizendo ao sair: "Estamos indo embora sem conseguir dizer que ela *não* é a grã-duquesa Anastácia Nicolaevna."

A afeição demonstrada na visita continuou a animar a paciente por muitos meses. De Copenhague, a grã-duquesa Olga escreveu cinco cartinhas cheias de carinho e preocupação. A primeira dava o tom: "Envio a você todo o meu amor, penso o tempo todo em você. É tão triste ter que partir sabendo que está doente, sofrendo e solitária. Não tenha medo. Agora você não está sozinha, e não vamos abandoná-la... Coma e beba bastante, e tudo do melhor." A terceira carta de Olga chegou com um presente: "Estou mandando para minha pacientezinha meu xale de seda, que é bem quentinho. Espero que você envolva o xale nos ombros e braços, para mantê-la aquecida no frio do inverno. Comprei esse xale em Yalta, antes da guerra." Era um xale de seda pura cor-de-rosa, de 1,80m de largura por 1,20m de comprimento. Mas após a quinta carta não chegou mais nenhuma.

A verdade é que Olga, de bom coração, generosa e sujeita a poderosas influências, não tinha certeza. Na noite em que chegou de volta a Copenhague, mesmo quando estava escrevendo a primeira cartinha à paciente em Berlim, escreveu também ao embaixador Zahle, apoiador da sra. Tschaikovsky: "Conversei longamente com minha mãe e tio Waldemar sobre nossa pobre amiga. Nem sei lhe dizer o quanto gostei dela — seja ela quem for. Tenho a sensação de que ela não é quem acredita ser, mas não se pode dizer que não seja, pois há muitos fatos estranhos e inexplicáveis não esclarecidos."

Trinta anos depois, em retrospectiva, a grã-duquesa Olga foi mais firme nas negativas: "Minha amada Anastácia tinha 15 anos quando a vi pela última vez, em 1916. Ela teria 24 em 1925. Achei que a sra. Anderson parecia muito mais velha. Claro que temos que levar em conta sua longa doença... Mesmo assim, os traços de minha sobrinha não poderiam ter se alterado a ponto de não ser reconhecida. O nariz, a boca, os olhos, tudo era diferente." Mas muito antes dessa declaração da grã-duquesa Olga, a reivindicante tinha dado uma última palavra sobre suas relações. "Agora sou eu quem não vai mais recebê-la", disse a sra. Tschaikovsky.

A rejeição, ainda que hesitante, pela grã-duquesa Olga, a Romanov sobrevivente que melhor conhecera Anastácia e a única que se dera ao trabalho de ir visitá-la, foi um golpe para a causa da reivindicante. A opinião da tia foi considerada como decisivamente negativa pela maior parte da família e dos russos emigrados. Pierre Gilliard pôs lenha na fogueira da oposição. Deu palestras, escreveu artigos e depois até um livro, *The False Anastasia*. Declarou saber à primeira vista que a reivindicante não era sua antiga aluna. "A paciente tinha nariz comprido e com a ponta fortemente virada para cima, boca muito grande, lábios grossos e carnudos. A grã-duquesa, por outro lado, tinha nariz pequeno e fino, boca muito menor e lábios pequenos... Afora a cor dos olhos, não encontramos nada que nos levasse a acreditar que fosse a grã-duquesa." Tudo o que a reivindicante sabia sobre a intimidade da família imperial, disse Gilliard, ela havia lido em memórias publicadas e visto em fotografias. E denunciou a sra. Tschaikovsky como uma "aventureira vulgar" e "ótima atriz".

Nos anos seguintes à rejeição pela grã-duquesa Olga, apenas dois Romanov se colocaram a favor da reivindicante. Um foi o grão-duque André, primo-irmão de Nicolau II, que tinha visto Anastácia ocasionalmente, em almoços de família. Aflito com as alegações da sra. Tschaikovsky, teve permissão da imperatriz Maria para se encarregar da investigação. Em janeiro de 1928, ele passou dois dias com a reivindicante. Depois desse primeiro encontro, ele gritou alegremente: "Estive com a filha de Nicky! Estive com a filha de Nicky!" Mais tarde, escreveu à grã-duquesa Olga: "Observei-a atentamente, de muito perto, e em sã consciência devo reconhecer que Anastácia Tschaikovsky não é outra senão minha sobrinha grã-duquesa Anastácia Nicolaevna. Reconheci-a imediatamente, e maiores observações confirmaram minha primeira impressão. Para mim, não resta a menor dúvida: é Anastácia."

Nessa mesma ocasião, a esposa do grão-duque André, a ex-primeira bailarina Mathilde Kschessinska, também tinha se encontrado com a reivindicante. Em 1967, após a morte de André, a viúva de 95 anos, que três quartos de século antes tinha sido a jovem amante de Nicolau II, respondeu sobre o que achara da reivindicante. "Ainda tenho certeza de que era ela", disse madame Kschessinska. "Quando ela olhou para mim, você entende, com aqueles olhos, foi aquilo. Era o imperador... era o olhar do imperador. Quem viu os olhos do imperador, nunca os esquecerá."

O outro parente Romanov que endossou a reivindicante foi a prima de Anastácia, princesa Xenia da Rússia, que aos 18 anos tinha se casado com o herdeiro americano de uma mina de estanho, William B. Leeds, e ido morar na propriedade dele de Long Island, em Oyster Bay. Xenia era dois anos mais nova que Anastácia, e tinham se visto pela última vez na Crimeia, em 1913, quando Anastácia tinha 12 anos e Xenia 10. Catorze anos tinham se passado, e Xenia, tendo convidado a sra. Tschaikovsky para se hospedar com ela e podendo observar atentamente a reivindicante durante seis meses, declarou: "Estou firmemente convencida." A princesa Nina, sua irmã mais velha, também conheceu a reivindicante, mas foi cautelosa. "Seja quem for", disse a princesa Nina, "é uma dama da boa sociedade."

O árbitro definitivo na família Romanov foi a imperatriz viúva Maria. Mas, apesar da mais que reiterada hostilidade da velha senhora, a sra. Tschaikovsky continuava tendo esperanças de que Maria mudasse de ideia. "Minha avó, ela vai me conhecer", acreditava. Coube a Tatiana Botkin levar a notícia de que a imperatriz jamais a receberia, que a avó não queria ter nada a ver com ela e que a sra. Tschaikovsky podia desistir de esperar um convite a Copenhague. "Por que eles me rejeitam? O que foi que eu fiz?", a reivindicante bradou. Tatiana respondeu que, em parte, era por causa do seu filho ilegítimo. "Nunca mais vi meu filho desde que ele tinha três meses", a sra. Tschaikovsky protestou. "Você acha que eu deixaria meu bastardinho se proclamar neto do imperador da Rússia?" Mas a viúva não cedeu e, para maior desespero da reivindicante, a imperatriz Maria faleceu em outubro de 1928, ainda hostil e silente.

O pior aconteceu logo em seguida. Num período de 24 horas a partir do funeral, foi publicado um documento que veio a ser chamado Declaração Romanov. Assinado por doze membros da família imperial, juntamente com o irmão da imperatriz Alexandra e duas de suas irmãs, anunciava sua "convicção unânime de que a mulher agora morando nos Estados Unidos [a sra. Tschaikovsky estava com a princesa Xenia em Long Island] não é a filha do czar". O documento, que citava as opiniões da grã-duquesa Olga, de Pierre Gilliard e da baronesa Buxhoevden, convenceu o público de que a família inteira havia considerado as evidências e rejeitado a reivindicante.

Mas não foi isso o que aconteceu. De 44 Romanov vivos, apenas 12 haviam assinado. Os dois Romanov que aceitavam a reivindicação da sra. Tschaikovsky, o grão-duque André e a princesa Xenia, não foram convidados a assinar. Dos 15 signatários (duas irmãs da imperatriz Alexandra, princesa Vitória de Battenberg e princesa Irene da Prússia, e seu irmão, o grão-duque Ernest Louis de Hesse, também assinaram o documento), apenas dois, a grã-duquesa Olga e a princesa Irene, tinham visto a reivindicante.

A Declaração Romanov foi publicada primeiro, não em Copenhague, onde a imperatriz viúva tinha morrido, mas em Hesse-Darmstadt, terra do grão-duque Ernest Louis de Hesse. Dentre todos os supostos parentes, Ernest era o mais implacavelmente hostil. Os apoiadores da reivindicante achavam que essa hostilidade se baseava na determinação de Ernest em preservar a própria reputação, uma determinação tão forte – na visão deles – que o fazia querer ignorar e suprimir a identidade e os apelos de sua única sobrinha sobrevivente.

O que aconteceu foi: Em 1925, a reivindicante disse a uma amiga que esperava a visita de seu "Tio Ernie", que ela não via desde a viagem dele à Rússia em 1916. O fato é que, em 1916, a guerra entre a Rússia e a Alemanha era devastadora, e Ernest era um general alemão no comando de tropas na frente ocidental. Uma viagem à Rússia, sem o conhecimento do governo alemão ou do corpo de generais, para visitar sua irmã e seu cunhado, o czar, poderia ser interpretada como traição. Embora fosse uma missão supostamente encomendada pelo kaiser para tentar negociar uma paz em separado, a história era profundamente constrangedora para o grão-duque. Deposto de seu pequeno trono depois da guerra, ele ainda almejava recuperá-lo, e uma referência a qualquer associação com o inimigo em tempos de guerra tornava essa improvável possibilidade ainda menos provável.

A verdade sobre essa missão secreta jamais será conhecida. A história não revelou nenhum registro disso. O diário do grão-duque Ernest nesse período fala do front ocidental, e suas cartas para a esposa eram postadas da mesma área. Inegavelmente, nesse período, discutia-se, tanto na Rússia quanto na Alemanha, como pôr fim àquela carnificina. Segundo um conselheiro do grão-duque Ernest, havia um plano em andamento. O grão-duque levou o plano ao kaiser e foi rejeitado. Essa testemunha não sabia se a iniciativa tinha partido de Ernest. Outra testemunha, o embaixador britânico sir George Buchanan, depois da guerra escreveu que o grão-duque Ernest havia mandado um emissário, na pessoa de uma russa, para dizer ao czar que o kaiser estava disposto a conceder à Rússia generosos termos de paz. Nicolau mandou prendê-la. Em 1966, o enteado do kaiser depôs no tribunal, sob juramento, que o padrasto ainda no exílio lhe contara que, de fato, o grão-duque Ernest estivera na Rússia em 1916 para discutir a possibilidade de uma paz em separado. Também sob juramento, a princesa Cecilie confirmou a viagem hessiana à Rússia. "Posso assegurar, por ter sabido pessoalmente – a fonte é meu padrasto [i.e., o kaiser] –, que em nossos círculos sabíamos disso na época."

A história não podia ser provada, mas, verdadeira ou falsa, a declaração da sra. Tschaikovsky era provocativa. Caso seu relato da viagem do "Tio Ernie" fosse comprovado, sua reivindicação de ser a grã-duquesa Anastácia seria enormemente reforçada: quem, a não ser a filha do czar, poderia saber desse segredo? E ainda que o relato fosse falso, dava o que pensar como uma jovem acamada em Berlim inventaria um caso tão intrincado de dinastia e diplomacia.

O grão-duque Ernest negou veementemente a história da sra. Tschaikovsky, denunciou a autora e partiu para o ataque à sua credibilidade com todos os consideráveis recursos a seu dispor. Ela era uma "impostora", "uma louca", "uma criatura descarada". Ameaçou processá-la por difamação. O grão-duque André foi advertido de que continuar a investigação sobre a identidade daquela mulher seria "perigoso". Ernest encontrou um aliado em Pierre Gilliard, que logo estava passando tanto tempo em Darmstadt quanto em Lausanne. Gilliard se uniu – alguns dizem que ele estava por trás e financiado – no empenho de provar que a sra. Tschaikovsky não só *não* era a grã-duquesa Anastácia, mas que *era* outra pessoa.

Em março de 1927, um jornal de Berlim anunciou que frau Tschaikovsky, a reivindicante Anastácia, era na verdade Franziska Schanzkowska, uma operária de fábrica polonesa de origem camponesa. A fonte desse furo jornalístico foi uma mulher chamada Doris Wingender, que contou que Franziska tinha sido inquilina na casa de sua mãe até desaparecer, em março de 1920. Mais de dois anos depois, no verão de 1922, contou Doris, Franziska voltou de repente, dizendo que estava morando com várias famílias monarquistas "que parecem me confundir com outra pessoa". Franziska passou três dias e, enquanto estava lá, as duas fizeram trocas de roupas. Franziska ganhou de Doris um conjunto azul-marinho debruado com renda preta e galão vermelho, com botões de chifre de búfalo, um chapeuzinho azul-esverdeado, enfeitado com seis flores amarelas, e em troca lhe deu um vestido malva, roupas de baixo bordadas com monograma e um casaco de pelo de camelo. Então, Franziska sumiu de novo.

Para conferir a história, o jornal contratou um detetive, Martin Knopf, que levou as roupas deixadas por Franziska com Wingender a uma das casas de russos emigrados em que fräulein Unbekannt estivera hospedada em 1922. O barão e a baronesa von Kleist reconheceram as roupas. "Quem comprou esse pelo de camelo fui eu", disse o barão. "Essa roupa de baixo. Fui eu que bordei o monograma!", exclamou a baronesa. Para regalia dos leitores do jornal, "o enigma de Anastácia" estava resolvido. Doris Wingender ajudou como testemunha ocular, dando descrições de Franziska Schanzkowska: "encorpada", "ossos largos", "suja e encardida", com "mãos grossas de trabalho" e "cacos de dentes pretos". O grão-duque Ernest de Hesse ficou satisfeito e disse ao autor da reportagem que "o resultado desse caso tirou uma grande pedra do meu coração".

Mas a história não parou aí. Acontece que Wingender é quem tinha dado início ao caso, telefonando para o jornal e perguntando quanto valia aquela história. Prometeram 1.500 marcos para que ela contasse o que sabia, confrontasse a reivindicante e a identificasse pessoalmente. O papel do grão-duque de Hesse ficou mais visível nesse episódio. As informações colhidas pelo detetive Knopf estavam chegando a Darmstadt antes do jornal. "Sabe-se que o detetive foi contratado por Darmstadt e não pelo jornal *Nachtausgabe*", disse o grão-duque André.

O duque de Leuchtenberg, onde a sra. Tschaikovsky estava hospedada na época, soube pelo autor da reportagem que o grão-duque de Hesse tinha pagado ao jornal 25 mil marcos pela "pesquisa" do caso Anastácia. Essa alegação, publicada em outro jornal de Berlim, gerou processos judiciais. Enquanto isso, houve o confronto de Doris Wingender com a "inquilina" de sua mãe. Acusada de assumir falsa identidade, a sra. Tschaikovsky não teve escolha. Segundo o jornalista do *Nachtausgabe*, presente ao encontro junto com Martin Knopf, aconteceu como se segue:

> A testemunha, Fräulein Doris Wingender, entra no quarto. Franziska Schanzkowska está deitada num divã, com o rosto semicoberto por um cobertor. A testemunha mal diz "Bom Dia" e Franziska Schanzkowska estremece e grita com voz muito forte: "Essa [coisa] tem que sair daqui!" A agitação repentina, a raiva

intensa em sua voz, o horror em seus olhos não deixavam dúvida: ela havia reconhecido a testemunha Wingender.

Fräulein Wingender ficou parada como se tivesse virado pedra. Ela reconhecera imediatamente a mulher no divã como Franziska Schanzkowska. Era o mesmo rosto que ela vira, dia após dia, durante anos; era o mesmo tique nervoso com o lenço, a mesma Franziska Schanzkowska!

Para corroborar, o irmão de Franziska Schanzkowska, Felix, chegou semanas depois para identificar a reivindicante. Encontraram-se numa cervejaria bávara ao ar livre. Logo que a viu, Felix declarou: "É minha irmã Franziska." A sra. Tschaikovsky foi ao encontro dele e começou a conversar. À noite, entregaram a Felix um documento identificando a reivindicante, "fora de qualquer dúvida", como sua irmã. Ele recusou. "Não, não vou fazer isso", disse. "Ela não é minha irmã." Onze anos depois, em 1938, a reivindicante teve novo confronto com a família Schanzkowski. Um decreto emitido pelo regime nazista, em Berlim, a intimou a comparecer a uma sala onde a esperavam quatro Schanzkowski, dois irmãos e duas irmãs.

Ela ficou andando de um lado para outro enquanto os Schanzkowski olhavam e falavam em voz baixa. Por fim, um irmão declarou: "Não, essa senhora é muito diferente." A reunião parecia haver terminado quando, de repente, Gertrude Schanzkowska bateu com os punhos na mesa, gritando: "Você é minha irmã! Você é minha irmã! Eu sei! Você tem que me reconhecer!" Os policiais presentes olharam para a sra. Tschaikovsky, e ela olhou para eles, calmamente. "O que devo dizer?", ela perguntou. Os dois irmãos e a outra irmã ficaram constrangidos e tentaram acalmar Gertrude, que gritava cada vez mais alto: "Admita! Admita!" Minutos depois, todos voltaram para casa.

Quando os anos 1920 iam chegando ao fim, os confrontos pessoais tinham praticamente acabado. Os dois lados estavam exaustos. O irmão da imperatriz viúva Maria, príncipe Waldemar da Dinamarca, que apesar da desaprovação da irmã vinha pagando as contas de hospitais e sanatórios da sra. Tschaikovsky, cedeu à pressão da família e foi obrigado a parar de pagar. O embaixador dinamarquês na Alemanha, Herlauf Zahle, o homem de maior status e o mais ferrenho defensor da reivindicante em Berlim, recebeu ordens de seu governo para encerrar as atividades a favor dela. "Fiz o melhor possível para que minha família [dinamarquesa] seja irrepreensível aos olhos da história", disse Zahle com amargura. "Se a família imperial russa deseja que um de seus membros morra na sarjeta, não há nada que eu possa fazer."

Privada do apoio de Zahle, a reivindicante recebeu oferta de abrigo da parte do duque Jorge de Leuchtenberg, um parente distante da família Romanov e proprietário do Castelo Seeon, na Alta Baviera. O duque adotou uma posição intermediária: "Não posso dizer se ela é a filha do czar ou não. Mas, visto que tenho sensibilidade para ver que uma pessoa do meu círculo rígido da sociedade precisa de ajuda, é meu dever ajudar." A esposa do duque, duquesa Olga, não tinha essa sensibilidade. Durante onze meses, ela brigou com a hóspede por causa de comida, de empregados, roupa de cama, serviço de chá e arranjos de flores. "Quem ela pensa que é?", a duquesa perguntava. "Sou a filha do seu imperador", vinha a resposta imperiosa. A família Leuchtenberg ficou dividida: a filha mais velha, Natalie, defendia apaixonadamente a autenticidade da reivindicante. O filho, Dimitri, e sua esposa Catherine eram taxativamente hostis. Adejando para cima e para baixo pelos salões, uma governanta inglesa, Faith Lavington, via "a Lady Doente" todos os dias e admirava seu "melhor e mais puro sotaque inglês". A srta. Lavington tinha sua opinião: "Tenho certeza de que é ela."

Quando a princesa Xenia ofereceu à sra. Tschaikovsky paz e sossego em sua propriedade em Long Island, ela aceitou. Seis meses depois, anfitriã e hóspede estavam brigando, e o pianista Sergei Rachmaninov providenciou para que a reivindicante ficasse numa confortável suíte no hotel Garden City, em Long Island. Para evitar a imprensa, ela se registrou no hotel como a sra. Anderson. Mais tarde adicionou o primeiro nome, Anna, e não se ouviu mais falar da sra. Tschaikovsky. No começo de 1929, ela foi morar com Annie B. Jennings, uma solteirona rica de Park Avenue, ansiosa para ter a filha do czar sob seu teto. Durante dezoito meses, a antiga Fräulein Unbekannt foi um sucesso na sociedade nova-iorquina, um acessório indispensável em jantares, almoços, chás dançantes e na ópera. Depois, seu padrão de comportamento destrutivo foi reiterado. Ela reclamava do quarto e da comida. Tinha chiliques. Atacava os empregados com espetos, corria nua pelo telhado, atirava coisas pela janela. Numa loja de departamentos, falou diante de uma multidão como era maltratada pela srta. Jennings. Por fim, o juiz Peter Schmuck, da Suprema Corte de Nova York, assinou uma ordem e dois agentes arrombaram a porta trancada de seu quarto e a levaram para um hospital psiquiátrico. Ela permaneceu no Four Winds Sanatorium, em Katonah, Nova York, por mais de um ano.

Enquanto Anna Anderson estava nos Estados Unidos, surgiu a possibilidade de haver uma fortuna do czar escondida no Bank of England. A ideia da viagem da reivindicante para a América tinha surgido de Gleb Botkin, filho mais novo do médico morto com a família imperial. Gleb trabalhava como escritor e ilustrador em Long Island, e lhe foi pedido que escrevesse artigos para jornais sobre a filha mais nova do czar, que ele havia conhecido quando criança. A princesa Xenia leu esses artigos e convidou a mulher, que talvez fosse sua prima, para se hospedar com ela em Oyster Bay. Enquanto a reivindicante estava com Xenia, Gleb se tornou seu principal conselheiro e a visitava com grande frequência. Àquela altura, Gleb e sua irmã Tatiana, que haviam se encontrado com a reivindicante na Europa, estavam convencidos de que ela era a grã-duquesa. Bom desenhista desde a infância, ainda menino, Gleb fazia caricaturas de animais, principalmente porcos usando vestidos da corte russa, detalhadamente elaborados, que deliciavam as grã-duquesas, em especial Anastácia. Quando foi visitá-la no Castelo Seeon, antes de recebê-lo, ela falou: "Pergunte se ele trouxe os bichos engraçados." Ele tinha trazido, e quando ela os viu, aparentemente se lembrando, riu nostálgica. Depois disso, acreditando totalmente em sua identidade, Gleb insistiu para que ela deixasse a família hostil na Europa e atravessasse o Atlântico.

Na América, Gleb mergulhou de cabeça em sua defesa. Quando a Declaração Romanov foi publicada, ele rebateu com uma carta contundente para a grã-duquesa Xenia, a mais velha das duas tias Romanov de Anastácia:

> *Sua Alteza Imperial!*
> 
> *Não se passaram vinte e quatro horas da morte de sua mãe... e você se apressou a dar mais um passo na conspiração para espoliar sua sobrinha...*
> 
> *Diante do mal que Sua Alteza Imperial [está] cometendo, até o horripilante assassinato do imperador, de sua família e do meu pai pelos bolcheviques empalidece. É mais fácil entender um crime cometido por uma gangue de selvagens bêbados e enlouquecidos do que uma perseguição calma, sistemática e infindável a alguém de sua própria família... A grã-duquesa Anastácia Nicolaevna, cuja culpa é ser a única herdeira por direito do fi-*

*nado imperador, obstruí, assim, o caminho de seus parentes gananciosos e inescrupulosos.*

A carta de Gleb foi o golpe final na permanente hostilidade entre os Romanov. O grão-duque André ficou consternado. "Tudo está perdido", ele escreveu à irmã de Gleb, Tatiana. "Será que ele entende o que fez? Ele arruinou tudo, completamente." Tatiana Botkin escreveu: "O grão-duque André também observou que o caso estava começando a tomar o aspecto de uma trama pela posse da fortuna do czar. Isso desgostou profundamente o grão-duque e ele não quis mais ver seu nome envolvido."

Na verdade, Gleb estava pensando na questão do dinheiro – um dinheiro que ele acreditava pertencer à reivindicante – e contratou um advogado para ajudá-la a recebê-lo. Existiam boatos de uma herança Romanov, de milhões de rublos em ouro czarista depositados no Bank of England. Em julho de 1928, enquanto a reivindicante estava hospedada em Oyster Bay, Botkin pediu ao advogado americano Edward Fallows para investigar. Fallows concordou, obteve uma procuração da reivindicante e deu início a uma busca que consumiu seus últimos doze anos de vida. Começou fazendo a reivindicante assinar uma declaração de que, em Ekaterinburg, pouco antes da chacina, o czar Nicolau II tinha dito às suas quatro filhas que antes da guerra havia depositado 5 milhões de rublos para cada uma delas no Bank of England. Em seguida, a fim de garantir seus honorários e arcar com outras despesas do caso, Fallows montou uma corporação em Delaware com o acrônimo Grandanor, de "Grand Duchess Anastasia Nicholaevna of Russia". Os amigos ricos da srta. Jennings foram convidados a investir. Assim equipado, Fallows partiu para Londres a fim de se haver com o Bank of England.*

O banco respondeu que não podia dar informações sobre depósitos particulares, nem mesmo confirmar se tais depósitos existiam ou não. Primeiro, informou o banco, o sr. Fallows precisava ir ao Tribunal da

---

* Fallows andou por outros lugares da Europa à procura do dinheiro e de evidências de que a filha mais nova do czar havia escapado. Em 7 de outubro de 1935, ele escreveu a Adolf Hitler, então chanceler alemão, dizendo que "por milagre ela escapou de Yurovsky e dos outros judeus que haviam assassinado sua família" e que nos arquivos do Ministério do Interior de Hitler devia haver "uma confissão do judeu Yurovsky, o líder dos judeus assassinos". Hitler, a quem Fallows se dirigiu como "Prezado Senhor" e "Estimado Senhor", não respondeu.

Chancelaria a fim de obter uma declaração de que sua cliente era realmente a grã-duquesa Anastácia. Fallows ficou indo e voltando da Europa, gastando o dinheiro levantado pela srta. Jennings para a Grandanor; depois passou a trabalhar sem honorários, usando o dinheiro de seu seguro, vendendo suas ações, seus títulos de renda fixa e sua casa, e levando a família a morar em quartos alugados. No fim, disse sua filha, esses esforços "o mataram".

A controvérsia sobre a fortuna Romanov em bancos ingleses persistiu após a morte de Fallows, em 1940. Em 1955, madame Lili Dehn, que fora uma das amigas mais íntimas da imperatriz Alexandra, depôs sob juramento que, quando a família ficou presa em Tsarskoe Selo esperando ser enviada para a Inglaterra, a imperatriz lhe dissera: "Pelo menos, não vamos precisar mendigar, pois temos uma fortuna no Bank of England." Essa fortuna nunca foi localizada. Há evidências de que, durante a Primeira Guerra Mundial, Nicolau II trouxe para casa todo o dinheiro que ele e a esposa tinham em bancos ingleses, usando-o para pagar hospitais e trens-hospitais. Seguindo o exemplo do czar, muitas famílias ricas da aristocracia russa fizeram o mesmo.

Depois da revolução, a mãe e duas irmãs de Nicolau II viveram do que puderam arrecadar da venda de suas joias e da caridade dos parentes dinamarqueses e ingleses. Os apoiadores de Anna Anderson argumentavam que o dinheiro guardado por Nicolau II para as quatro filhas – talvez para ser usado como dote – não tinha sido levado de volta para a Rússia, nem distribuído entre as tias ou dado à avó. A esperança de que houvesse dinheiro das filhas em cofres-fortes diminuiu em 1960, quando sir Edward Peacock, diretor do Bank of England entre 1920 e 1946, declarou: "Tenho plena certeza de que nunca houve dinheiro nenhum da família imperial da Rússia no Bank of England ou em qualquer outro banco na Inglaterra. Certamente é difícil dizer 'nunca', mas afirmo que pelo menos não houve dinheiro nenhum depois da Primeira Guerra Mundial e durante meus longos anos como diretor do banco."

Ainda hoje os banqueiros ingleses estão acostumados a que duvidem deles. John Orbell, arquivista do Baring Brothers, um banco privado de Londres que teve depósitos do governo imperial russo depois da revolução, cansado de ser questionado sobre o dinheiro da família Romanov, responde polidamente*: "As pessoas continuam perguntando. Não

---

* O Baring Brothers não negou que durante 70 anos guardou milhões de libras de dinheiro russo. Em 7 de novembro de 1917, o dia em que os bolcheviques tomaram

aceitam não como resposta. É frustrante. Ouça, se houvesse dinheiro da família aqui, o fato teria vazado há muito tempo. Haveria um papel qualquer, uma declaração do banco, alguma coisa. Algum funcionariozinho já teria encontrado e ganhado um bom dinheiro contando aos jornais. Mas nunca apareceu nada."

Em agosto de 1932, Anna Anderson voltou à Alemanha acompanhada por uma enfermeira particular, numa cabine trancada do transatlântico *Deutschland*. Sua benfeitora de Park Avenue, Annie B. Jennings, pagou a viagem, assim como tinha pagado 25 mil dólares por um ano de internação no Four Winds Sanatorium e como iria pagar por mais seis meses de tratamento na clínica psiquiátrica Ilten, perto de Hanover. Ao fim do tratamento, a sra. Anderson passou mais sete anos perambulando. Morou anos em Hanover, passou um ano em Berlim, depois se mudou para a Baviera, Pomerânia, Westfália, Saxônia, Turíngia e até Hesse. A Segunda Guerra Mundial a encontrou morando em Hanover, onde sofreu os fortes ataques dos Aliados. Quando a cidade estava praticamente

---

o poder, o governo britânico congelou 4 milhões de libras depositados no Baring Brothers pelo governo imperial. No correr dos anos, os juros inflaram essa quantia para 62 milhões de libras. Em julho de 1986, na era da *glasnost* e da *perestroíka*, os governos de Mikhail Gorbachev e Margaret Thatcher decidiram esquecer o passado e usar esse dinheiro para indenizar portadores britânicos de títulos da Rússia imperial e reclamantes da Commonwealth que haviam perdido propriedades e outros bens na Rússia por causa da revolução. A lista era muito longa: 37 mil reclamantes. A lista de propriedades perdidas era ainda mais longa: 60 mil. Em termos de relevância, ia desde poços de petróleo, bancos, fábricas, companhias de seguro, navios, ouro, minas de cobre e de carvão, até joias pessoais, mobílias, automóveis e extratos de bancos. Uma reclamante exigia o reembolso por cinco dúzias de pares de meias deixados para trás, e outra por ingressos para dez apresentações de ópera na temporada de primavera, a que ela não pôde comparecer por causa da revolução. Um inglês, dono de um pomar na Rússia, disse que, quando acordou certa manhã, viu seu pomar cheio de soldados; seus bens, diz o registro, "foram consumidos". Outro inglês pediu reembolso porque tinha perdido seu papagaio.
  Entre 1987 e 1990, as reclamações foram investigadas, os valores estabelecidos, as taxas de juros calculadas. Ao fim, os portadores de títulos e os proprietários foram compensados numa taxa de 54,78% do valor original.
  A existência desta grande quantia de "dinheiro do governo czarista" pode ou não ter dado origem aos boatos sobre o "dinheiro da família Romanov". Ainda hoje há quem diga que, como o czar era intitulado o Autocrata de Todas as Rússias, era literalmente o possuidor de tudo na Rússia: terras, propriedades, contas em banco – tudo. Portanto, essas pessoas alegam que os depósitos no Baring Brothers pertencem a ele ou a seus herdeiros. A constituição russa não endossa essa opinião.

destruída, ela fugiu para um castelo ducal no leste. No fim da guerra, esse território foi ocupado por tropas soviéticas, e, com ajuda de um príncipe alemão e da Cruz Vermelha sueca, ela fugiu para o que se tornou a Alemanha Ocidental.

Em 1949, o príncipe Frederick de Saxe-Altenburg, com seus parcos recursos, alojou-a num antigo quartelzinho na vila de Unterlengenhardt, à beira da Floresta Negra. Nessas acomodações modestas, cercadas por altos arbustos, videiras, amoreiras silvestres e muito matagal, protegida por quatro cães enormes, metade São Bernardos e metade cães de caça, Anna Anderson viveu durante os dezenove anos seguintes. Um grupo de senhoras alemãs cultas, de meia-idade, se alternavam para cuidar dela, seguindo suas instruções e atendendo a suas necessidades. Anna Anderson falava com elas em inglês, que, desde então e até o fim de sua vida, foi o idioma que preferiu falar. Por ironia, seu uso do inglês, assim como o não uso do russo se tornaram uma arma contra ela. "Não era o inglês de quem tinha falado o idioma desde a infância, como Anastácia", disse o escritor inglês Michael Thornton, que foi a Unterlengenhardt em 1960. "O sotaque era alemão, a estrutura das frases era alemã e a gramática, um desastre. Conheci a grã-duquesa Xenia, tia de Anastácia, que morou em Londres. Seu inglês era simples, puro e refinado, o inglês falado pelos Romanov."

Nos anos passados em Unterlengenhardt, duas testemunhas apareceram: Lili Dehn, a amiga da imperatriz, e Sidney Gibbes, o professor de inglês das crianças imperiais. O testemunho dos dois foi contraditório: "Reconheci-a, física e intuitivamente, por sinais que não enganam", afirmou madame Dehn. Gibbes discordou. "Se ela é a grã-duquesa Anastácia, eu sou um chinês", disse a um amigo. Sua opinião foi registrada mais formalmente num depoimento: "Ela não lembra em nada a verdadeira grã-duquesa Anastácia que conheci... Estou perfeitamente certo de que é uma impostora."*

---

* Uma testemunha que havia conhecido a grã-duquesa Anastácia melhor que Lili Dehn, baronesa Buxhoevden, Pierre Gilliard ou Sidney Gibbes, e talvez tão bem quanto a grã-duquesa Olga ou Shura Tegleva, nunca foi chamada a depor, nem pelos apoiadores, nem pelos oponentes. Era a amiga mais íntima de Alexandra, Anna Vyrubova, que tinha junto à imperatriz um lugar entre uma irmã mais nova e uma filha mais velha. Anna havia morado numa casa pequena em frente ao palácio Alexander, em Tsarskoe Selo, passava os dias com a imperatriz e à noite visitava a família. Ela os acompanhava nas férias na Crimeia e a bordo do iate imperial no Báltico. Teria acompanhado a família à Sibéria se antes não tivesse sido presa por Alexander Kerensky e encarcerada durante cinco meses na Fortaleza Pedro e Paulo.

Naqueles anos, o lançamento da peça e do filme *Anastácia* trouxeram a Anna Anderson uma onda de publicidade de alcance mundial. Quando os dramaturgos, que antes não sabiam que ela ainda estava viva, se compadeceram e lhe deram 30 mil dólares dos 400 mil que a 20th Century-Fox lhes pagou, ela usou o dinheiro para comprar um chalé pequeno, moderno, no terreno de um quartel em ruínas. Vendo fotos de Anna Anderson, o público do filme estranhava que ela não se parecesse com Ingrid Bergman.

Sua verdadeira aparência naqueles anos foi descrita graficamente por madame Dominique Auclères, correspondente do *Le Fígaro*, de Paris, que viu a reivindicante pela primeira vez em Unterlengenhardt, em agosto de 1960, e depois tornou-se uma dedicada apoiadora:

> De repente, a porta se abriu e vi a mulher de aparência mais estranha que eu jamais havia visto. Era uma Madame Butterfly pequenina, disfarçada de tirolesa. Vestia um quimono japonês, por cima uma capa de loden austríaco, e por cima deste um casaco impermeável preto. No alto do capuz pontudo da capa, ela havia enfiado um chapéu tirolês de feltro verde. Seus cabelos eram castanho-claros, cortados curtos, na altura das orelhas. Calçava luvas de couro preto e tinha um andar meio flutuante, que conferia algo de irreal a sua aparição. Notei o nariz ligeiramente torto e arredondado na ponta (só a vi de perfil) e um olho mais cinza do que azul. Na frente da boca, uma de suas mãos enluvadas de preto segurava um pequeno leque de papel, que não se mexeu nem uma vez durante minha visita.

Antes de sair, porém, madame Auclères a pegou de surpresa e conseguiu ver a boca "deformada pelo maxilar superior levemente virado para a direita". A entrevista foi em inglês, mas no momento em que a repórter inadvertidamente falou em francês, ela respondeu de imediato em francês. Sua pronúncia, disse a madame Auclères, era "perfeita".

\* \* \*

---

Vyrubova foi solta, saiu da Rússia e passou a morar na Finlândia até sua morte, em 1964, aos 80 anos. Nunca a chamaram para testemunhar no caso de Anna Anderson, porque ela havia sido amiga e discípula de Grigori Rasputin, cujo comportamento escandalizou a Rússia antes da revolução. "Acreditamos", disse Tatiana Botkin, "que o envolvimento de madame Vyrubova... poderia apenas prejudicar a causa de Anastácia aos olhos dos emigrados russos que, em sua maioria, haviam desprezado profundamente Rasputin."

O caso Anna Anderson foi a ação judicial mais longa dos tribunais alemães no século XX. Começou em 1938, quando ela abriu um processo contestando a distribuição de uma pequena propriedade entre os parentes alemães da imperatriz Alexandra, foi suspenso durante a Segunda Guerra Mundial, reaberto durante os anos 1950-60 e, finalmente, concluído em 1970 com a rejeição de seu recurso pelo Supremo Tribunal Alemão, em Karlsruhe. A oposição às reivindicações de Anna Anderson nesses julgamentos partia da Casa de Hesse, ainda implacável na determinação de desacreditá-la. O grão-duque Ernest tinha morrido, mas seu filho, príncipe Louis, assumiu a causa do pai junto com a sobrinha Barbara, duquesa de Mecklenburg. O apoio financeiro para Hesse vinha de lorde Louis Mountbatten, o herói de guerra inglês, antigo vice-rei da Índia, chefe do Departamento de Defesa e tio do marido da rainha Elizabeth, o príncipe Philip. O conde Mountbatten era de Hesse. Sua mãe, a princesa Vitória de Battenberg, era irmã da imperatriz Alexandra; a princesa Irene da Prússia era sua tia e o grão-duque Ernest, seu tio. Se Anna Anderson conseguisse provar legalmente que era a grã-duquesa Anastácia, Mountbatten teria que reconhecê-la como prima-irmã. Ele estava decidido a não deixar que isso acontecesse e, para impedir, investiu em honorários de advogados milhares de libras herdadas de sua falecida esposa rica.

Algumas evidências largamente ignoradas nos primeiros anos do caso Anna Anderson vieram à baila nos tribunais alemães de 1950-60. E foi o testemunho baseado na medicina e na ciência que, até certo ponto surpreendentemente, apoiou a causa de Anna Anderson. Nos primeiros anos de seu aparecimento, vários doutores – muitos deles psicólogos – tendiam a acreditar em sua história. Em 1925, o dr. Lothar Nobel, diretor da Clínica Mommsen, em Berlim, opinou que "não há qualquer doença mental... Parece impossível que seu conhecimento de tantos pequenos detalhes seja devido a outra coisa que não à sua experiência pessoal. Além disso, é dificilmente concebível, do ponto de vista psicológico, que alguém que... esteja desempenhando o papel de outra pessoa se comporte como a paciente agora".

Essa visão de que a paciente era incapaz de representar um papel foi reiterada em 1927. Após ter passado oito meses em seu sanatório nos Alpes da Baviera, o diretor, dr. Saathof, declarou: "Em minha opinião, é impensável que frau Tschaikovsky seja uma impostora. Mesmo em momentos cruciais, ela quase sempre se comportou de forma exatamente oposta à que se esperaria de uma impostora." Uma opinião similar, apesar de não profissional, partiu da princesa Xenia, após observar a reivindicante em sua longa estada na propriedade em Long Island: "Um dos elementos mais convincentes de sua personalidade era a aceitação não consciente de sua identidade [como grã-duquesa Anastácia]. Ela nunca deu a mínima impressão de estar representando."

Durante os julgamentos em Hamburgo, o tribunal decidiu obter evidências físicas, baseadas na ciência. Foram designados dois renomados especialistas: o dr. Otto Reche, antropólogo e arqueólogo de fama internacional, fundador da Sociedade de Antropólogos alemã, e a dra. Minna Becker, uma grafóloga que deu consultoria na autenticação do diário de Anne Frank. Esses especialistas, cientistas, não estavam atrás de fama ou fortuna, mas examinando profissionalmente uma litigante. Reche reuniu mais de cem fotos da grã-duquesa Anastácia e depois fotografou Anna Anderson nos mesmos ângulos e sob as mesmas condições de iluminação. Comparou as duas faces milímetro por milímetro e concluiu que "essa coincidência entre duas faces humanas não é possível, a não ser que sejam gêmeas idênticas. A sra. Anderson não é outra senão a grã-duquesa Anastácia". Becker comparou mais de cem amostras da caligrafia da grã-duquesa Anastácia com amostras da caligrafia de Anna Anderson. "Nunca vi dois conjuntos de caligrafia com todos esses sinais concordantes que pertencessem a pessoas diferentes", ela concluiu. "Não pode haver engano. Após 34 anos depondo como especialista sob juramento nos tribunais alemães, estou pronta a declarar, por meu juramento e por minha honra, que a sra. Anna Anderson e a grã-duquesa Anastácia são idênticas." Apesar dos depoimentos do dr. Reche e da dra. Becker, o tribunal pronunciou o caso *non liquet*, nem decidido nem rejeitado.

Anna Anderson saboreou outra vitória científica na vida, em 1977, proporcionada pelo dr. Moritz Furtmayr, um importante especialista forense alemão. Furtmayr havia criado um sistema de mapeamento do crânio com grades e gráficos para produzir o que ele chamou de "impressões cranianas", afirmando que não havia duas iguais em seres humanos. Usando seu "Método P.I.K.", aceito em casos criminais por tribunais alemães, Furtmayr provou que os pontos anatômicos e formações de tecidos da orelha direita de Anna Anderson correspondiam à orelha direita da grã-duquesa Anastácia em 17 pontos, cinco a mais do que os 12 exigidos pelos tribunais alemães para comprovação de identidade.

O relatório de Furtmayr causou um impacto desagradável em lorde Mountbatten. Apesar de seu grande investimento financeiro, Mountbatten nunca conheceu a reivindicante. Em 1977, porém, levando consigo uma cópia dos achados de Furtmayr, Michael Thornton visitou o conde Mountbatten em Broadlands, sua propriedade rural. "Ele se sentou à minha frente e leu duas vezes, em alemão e na tradução para o inglês", Thornton recordou. "Seu rosto era de pura concentração enquanto lia. O que eu via em sua expressão era o reconhecimento da terrível possibilidade de que aquela mulher desvairada, tão excêntrica, tão improvável, recusada por 90% das pessoas que encontrara, poderia de fato ser sua prima, a grã-duquesa Anastácia."

O veredicto judicial final foi inconclusivo. Os tribunais não diziam que Anna Anderson não era a grã-duquesa Anastácia; apontavam somente que ela não conseguira provar que era. Oito mil páginas de depoimentos foram encadernadas em 49 volumes, enfiadas numa prateleira de trás e esquecidas. Em Unterlengenhardt, Anna Anderson anunciou que já não se importava. "Sei perfeitamente quem eu sou", ela declarou. "Não preciso provar em nenhum tribunal de justiça." Enquanto isso, sua situação se deteriorava. Retraiu-se do mundo, fechou a porta até para os amigos e vivia sozinha com 60 gatos. Quando o terceiro de seus cachorros grandes morreu, ela mesma o enterrou numa cova rasa – tão rasa, pelo visto, que o odor se espalhou pela vizinhança e resultou num protesto junto à fiscalização sanitária. Insultada, ela subitamente decidiu aceitar um convite arranjado por seu amigo há 40 anos, Gleb Botkin.

Agora morando em Charlottesville, na Virgínia, Gleb tinha feito amizade com um rico genealogista, o dr. John Manahan. Por sugestão de Gleb, Manahan, um solteirão, ofereceu-lhe hospitalidade na Virgínia, por quanto tempo ela quisesse. Em 13 de julho de 1968, sem dizer uma palavra a ninguém na Europa, ela desembarcou no aeroporto Foster Dulles, com as despesas pagas por Manahan. Ele e Gleb a esperavam e a levaram para Charlottesville. Em dezembro de 1968, seus amigos na Europa ficaram novamente abismados quando ela se casou com Manahan, gordinho, cabelos cortados à escovinha e pelo menos 18 anos mais novo que ela. Foi um casamento de conveniência, eles pensaram. O visto americano dela estava prestes a expirar. Divertido e satisfeito, Manahan perguntou ao padrinho de casamento: "O que diria o czar Nicolau II se conhecesse esse seu genro, hein?" "Acho que ele ficaria muito grato", respondeu Gleb Botkin.

Anastácia e John Manahan viveram juntos por mais de 15 anos. Tinham quartos separados na elegante casa em estilo clássico numa rua tranquila de Charlottesville, a poucos quarteirões da famosa biblioteca e do quadrilátero da Thomas Jefferson. Ela o chamava – inexplicavelmente – de Hans; ele a chamava de Anastácia. Quase diariamente iam de carro à grande fazenda dele nas redondezas e costumavam jantar no Farmington Country Club. Ali Anastácia, uma figura frágil com cabelos tingidos de ruivo-escuro, geralmente vestida com uma blusa e calça vermelho-vivo muitos tamanhos acima do dela, catava as sobras de todos os pratos na mesa, embrulhava em papel-alumínio e levava para casa, para sua crescente população de gatos. Não demorou para que a casa e o jardim lembrassem seu chalé em Unterlengenhardt. Arbustos e moitas enormes, videiras e mato enchiam o jardim, bloqueando a porta da frente. Dentro, a sala tinha altas pilhas de livros no chão, que era coberto de jornais para esconder a sujeira dos gatos. Quando um gato morria, ela o cremava na lareira. Manahan parecia não se importar. "É assim que Anastácia gosta de viver", ele dizia. Mas os vizinhos se importavam, e em 1978 o casal Manahan foi levado à justiça por causa do cheiro – "Acho que pode ser chamado de fedor", um amigo admitiu – vindo da casa.

Manahan gostava de ser marido de Anastácia. Às vezes se dizia "grão-duque-de-companhia". Sua esposa parecia desinteressada. "Isso está tão longe e enterrado", ela dizia, "tudo tão no passado. A Rússia não existe." Gradualmente, o casal foi decaindo da excentricidade para o desarranjo mental. Certa vez, Manahan disse numa reunião que sua esposa era descendente de Genghis Khan; depois acrescentou Fernando e Isabel a sua árvore genealógica. Em 1974, ele enviou um cartão de Natal de nove mil palavras, intitulado "O Dinheiro de Anastácia e a Riqueza do Czar", acusando Franklin D. Roosevelt de ajudar a conspiração marxista para comunizar o mundo e citando um episódio do fim da Segunda Guerra Mundial na Europa como a chegada de "negros americanos com armas apontadas". Afirmou que ele e sua esposa estavam sob vigilância da CIA, da KGB e do Serviço Secreto britânico. Ela contou a um visitante que, na Casa de Ipatiev, toda a família imperial, exceto o czarevich, havia sido estuprada repetidamente, e todos eram obrigados a assistir a cada um que era violado. Em novembro de 1983, ela foi internada. Dias depois, o marido a sequestrou e passaram três dias viajando de carro por estradas secundárias da Virgínia, parando para comer em lojas de conveniência. Um alarme da polícia nos treze estados finalmente conseguiu detê-los e levá-la de volta ao hospital psiquiátrico.

Três meses mais tarde, em 12 de fevereiro de 1984, Anastácia Manahan morreu de pneumonia. Seu corpo foi cremado no Castelo Seeon. Manahan morreu seis anos depois.

Até sua morte, a controvérsia sobre a identidade de Anna Anderson não tinha terminado. Sem saber, porém, ela deixou uma evidência que mostraria ao mundo quem ela era.

## ❦ 15 ❦
# UMA QUESTÃO DE HONRA DA FAMÍLIA

QUATRO ANOS E meio antes de sua morte, Anastácia Manahan teve um grave problema de saúde. Em 20 de agosto de 1979, após dias vomitando e teimosamente recusando tratamento, ela foi levada às pressas para o Hospital Martha Jefferson, de Charlottesville. O dr. Richard Shrum a operou imediatamente e encontrou obstrução e gangrena no intestino delgado, causadas por ligações a um tumor no ovário. Ele retirou quase trinta centímetros do intestino, fez a ressecção e sanou a lesão. A sra. Manahan era uma paciente difícil. Após a cirurgia, ela arrancava todos os tubos do corpo. Aos poucos, sua atitude melhorou. "Ela permanecia introvertida, não gostava de falar com as pessoas e raramente sorria", Shrum recordou. "Ficava com um lenço junto ao nariz, como se tivesse medo de pegar alguma coisa."

Imediatamente após a cirurgia, Shrum obedeceu ao procedimento padrão do hospital e enviou o tecido removido para o laboratório de patologia, que ficou com dez centímetros do intestino. Esse tecido foi dividido em cinco segmentos de cerca de dois centímetros, e cada segmento foi banhado em um conservante chamado formol, selado em um bloco de parafina de dois centímetros quadrados e um centímetro de espessura, e colocado em uma caixinha azul e branca numa prateleira cheia de caixas iguais, contendo amostras de tecido. O objetivo de preservar tecidos removidos em cirurgias é puramente clínico. Caso o mesmo problema, ou algo similar, volte a ocorrer, aquele tecido previamente removido pode ser uma ferramenta de incalculável valor diagnóstico. Em 1979, o laboratório de patologia do Hospital Martha Jefferson era novo; fora inaugurado no ano anterior. "Mantemos tudo desde que o laboratório abriu", disse um funcionário, "todas as amostras de todos os pacientes, seja qual for o paciente." Uma vez armazenadas, as amostras de tecido, da mesma forma que os registros médicos, são, por lei, propriedade do hospital. Observando seu dever fiduciário para com o paciente, seus herdeiros e a família, o hospital guarda ciosamente esse material. Para liberar registros ou amostras a qualquer pessoa que não seja o paciente, sua família, herdeiros ou testamenteiros, é preciso uma ordem judicial.

Depois da grande repercussão internacional sobre a declaração do dr. William Maples, em julho de 1992, de que a grã-duquesa Anastácia não estava na cova em Ekaterinburg, não era de estranhar que tivesse início uma sondagem para saber se o Hospital Martha Jefferson possuía alguma amostra de sangue ou de tecido de Anastácia Manahan. Em 22 de setembro, Syd Mandelbaum, de Long Island, especialista em análise de sangue e ligado a vários laboratórios importantes, entrou em contato com o hospital, dizendo que queria escrever um livro sobre os testes de DNA como ferramenta forense e que desejava incluir um capítulo sobre Anna Anderson. "Por mais improvável que pareça", escreveu Mandelbaum, "estamos tentando obter uma amostra genética... na forma de uma amostra de sangue, folículo capilar ou cultura de tecido" para testagem no Cold Spring Harbor Laboratory ou na Harvard Medical School. D.D. Sandridge, vice-presidente executivo do Martha Jefferson Hospital, respondeu a Mandelbaum que "não temos nada aqui que lhe possa ser útil". Mais tarde, o hospital me explicou que o erro se devia a um descuido administrativo: "O pedido foi feito à pessoa errada."

A pessoa certa era Penny Jenkins, diretora do setor de registros médicos, e foi ela que recebeu as duas solicitações seguintes, inquirindo sobre o tecido. A primeira delas, em novembro de 1992, veio de Mary DeWitt, que se apresentou como uma "estudante de patologia forense na Universidade do Texas", dizendo que gostaria de ter o tecido porque estava "escrevendo um artigo". Jenkins entendeu que DeWitt era uma jovem estudante "escrevendo um artigo como minha filha no ensino médio. Não era um caso de 'necessidade de conhecimento médico' ou de 'tratamento de paciente'", Jenkins decidiu, e "então, eu disse: 'Não, não posso ajudar'". Mary DeWitt, porém, não desistiu. Entrou em contato com James Blair Lovell, um escritor de Washington, autor da última biografia de Anastácia, e disse a ele que sabia que o hospital tinha o tecido, mas precisava da colaboração da família Manahan para obter uma ordem judicial. Propôs a Lovell que, se trabalhassem juntos, ela se ofereceria para pagar um advogado se ele fizesse uma aproximação com os Manahan. Lovell concordou e conseguiu uma carta de Fred Manahan, primo de John Manahan, autorizando-o a dispor do tecido.

DeWitt contratou um advogado de Charlottesville e, na primavera de 1993, escreveu a Penny Jenkins dizendo que daí por diante ela, Mary DeWitt, trataria com o hospital todos os assuntos referentes aos tecidos, enquanto o papel de James Lovell se limitaria ao de historiador registrando o processo. Ao saber da carta, Lovell ficou furioso e disse a Jenkins: "Eles estão me deixando de fora!" Jenkins precisava escolher. "Como achei que o propósito estava um pouco mais claro, decidi que não íamos mais nos comunicar com Mary DeWitt", ela disse. Jenkins nunca mais ouviu falar de Mary DeWitt, mas soube mais tarde que tinha mais de 40 anos e era casada com um detetive particular.

Dois dias após a primeira carta de Mary DeWitt, Jenkins recebeu um telefonema do dr. Willi Korte, que se identificou como advogado e pesquisador de história alemão. Disse que era associado ao Instituto Forense da Universidade de Munique e estava trabalhando com uma equipe internacional para identificar os ossos de Ekaterinburg e resolver o mistério de Anastácia. "Ele era muito educado, muito sedutor", Jenkins recordou. "Contou um pouco de vantagem, dando a entender que conhecia o dr. Maples, na Flórida... o dr. Baden, em Nova York... e outros. Disse que seu trabalho era viajar pelo mundo à procura de amostras de tecido para comparação. Perguntou se tínhamos amostras, e respondi: 'Sim, temos uma.' Pouco tempo depois, um advogado de Washington D.C., Thomas Kline, da firma Andrews & Kurth, telefonou perguntando sobre o tecido. Kline disse que Korte, com quem trabalhou, estava em outro país. Repeti: 'Sim, temos o tecido.' Foi a última vez que ouvi falar de qualquer dos dois", contou Jenkins. "Nunca mais vi Korte, até estarmos no tribunal de justiça. Ele não falou comigo."

Em janeiro de 1993, Thomas Kline contatou Fred Manahan, que ele acreditava ter direito sobre o tecido. Manahan encaminhou Kline a James Lovell. Em 16 de abril, após várias conversas por telefone, Kline escreveu a Lovell uma carta de três páginas pedindo formalmente ajuda para ter acesso ao tecido de Anastácia Manahan para testes de DNA a serem realizados pelo Instituto Forense, em Munique. Disse que o instituto já tinha acesso a muitos parentes vivos da família imperial, cujo sangue poderia ser usado para comparação de DNA. Para respaldar seu pedido, Kline citou dois artigos científicos que tratavam de análise de DNA. Um deles era o trabalho da equipe do Serviço de Ciência Forense britânico, liderada pelo dr. Peter Gill. Em 18 de junho, Kline escreveu novamente a Lovell para esclarecer o papel do dr. Willi Korte no Instituto de Investigação de Munique. Kline contou que Korte era um investigador experiente, não um médico. E acrescentou que o Instituto de Munique tinha relações de trabalho com cientistas forenses nos Estados Unidos, "particularmente a dra. Mary-Claire King [que] tinha concordado em trabalhar com o Instituto Forense".

James Lovell achou esses encontros com Thomas Kline preocupantes. Incerto sobre o próprio status legal, ele consultou Richard Schweitzer, um advogado da Virgínia, que, como Lovell, acreditava na alegação da sra. Manahan ser a filha do czar. Falando sobre Kline, Lovell disse a Schweitzer: "Ele está me importunando demais, fica dizendo 'Precisamos de uma resposta! Não podemos deixar de lado! Temos que agir! Precisamos de sua resposta já!'" Lovell perguntou a Schweitzer o que deveria fazer. "Jimmy, você não tem que fazer nada", Schweitzer aconselhou. "Não precisa nem falar com ele ao telefone." "Assim", Schweitzer contou mais tarde, "da próxima vez que o homem ligou, Jimmy – por decisão própria, eu não disse a ele que fizesse isso – fez o melhor que poderia ter feito. Quando ouviu 'Você tem que responder agora, sim ou não!', Jimmy falou 'A resposta é não', e desligou. Depois, Jimmy me perguntou: 'Fiz bem? O que eles podem fazer agora?' Respondi: 'Jimmy, eles não podem fazer nada. Eles não têm prestígio. Não podem participar de uma ação judicial na Virgínia, a não ser que tenham representatividade no estado. A única pessoa que conheço, residente nesse estado que pode chegar lá e ter alguma conexão com esse caso, é Marina.'"


Marina Botkina Schweitzer, filha de Gleb Botkin, é uma dama da sociedade virginiana, discreta e com um suave sotaque sulista. Sua origem russa, não imediatamente perceptível, tem profunda importância para ela. Seu bisavô, dr. Sergei Botkin, foi o pai da medicina clínica russa, amigo e médico pessoal do czar Alexander II. Seu avô, o dr. Eugene Botkin, teve as mesmas funções com o czar Nicolau II e, em consequência de sua lealdade, morreu com a família imperial no porão em Ekaterinburg. Ela lê e fala alemão e russo, e todas as noites assiste ao noticiário de Moscou, *Vremenya,* pela TV a cabo. Única filha mulher dos quatro filhos de Gleb, Marina nasceu no Brooklyn, foi criada em Long Island e se formou no Smith College. Quando trabalhava num escritório de advocacia em Charlottesville, conheceu seu futuro marido, Richard Schweitzer.

Schweitzer, que pelo bem da esposa ainda iria enfrentar sozinho uma batalha judicial contra uma firma com 250 advogados e escritórios no país inteiro, é de descendência suíça. Seus ancestrais vieram do cantão de Basel para os Estados Unidos no início do século XIX. Eram missionários com a intenção de converter indígenas no Wisconsin. Richard formou-se na Universidade da Virgínia e, durante a Segunda Guerra Mundial, serviu por quatro anos no Atlântico Norte, combatendo submarinos. Durante algum tempo foi membro de uma equipe secreta da marinha dos Estados Unidos, treinada para explodir bases de submarinos alemães. Schweitzer atuou como advogado no campo de seguros e finanças internacionais e se aposentou em 1990. Aos 73 anos, ele é combativo e, quando fica irritado, violento. Tem as costas eretas, o rosto firme por trás dos óculos sem aro e cabelos brancos cada vez mais ralos. Sua linguagem é típica da advocacia, mas por baixo há um irônico senso de humor. No processo que se seguiu, os oponentes de Richard Schweitzer o trataram com uma superioridade indulgente, como um advogado provinciano. Estavam enganados.

A mulher chamada Anna Anderson fazia parte da vida de Marina Schweitzer desde que ela tinha 5 anos, quando seu pai visitou o Castelo Seeon. Marina conheceu Anna Anderson por alto, na ocasião em que ela esteve nos Estados Unidos, no fim dos anos 1920. Nos anos 1950, Schweitzer disse que, "quando ela estava na pobreza na Floresta Negra, colocávamos dinheiro em envelopes e enviávamos para ela por carta registrada. A certa altura, alguém escreveu a Gleb dizendo: 'Por favor, diga a sra. Schweitzer que pare de mandar dinheiro porque ela está usando para comprar carne para os cachorros e não comida para ela.' Não paramos. Assim ela sabia que gente como nós queria ajudá-la". Depois que Anna Anderson voltou para os Estados Unidos, em 1968, e se tornou Anastácia Manahan, Marina Schweitzer conta: "Nós a encontrávamos duas ou três vezes por ano. Mas era mais por causa de sua proximidade com meu pai do que conosco."

Na verdade, Marina Schweitzer sempre foi um pouco precavida com Anastácia Manahan. "Ela nos telefonava muito... principalmente quando tinha problemas com Jack. Eu a mantinha propositadamente a certa distância porque havia a história de que ela brigava com todas as pessoas muito próximas. E a verdade é que nunca brigamos. Ela me chamava de 'Marina' e meu marido de 'sr. Schweitzer'. Outro motivo para não irmos lá com frequência era porque eu não suportava ver que Jack a tratava como um prêmio, como possuidor de algo a se vangloriar. Ele a usava para apoiar seu próprio ego. Uma coisa que me enfureceu foi que, antes de se casar, ele levou meu pai e ela ao banco dele e a fez jurar que era Anastácia, fez meu pai jurar que sabia que ela era Anastácia."

Fizesse o que fizesse – e os Schweitzer admitem que nos anos finais ela era muito difícil –, Marina e Richard nunca duvidaram de que ela era a filha do czar. Achavam que seu comportamento não era anormal para uma mulher que tinha passado por aquelas experiências na vida. O ponto crucial era sua identidade. "Para nós", disse Richard Schweitzer, "tendo conhecido Anastácia todos esses anos, era uma questão de honra da família fazer todo o possível para realizar seu desejo da vida inteira, que era ter o reconhecimento de sua identidade de grã-duquesa Anastácia."

A família Manahan e James Blair Lovell não entenderam, no começo de 1993, que pelas leis da Virgínia eles não tinham o direito de controle sobre os tecidos de Anastácia Manahan. Na Virgínia, nos casos em que não há testamento nem cônjuge ou filhos vivos, o patrimônio é transferido para o mais próximo parente de sangue. Os primos de John Manahan eram parentes da esposa, mas não de sangue, e quando o Martha Jefferson Hospital soube que o tema estava em questão, informou polidamente aos Manahan que havia essa lei. Se os Manahan não tinham o controle, por extensão, não podiam passá-lo a James Lovell, nem a Mary DeWitt, nem a Thomas Kline, nem a ninguém.

Informada disso pelos advogados do hospital, Penny Jenkins ficou preocupada. Ela já havia falado com Richard Schweitzer quando DeWitt contratou um advogado de Charlottesville para obter o tecido. Na época, Schweitzer avisou: "Olhe, se essas pessoas lhe pedirem e você não quiser dar nada, me diga imediatamente. Vou a Charlottesville e ingresso com uma intervenção de terceiros em nome de Marina, destacando que nada pode ser entregue a não ser que o hospital esteja protegido e que parte das amostras permaneça lá." Intervenção de terceiros é um termo legal significando a intervenção de um terceiro interessado à lide, no curso de um processo judicial permitido pelo juiz. Como Marina era ao mesmo tempo cidadã da Virgínia e descendente de uma das vítimas do massacre na Casa de Ipatiev, Schweitzer achava que certamente lhe seria permitido intervir.

Depois que Mary DeWitt desapareceu, Schweitzer e Jenkins continuaram a manter contato. Jenkins percebeu que o hospital estava sujeito a uma avalanche de solicitações do tecido. Mais uma vez, Schweitzer se ofereceu para ajudar. Leu atentamente os estatutos e, trabalhando com Jenkins e os advogados do hospital, redigiu uma petição que permitisse ao Martha Jefferson Hospital liberar o tecido para um laboratório qualificado. O trabalho evoluiu lentamente. Os advogados do hospital, Schweitzer recordou, eram "aduladores, lambe-botas do conselho diretor, conservadores tacanhos, advogados de escritório, fiduciários, advogados de escrivaninha que só mexem com testamentos e heranças de propriedades e nunca vão aos tribunais, detalhistas, cheios de picuinhas e lerdos. Nunca compareceram a uma reunião comigo. Ficavam mudando de posição, e eu escrevia e reescrevia para atender às exigências deles. Por fim, puseram a coisa nas mãos de um hábil causídico, Matthew Murray, e conseguimos prosseguir. Levou de maio a setembro, mas se Matt tivesse assumido desde o começo estaria resolvido em junho."

Em setembro, Schweitzer havia satisfeito a todos com um documento não controverso que o hospital aprovou. "Sim, é essa petição que queremos que você leve ao tribunal", disseram.

Enquanto trabalhava com o hospital, Schweitzer começou a procurar um laboratório que pudesse analisar o tecido assim que estivesse disponível. Contatou o Instituto de Patologia das Forças Armadas, em Maryland, mas não conseguiram chegar a um acordo. Além disso, o AFIP não tinha material dos Romanov nem dos parentes de Hesse para comparar com o tecido de Manahan. Schweitzer então entrou em contato com o dr. Peter Gill e com o Serviço de Ciência Forense britânico, que, é claro, possuíam não só os perfis de DNA colhidos nos restos de Ekaterinburg, mas também as amostras de sangue do príncipe Philip, ligando-o aos ossos da suposta imperatriz Alexandra. No verão, Schweitzer passou a negociar com os procuradores do Ministério do Interior britânico, que trabalhariam em troca de uma comissão à parte. Finalmente foi assinado um acordo. Schweitzer fez um pagamento inicial de 5 mil libras e depositou mais 5 mil libras de caução num banco inglês, a serem retiradas caso fosse necessário.

Em 30 de setembro de 1993, Richard Schweitzer encaminhou à Virgínia Sixteenth Judicial Circuit Court a petição da esposa para a liberação do tecido. Na petição constava que Marina Schweitzer recorria à justiça em três categorias: como cidadã da Virgínia, como neta do dr. Eugene Botkin e como a única residente da Virgínia que teve grande ligação com a vida e a identidade de Anastácia Manahan. Schweitzer justificou perante a justiça que o processo da esposa tinha por base o fato de que, como neta do dr. Botkin, tinha o direito de saber o que havia acontecido com o avô: "A identificação de uma putativa sobrevivente do assassinato [isto é, a grã-duquesa Anastácia] seria de grande auxílio para maior certificação da identidade de todos, inclusive do avô da peticionária, dr. Botkin." Na petição, Schweitzer não pedia autorização para liberar os tecidos para a esposa, mas somente que a justiça permitisse o acesso do dr. Peter Gill a pequenas amostras do tecido para fins de testagem. Marina Schweitzer, ele concluiu, estava pronta a pagar todos os custos e despesas dos testes de DNA.

O Martha Jefferson Hospital não tomou partido na questão da petição, declarando que cumpriria o que fosse decidido pela justiça. Informalmente, Matthew Murray disse: "Se a requerente provar que tem direito ao tecido e se a justiça der a ordem, não temos nenhum problema com isso. Não temos nada a ganhar nem a perder." Schweitzer achava que as coisas estavam caminhando bem. "Cheguei a redigir a ordem, do jeito que o hospital queria, para o juiz emitir", ele recordou. "O juiz marcou uma audiência para 1º de novembro. Achei que já estaria tudo resolvido."

Na tarde de 1º de novembro de 1993, o juiz Jay T. Swett, um homem com aspecto jovem e cabelos louros, envolveu-se no manto preto, sentou-se bem acima dos presentes no tribunal e se preparou para tratar do caso do tecido de Anastácia Manahan no Martha Jefferson Hospital. À sua frente, logo abaixo, estavam três advogados: Richard Schweitzer, advogado da esposa Marina, que pleiteava que o tecido fosse disponibilizado para testagem de DNA na Inglaterra; Matthew Murray, advogado do hospital, desejoso de que isso acontecesse, desde que a justiça aprovasse; e um advogado do *Richmond Times*, querendo que a audiência não fosse fechada à imprensa e ao público. Essa questão foi rapidamente resolvida quando Schweitzer concordou que todas as audiências fossem abertas e que nenhum documento fosse vetado. Parecia que restava pouco mais a fazer, e o juiz Swett instruiu Schweitzer e Murray que formulassem uma ordem em conjunto para que ele assinasse. O caso estava aparentemente concluído. Em breve, o tecido estaria disponível para o dr. Gill.

— Algo mais que a justiça deva saber antes de nos retirarmos? — perguntou o juiz Swett.

— Bem, Excelência, há outras pessoas aqui querendo ser ouvidas porque pensam ter interesse na questão — respondeu Matthew Murray.

Nesse momento, uma jovem de cabelos castanhos repuxados num rabo de cavalo ficou de pé no fundo da sala. Apresentou-se como Lindsey Crawford, advogada do escritório Andrews & Kurth em Washington D.C., onde Thomas Kline trabalhava.

— Excelência, temos um cliente que merece ser ouvido — ela falou. — Acabei de atender o príncipe Nicolau Romanov, chefe da Associação da Família Romanov, que a maioria dos Romanov vivos aceitam como o legítimo pretendente ao trono. Hoje, pela manhã, ele me pediu literalmente para investigar o que está acontecendo aqui e qual efeito terá sobre sua família, se é que terá algum.

A jovem pediu ao juiz Swett que suspendesse os procedimentos a fim de lhe dar tempo "para proteger os interesses dele e da família Romanov". Crawford acrescentou que sua firma representava também outro cliente com interesse nos tecidos de Anastácia Manahan. Era uma corporação chamada Associação da Nobreza Russa.

— Vocês têm procuração para fazer uma petição? — perguntou o juiz Swett.

— Não temos, Excelência, porque o cliente só falou comigo hoje de manhã.

Reconhecendo o nome Andrews & Kurth, Richard Schweitzer objetou a um adiamento.

— O verdadeiro cliente é a firma de advocacia — ele disse ao juiz — e não qualquer membro da família Romanov ou a Associação da Nobreza Russa. É um sr. Korte.

Schweitzer pegou uma cópia da carta que Thomas Kline tinha escrito em junho a James Lovell, na qual descrevia o trabalho de Willi Korte.

— Essa firma, Andrews & Kurth, representa o sr. Korte há meses, antes da data desta audiência — disse Schweitzer ao juiz. — Eles vêm tentando se apropriar do tecido para os propósitos do sr. Korte e para impedir que os outros tenham acesso.

O juiz Swett passou vários minutos ponderando. Então, disse a Crawford que suspenderia as sessões por três dias para que ela fizesse uma petição. Sentada ao lado de Lindsey Crawford na sala do tribunal, Penny Jenkins, incrédula, ouviu-a dizer: "Não temos condição de fazer isso em três dias." Jenkins notou também um homem alto, de cabelos encaracolados, provavelmente perto dos 40 anos, de nariz fino e comprido, sentado ao lado de Crawford. Ele calçava sandálias e carregava uma mochila. Jenkins soube – "Não sei como, eu só soube", ela falou mais tarde – que era Willi Korte. Antes que a audiência terminasse, Korte levantou-se rapidamente e saiu da sala.

Revendo a história após a conclusão do caso, a hipótese de Richard Schweitzer sobre o que tinha acontecido foi: "A Andrews & Kurth queria bloquear o acesso de Marina ao tecido a fim de obter o controle exclusivo para seu verdadeiro cliente. Na época, eu achava que esse cliente era Willi Korte. Ele vinha batalhando havia meses para adquirir o tecido, mas, quando não teve êxito com os Manahan e Jimmy Lovell, não sabia mais o que fazer. Não podia recorrer à Justiça da Virgínia porque não tinha condição para isso. Precisava de um cliente que pudesse ser aceito como interveniente em nossa ação judicial. Então, ele e seus colegas na Europa andaram pelo mundo à procura de um cliente – ou dois clientes. Apareceram com Nicolau Romanov e a Associação da Nobreza Russa."

Na Europa, um dos parceiros de Korte, Maurice Philip Remy, estava tentando envolver os príncipes russos no bloqueio aos Schweitzer. O príncipe Nicolau, que morava em Roma, telefonou a seu primo, príncipe Rostislav, que morava em Londres, dizendo que vinha sendo pressionado para se envolver no caso da Virgínia. Rostislav telefonou para Nova York e falou com o presidente da Associação da Nobreza Russa, príncipe Alexis Scherbatow, que ele não conhecia, perguntando o que estava acontecendo. Rostislav e Scherbatow conversaram durante meia hora, e então Rostislav telefonou a um amigo em Londres, Michael Thornton. "Quando Rosti acabou de falar com Scherbatow", contou Thornton, "ele me ligou dizendo: 'Jesus Cristo! Qual é a desse homem?' E me contou tudo o que Scherbatow disse: Schweitzer era um patife... tinha um passado muito duvidoso... se a gente soubesse, tinha coisas sobre ele que eram de arrepiar os cabelos... Para eles, era uma conspiração sinistra para a reivindicante ser reconhecida como autêntica." Scherbatow ainda falou com Rostislav que o tecido de Anna Anderson não deveria ser testado na Inglaterra. "O único lugar onde pode ser feito adequadamente", Scherbatow disse, "é na Califórnia, pela dra. Mary-Claire King."

A reação de Thornton à conversa com Rostislav foi: "Isso tudo é uma besteirada! Por amor de Deus, passe um fax para Nicolau dizendo que deixe pra lá essa coisa de Charlottesville. Isso vai ser um caos." O próprio Thornton escreveu uma carta para Rostislav, que passou por fax a Nicolau, dizendo que um envolvimento no caso seria desastroso para os

Romanov. "Eu disse que seriam seriamente criticados se, depois de rejeitarem Anna Anderson a vida inteira, fossem agora reclamar partes do corpo dela após a morte", Thornton relatou. "Seriam crucificados pela mídia. Além do mais, falei, isso representaria uma virada na política há tanto tempo mantida pela família Romanov, de que Anna Anderson não era autêntica. Se vocês começarem a reclamar partes do corpo dela agora, todo mundo vai achar que vocês estavam enganados. O melhor é ficar fora disso."

A mensagem de Michael Thornton surtiu efeito. O príncipe Nicolau Romanov se retirou imediatamente da posição de potencial cliente de Andrews & Kurth, e não houve menção de seu nome ou de qualquer Romanov nos documentos legais subsequentes.

Na quinta-feira, 4 de novembro, Lindsey Crawford está pronta, conforme instruída pelo juiz Swett, a apresentar sua petição para intervir como terceira interessada. No documento, constava o nome de um único cliente, a Associação da Nobreza Russa. Crawford assinava a petição juntamente com Thomas Kline, da mesma firma, e Page Williams, de Charlottesville, contratada como advogada local. Na petição, a associação se apresentava como "uma organização histórica [sic] e filantrópica, cujo propósito é proteger a autenticidade da linha da família imperial da Rússia e os eventos anteriores a 1917". A associação objetava à pertinência de Marina Schweitzer em solicitar o tecido, dado que ela não era parente de sangue, nem de "Anastácia Romanov [a filha do czar], nem de Anna Anderson [a reivindicante]". Negava que a identificação das amostras de tecido no Martha Jefferson Hospital ajudasse a confirmar os restos do dr. Botkin. Concordava que os testes de DNA mitocondrial poderiam ser úteis para determinar a verdadeira identidade de Anastácia Manahan, mas que era "essencial que quaisquer testes realizados com as amostras de tecido sejam da mais alta integridade científica, o que não seria alcançado da maneira requerida por Schweitzer" (isto é, no laboratório do dr. Peter Gill).

Num memorando anexo à petição, a Associação da Nobreza Russa aproveitou para caluniar ainda mais o dr. Gill: o laboratório dele tinha fama de ser a "segunda melhor testagem científica" e diziam que suas amostras haviam sido possivelmente "contaminadas". Finalizando, a associação argumentava (incorretamente, como se viu) que "Não há evidência científica de que amostras de tecido possam ser seccionadas para que testagens paralelas possam ser realizadas em dois laboratórios". O argumento da Associação da Nobreza Russa era que, se a justiça concedesse o tecido a Gill, estaria jogando fora qualquer chance de provar a identidade da reivindicante. Insistiam que a única solução seria enviar o tecido para o laboratório indicado por eles, como sendo o "da mais importante cientista genética nos Estados Unidos", dra. Mary-Claire King, em Berkeley.

Anexados à petição da Associação da Nobreza Russa vinham depoimentos do presidente da associação, príncipe Alexis Scherbatow, e do dr. William Maples. O depoimento de Scherbatow era praticamente uma cópia da petição. O mais significativo era que as afirmações e recomendações científicas nos três documentos – a petição da Associação da Nobreza Russa, o memorando e o depoimento do príncipe Scherbatow – se baseavam no depoimento do dr. Maples, que exaltava a dra. King e desqualificava o dr. Gill. Dizia que o achado de Gill, os 98,5% de certeza de que os ossos de Ekaterinburg pertenciam aos Romanov, "não era cientificamente significativo". Referia-se à heteroplasmia que Gill e seus colegas haviam descoberto no DNA de Nicolau II como "mais provavelmente o resultado de amostras contaminadas". Tentou atemorizar o juiz, dizendo que não havia quantidade suficiente de material para ficar, ir e vir: "Se uma amostra de sangue ou tecido de Anastácia Manahan for usada em teste de DNA mitocondrial, é provável que seja totalmente consumida no processo... Portanto, é improvável que haja material genético suficiente para ser dividido e testado em dois laboratórios."

A Associação da Nobreza Russa é uma congregação de descendentes de famílias aristocráticas que ajudaram a governar a Rússia imperial. Nos anos 1990, era formada por talvez 100 membros contribuintes, muitos dos quais eram filhos e netos dos homens e mulheres que emigraram da Rússia na época da revolução. Se ainda vivessem na Rússia czarista, muitos deles seriam chamados de príncipes e princesas, condes e condessas. Na América, eles usavam esses títulos nobiliárquicos apenas em eventos de caridade, na esperança de que o brilho honorífico atraísse americanos impressionados por títulos de nobreza.

A organização está numa condição financeira lastimável. Sua principal fonte de renda é um baile todo mês de maio, que dá um lucro de 12 a 18 mil dólares. A maior parte desse dinheiro é para pagar o aluguel de um apartamento no segundo andar da First Avenue, onde está instalada a biblioteca da associação, composta por livros de genealogia russa, todos caindo aos pedaços. O resto do dinheiro é doado para auxiliar crianças, necessitados e doentes.

Nessa época, não havia ninguém no mundo mais capacitado a traçar a linhagem da aristocracia de seu país do que o presidente da Associação da Nobreza Russa, Alexis Scherbatow, de 84 anos, que passou a vida como emigrado. Sua família perdeu tudo, exceto a vida, na revolução. Foram para a Bulgária. Ele morou na Itália, formou-se na Universidade de Bruxelas, foi para os Estados Unidos em 1938 e, durante a Segunda Guerra Mundial, tornou-se sargento do exército americano. Depois da guerra, lecionou história no Fairleigh Dickinson College, em Nova Jersey, e traduziu documentos em russo e latim para historiadores e escritores. Seu ponto de vista é típico dos russos de sua geração: odeia o comunismo, suspeita da Rússia pós-comunista e despreza a Inglaterra ("Eles são um bando de mentirosos na Inglaterra"). Nunca aceitou a reivindicação de Anna Anderson de ser Anastácia. Como argumento, cita o fato de ter visto pessoalmente a grã-duquesa em 1916, quando ele tinha 5 anos.

Richard Schweitzer respondeu à intromissão da Associação da Nobreza Russa na ação judicial de sua esposa, dizendo que "não era uma questão de comparar o mérito das respectivas instalações científicas. A verdadeira questão é se a Associação da Nobreza Russa tem alguma competência para participar de qualquer que seja a seleção de uma instituição científica. Não há evidência, perante a justiça, de tal competência". Ele ressaltou que a associação não tinha apresentado um certificado de seus representantes, nem uma resolução autenticada de seus diretores ou administradores, dando aos tribunais de Charlottesville consentimento para assumir a jurisdição sobre suas atividades naqueles procedimentos. Pessoalmente, Schweitzer achava que os representantes e membros da Associação da Nobreza Russa não sabiam o que estava acontecendo. E achava também, com certeza, que alguém estava pagando as despesas da associação no processo judicial.*

---

* Na verdade, como Schweitzer suspeitava, nem os membros, nem outros representantes da Associação da Nobreza Russa estavam a par da ação de seu presidente. E como também Schweitzer suspeitava, a associação não pagava as custas do processo. Em novembro de 1994, Alexis Scherbatow admitiu que os oito meses de ação mo-

Schweitzer despejou uma torrente de documentos. Disse que nunca tinha pedido à justiça autoridade *exclusiva* sobre o tecido. Duvidava que houvesse qualquer risco de erosão das amostras e que os cientistas lhe tinham dito que bastava uma amostra mínima, de 24/10.000 de espessura de cada dois centímetros das unidades preservadas. Em 16 de novembro, declarou à justiça que não se opunha a uma testagem pela dra. King, em Berkeley, mas se opunha apenas a uma testagem *exclusiva* pela dra. King. Em outra linha de argumentação, disse que a Associação da Nobreza Russa não tinha o direito de ser representada no caso porque Anastácia Manahan jamais se propôs a ser membro da nobreza russa; ela sempre afirmou ser membro da família imperial russa.

Em particular, o casal Schweitzer via com desprezo Alexis Scherbatow assinar como "príncipe" seus depoimentos sob juramento. "Quando passou a ser cidadão norte-americano, ele jurou abrir mão de títulos estrangeiros", disse Schweitzer. "É difícil aceitar o juramento de alguém que usa título estrangeiro num depoimento sob juramento, se essa mesma pessoa, quando naturalizada, renunciou a todas as filiações e títulos. Um dos dois juramentos tem validade duvidosa." O desprezo de Schweitzer se estendeu a William Maples: "O depoimento de Maples não é uma base confiável [para selecionar um laboratório para a testagem]", ele disse ao juiz. "Ele afirmou categoricamente em programa de televisão que a grã-duquesa Anastácia não pode ter sobrevivido. Não é um cientista imparcial. Maples é antropólogo, não geneticista. Ele não declara ter qualquer especialização que o qualifique para definir critérios para o trabalho com genética."

Richard Schweitzer não foi o único a criticar imediatamente o depoimento do dr. Maples. Quando a dra. Mary-Claire King leu o depoimento, dias depois, também ficou preocupada. Em 19 de novembro, ela telefonou para Peter Gill na Inglaterra, desvinculou-se das observações de Maples sobre a incompetência de Gill, dizendo que teria prazer em trabalhar em colaboração com ele no tecido de Anastácia Manahan. Naquele mesmo dia, ela falou por telefone com Marina e Richard Schweitzer. Em seguida, Schweitzer passou um fax para King tentando esclarecer sua posição e a da esposa: estavam pleiteando na justiça fazer um contrato particular, às

---

vida pela Associação da Nobreza Russa não haviam custado nada à sua organização: "Nem um centavo! Nem um centavo! Nem um centavo!", ele ria, contente.

expensas deles, com dr. Gill, sem controle externo: "Quem não tem competência, não dê palpite." O relatório de Gill, quaisquer que fossem suas conclusões sobre a reivindicação da sra. Manahan ser Anastácia, seria enviado diretamente à justiça e ao hospital, e não aos Schweitzer. Quanto à participação da dra. King, Schweitzer lhe disse: "Não temos a intenção de excluí-la de uma participação com Peter Gill no que deverá ser uma série totalmente imparcial de procedimentos e conclusões puramente científicos." E Schweitzer chegou a se oferecer para incluir King em sua petição, mas "infelizmente", ele disse a ela, "seu nome foi trazido à justiça por uma sociedade de genealogia de Nova York que tentou impedir permissão justicial a nosso pretendido acesso ao material a ser enviado ao dr. Gill. A nosso ver, é na verdade uma ação da firma de advocacia Andrews & Kurth, representando grupos desconhecidos que estão por trás desde março ou abril de 1993".

Na conversa, King pediu a Schweitzer que falasse com Lindsey Crawford para saber se havia um meio para que ela e o dr. Gill pudessem trabalhar em colaboração, ou pelo menos paralelamente. No dia seguinte, Schweitzer passou essa mensagem a Crawford, propondo que a dra. King fosse incluída na petição da esposa dele e que a Andrews & Kurth se retirasse do caso. Passaram-se duas semanas sem resposta. Em 4 de dezembro, Schweitzer soube que a Andrews & Kurth não tinha intenção de se retirar do caso. Em 6 de dezembro, tomou conhecimento de que Thomas Kline se queixava de que os Schweitzer estavam interferindo com "sua" especialista. Schweitzer telefonou imediatamente a Kline, que recuou e admitiu que a dra. King não pertencia a ele e que os contatos de Schweitzer com ela eram totalmente corretos.

Subsequentemente, porém, Crawford escreveu a Schweitzer pedindo cópias de "todas as transmissões por fac-símile para a dra. King". Uma semana depois, Crawford escreveu novamente, exigindo firmemente que as seis transmissões por fax lhe fossem enviadas "após o recebimento desta carta. Este incidente", ela prosseguiu, "enfatiza a necessidade de centralizar, por meu intermédio, todas as comunicações concernentes ou de qualquer outra forma relacionadas ao processo." Schweitzer enviou as seis cópias de fax para o juiz Swett, mas não para Lindsey Crawford.

Enquanto isso, Mary-Claire King punha por escrito suas opiniões. Em 7 de dezembro de 1993, ela escreveu e autenticou um depoimento contradizendo o que o dr. Maples dissera sobre a competência do dr. Gill. Embora esse depoimento tenha sido requisitado pela Andrews & Kurth, e escrito ostensivamente em apoio à Associação da Nobreza Russa, King enveredou por outro caminho. "Nos últimos sete meses, venho trabalhando na identificação dos resíduos ósseos de nove indivíduos que incluem possivelmente o czar Nicolau e membros de sua família", ela disse. "Recebi também amostras de sangue e tecido de descendentes do czar Nicolau e de sua esposa, Alexandra.* Estou preparando um relatório dos meus achados. Estou a par da pesquisa de DNA dos restos vindos de Ekaterinburg, conduzida pelo dr. Peter Gill. Se houver suficiente material adequado para mtDNA [DNA mitocondrial], o ideal será que dois laboratórios qualificados realizem os testes de mtDNA e comparem os resultados. Conversei com o dr. Gill e gostaria de ter a oportunidade de trabalhar com ele na análise das amostras."

Como o depoimento da dra. King derrubava boa parte da argumentação científica em que a Andrews & Kurth se baseava nesse caso, foi retido pela firma de advocacia, submetido à justiça e lido pelos advogados oponentes somente três meses depois.

Enquanto isso, o número de pessoas querendo participar do processo de Richard Schweitzer vinha crescendo. Em 10 de novembro, uma senhora de 56 anos, de Mullan, Idaho, de nome Ellen Margarete Therese Adam Kailing, nascida na Alemanha em 23 de outubro de 1937 e ainda cidadã alemã, peticionou para intervir como terceira interessada. Ela jurava que era "a filha há tanto tempo perdida" da grã-duquesa Anastácia e do príncipe Henry de Reuss. Disse que em janeiro de 1993, apenas dez meses antes, havia mudado seu nome oficialmente para Anastácia Romanov. Argumentava que "se for provado que a sra. Manahan é a grã-duquesa Anastácia Romanov, eu, Anastácia Romanov, filha dela, sou membro da família imperial da Rússia". Portanto, disse à justiça, somente a filha tinha direito ao tecido da mãe, e somente ela decidiria se, onde e por quem o tecido seria testado.

A sra. Kailing-Romanov explicou que sua mãe, a finada sra. Manahan, não a criara porque os parentes achavam que a grã-duquesa ficara incapacitada depois do assassinato da família. A sra. Kailing-Romanov contou que tinha sido salva de um campo de concentração e colocada numa família alemã: "Me disseram em 1964... que eu era uma princesa." Ela foi para os Estados Unidos em 1968, casou-se com um americano

---

* Obviamente, King se referia aos *parentes* do czar e esposa, pois todos os seus *descendentes* estavam com ele no porão da Casa de Ipatiev.

e tiveram filhos. "A verdade sobre minha identidade foi escondida de mim até 10 de junho de 1990... [quando] fiquei sabendo que era filha de Anastácia Romanov, por madre Alexandra, abadessa do Monastério Ortodoxo da Transfiguração em Ellwood City, Pensilvânia. Quando vi as fotos no livro de Peter Kurth, soube que era minha história... Na verdade, Lovell em seu livro me deu as informações certas [sic]... Agora o quadro estava completado [sic] e encaixado... A última informação veio do livro de Edvard Radzinsky."

Para reforçar seu caso, a sra. Kailing-Romanov procurou uma empresa de Charlottesville, chamada Locators Inc., cuja propaganda prometia "Localizar Pessoas Desaparecidas — Ação Rápida — Resultados Impressionantes". Quanto às taxas, no contrato da companhia constava que, caso fosse comprovado que a reivindicante tinha direito a uma parte do legado de Nicolau Romanov, de Alexandra Romanov e de Anastácia Romanov, a Locators Inc. receberia honorários de 33% da parte do legado que coubesse à reivindicante. E ainda "caso seja determinado que a reivindicante é herdeira legítima do czar Nicolau II, e portanto em posição de autoridade governamental na Rússia", haverá uma compensação adicional na forma de pagamento em títulos do governo russo emitidos em 1916, "acrescidos de juros, como primeiro ato oficial do governo da reivindicante". A sra. Kailing-Romanov achou melhor não confiar na Locators Inc. e não assinou o contrato.

Em seguida, a sra. Kailing-Romanov fez outras declarações à justiça: "Quase morri envenenada por arsênico. Minha renda está abaixo da linha de pobreza." E pediu para que as datas de audiência fossem marcadas com antecedência porque "a requerente não anda de avião, só viaja de trem ou de carro. A requerente mora em Idaho, a mais de 3 mil quilômetros, e leva mais de três dias de trem para chegar a Charlottesville, Virgínia. A função do czar é dada por Deus, sobre a qual o povo terreno não tem poder. Eu, Anastácia Romanov, tenho um filho e ele continua a linha dinástica."

Para Richard Schweitzer, parecia que a Associação da Nobreza Russa e a sra. Kailing-Romanov estavam transformando o processo de sua esposa num circo. Declarando que a petição da sra. Kailing-Romanov era "incoerente demais para merecer resposta", ele sugeriu que a justiça determinasse "a competência da requerente para representar a si mesma ou a qualquer outro interesse" e pediu a negação imediata de sua petição. Mais uma vez, como havia feito com a petição da Associação da Nobreza Russa, o Martha Jefferson Hospital, querendo resolver de uma vez só a questão do litígio sobre o tecido, tomou a direção contrária e pediu que a sra. Kailing-Romanov fosse admitida como terceira interveniente.

Em 7 de dezembro, para espanto de Richard Schweitzer, o juiz Swett declarou que tanto a Associação da Nobreza Russa como a sra. Kailing-Romanov estavam autorizados a intervir na ação.

## 16
## ESSA GENTE NÃO TEM REPRESENTATIVIDADE

A DECISÃO DO JUIZ Swett, de admitir a Associação da Nobreza Russa e Anastácia Kailing-Romanov como intervenientes no processo dos Schweitzer, foi incluída numa carta para todas as partes, também os aconselhando a se reunirem para debater e resolver entre eles as questões de como e onde os tecidos seriam testados. Caso as amostras fossem suficientes, ele instruía que fossem realizados testes paralelos pelo dr. Gill e pela dra. King. Além disso, as partes foram instruídas a chegar a um entendimento sobre pagamento das custas e de como os resultados dos testes seriam divulgados. Quando tudo isso fosse resolvido, eles levariam a pauta para o juiz assinar.

Richard Schweitzer e Lindsey Crawford discordaram imediatamente sobre o ponto inicial proposto. Schweitzer queria iniciar com uma reunião e debate. Crawford, por sua vez, começou rapidamente a escrever a pauta de sua versão para o juiz. Schweitzer pediu repetidamente, por escrito, insistindo numa reunião: "Estou disposto a comparecer a seus escritórios quando lhes for conveniente, o mais breve possível, preferivelmente nesta semana, antes dos feriados de Natal", ele escreveu em 20 de dezembro. Crawford respondeu: "Estamos redigindo uma proposta que deverá circular entre todas as partes nos próximos dias. Pretendo consultá-lo para agendar uma reunião depois da circulação dessa proposta."

Quando a proposta de Crawford chegou, Schweitzer ficou surpreso ao ver que continha uma mudança importante na argumentação dos oponentes. Antes aceitando a opinião do dr. Maples, a Andrews & Kurth havia acusado o laboratório de Peter Gill de ser um lugar em que as evidências de DNA teriam sido possivelmente contaminadas e que oferecia "a segunda melhor testagem científica". A proposta de Crawford era de que o juiz determinasse que o tecido fosse disponibilizado para *ambos*, o dr. Gill e a dra. King. Mas Schweitzer ficou irritado. Não gostou do que considerava um detalhamento arrogante de Crawford sobre os procedimentos científicos a serem realizados. Não gostou da insistência dela em que tanto King quanto Gill trabalhavam sem reembolso (Schweitzer sabia que o Serviço de Ciência Forense britânico não trabalhava de graça); e ele exigia que cada um dos dois cientistas divulgasse seus resultados tão logo os obtivessem.

Schweitzer escreveu aos advogados do hospital, dizendo que "esses documentos são amplamente comprobatórios de que devemos nos reunir para debater, conforme ordenado pela justiça, e não ficarmos limitados por uma tentativa da conselheira Crawford de controlar a agenda por uma 'pauta' ou por qualquer outro meio". No dia seguinte ao Natal, cada vez mais irritado, Schweitzer passou um fax informando aos advogados do hospital que "a conselheira Crawford desprezou nossas solicitações para a reunião que havia sido instruída pela justiça e decidiu redigir e fazer circular uma pauta do que ela pretende que seja uma 'ordem'". Schweitzer acrescentou que agora pretendia ir adiante e se reunir com os advogados do hospital "com a conselheira Crawford presente ou não, como ela quiser".

Isso chamou a atenção de Lindsey Crawford. Ela marcou uma reunião com todos os advogados envolvidos para discutir uma resposta ao juiz Swett. A data era 10 de janeiro de 1994; o local, o escritório de Page Williams, a advogada que a Andrews & Kurth tinha trazido para o caso, de Charlottesville. Sabendo que a previsão do tempo era ruim para o dia 10, os Schweitzer viajaram para lá na noite anterior. Na tarde do dia 10, no horário da reunião, lá estavam os Schweitzer, Page Williams e Matthew Murray, advogado do hospital; Lindsey Crawford, que tinha agendado a reunião, não compareceu. O tempo estava péssimo, era impossível para ela dirigir, disse Williams. No entanto, o mau tempo não impediu o aparecimento de outra figura, que veio dirigindo desde Washington até Charlottesville.

Enquanto os advogados distribuíam cópias das ordens consensuais para regulamentar a distribuição do tecido, o dr. Willi Korte entrou no escritório. Schweitzer perguntou por que Korte estava presente. Williams anunciou que Korte estava ali "representando a Associação da

Nobreza Russa [RNA]". Schweitzer exigiu credenciais e prova daquela representação, e Korte tirou da pasta um documento assinado naquele mesmo dia por Alexis Scherbatow. "Eu, abaixo-assinado, solicito e autorizo Willi Korte a assessorar a RNA e seus advogados neste processo judicial", dizia o documento. "A autorização aqui concedida permite ao dr. Korte trabalhar com os advogados da associação nos Estados Unidos, conduzir negociações, analisar documentos, aconselhar e dar todos os passos necessários e apropriados a fim de fazer avançar os interesses da associação nessas questões."

À medida que a ação prosseguia, Richard Schweitzer tinha a crescente percepção de que estava combatendo múltiplos oponentes, cada um mais importante por trás do outro. Durante meses, Schweitzer esteve ciente da presença do dr. Willi Korte, mas até 10 de janeiro não tinha visto o antagonista em pessoa. Mesmo então, Schweitzer não sabia muito a respeito dele. Julian Nott, um cineasta inglês que estava fazendo um documentário sobre Anastácia para a televisão, sabia mais. "Korte é deliberadamente misterioso", disse Nott semanas depois do confronto de Schweitzer com ele. "Não revela muito sobre si mesmo ou sobre quem o está pagando. É alemão, mas mora perto de Washington D.C. É muito bom pesquisador. Seu trabalho normal é de infiltrado, rastreando obras de arte roubadas. Poucos anos atrás, ele ajudou a localizar o Quedlinburg Treasure*, avaliado entre 200 milhões de dólares e 'inestimável', roubado logo depois da Segunda Guerra Mundial por um tenente do exército americano e escondido no Texas. No caso Romanov, esbarrei com ele no encontro de cientistas forenses em Boston, quando Avdonin apresentou sua pesquisa, em Harvard, com os documentos de Sokolov, e em Londres.

"Foi muito persuasivo com algumas das famílias, principalmente com os de Hesse, e deu um jeito de convencê-los a ajudar", Nott continuou. "Ele os assustou, dizendo: 'Olhem, vocês sabem o que está acontecendo? Estão sabendo que o genro de Gleb Botkin, Richard Schweitzer, e James Lovell estão a ponto de perpetrar uma fraude enorme em cima de vocês? Mas eu estou aqui. Que tal me dar uma mãozinha?'"

---

* Nos últimos dias da Segunda Guerra Mundial, o tenente Joe T. Meador retirou de uma igreja próxima à cidade de Quedlinburg, na Alemanha, artefatos preciosos que incluíam um evangelho do século IX, manuscritos do século XVI, além de relicários e livros com capa de joias.(N. do R.T.)

"Acho que Korte é o cérebro e a força por trás disso tudo", Nott prosseguiu. "Ele é muito determinado e não vai ceder. Ele quer tudo e mais um pouco; não quer Schweitzer envolvido, de jeito nenhum. Mas o que ele está querendo, na verdade, é simplesmente fazer dessa coisa a maior confusão."

Entretanto, Nott estava enganado. Willi Korte não era a força motriz por trás dos oponentes de Schweitzer. Em janeiro, a figura por trás de Korte começou a aparecer. Maurice Philip Remy era um produtor de televisão de Munique interessado, como Julian Nott, em fazer um filme sobre Anastácia. Semanas mais tarde, Nott foi a Munique encontrar o concorrente. "Ele é rico, de família aristocrática, e sua emissora de televisão é muito forte", Nott declarou ao voltar. "E quer resolver 76 anos de mistério num único programa de televisão. Infelizmente, ele tem mais dinheiro que decência. Ele vai correr atrás e não vai deixar escapar. Já confirmou que está por trás de Korte; falou como se Korte fosse alguma coisa pior que seu mordomo. 'Mandei Korte fazer isso, mandei Korte fazer aquilo.' Falando da Associação da Nobreza Russa, foi muito mais cuidadoso. 'Tenho grande influência com eles', ele me disse."

A posição de Remy a respeito de Anna Anderson era veementemente hostil. "Ele não está a fim de ser objetivo", contou Nott. "Pretende provar que ela é impostora. Fez uma aliança com o pessoal de Hesse, a quem desde o princípio ele se apresentou declarando desprezo por Anna Anderson." Remy fez também um aliado útil no dr. Von Berenberg--Gossler, antigo advogado de Mountbatten e dos Hesse, e que, aos 85 anos, ainda falava de Anna Anderson como uma "atriz vigarista", uma "impostora".

Gradualmente, foi ficando claro para Nott que o objetivo de Remy era ganhar o controle total do caso de Anna Anderson. Ele bloquearia Richard e Marina Schweitzer em obter o tecido, mandar testar, e então dominaria a divulgação das informações. Ele e seus agentes saíram percorrendo a Europa, não só consultando arquivos, cartas, filmes, vídeos caseiros, gravações, entrevistas, vídeo e radiodifusão, mas também tentando comprá-los. "Nenhum programa ou canal de televisão normal faria isso; é caro demais", disse Nott. "Mas Remy está por trás dessa corrida e quer impedir os Schweitzer e Gill, ou pelo menos conseguir que tudo seja divulgado simultaneamente. O motivo apresentado é que seria tudo pela ciência; todo o material estaria disponível para todos como um registro público do trabalho de cientistas. O verdadeiro motivo seria a vantagem comercial. Enquanto isso, ele está tentando amarrar todo o material do mundo. Depois procuraria todas as redes e estações da Europa e do mundo para fazer uma pré-venda do filme, mas com direitos exclusivos sobre os testes de DNA de Anna Anderson. Diria que ela pertence a ele."

Em janeiro de 1994, mais uma figura apareceu no caso. Foi o barão Ulrich von Gienanth, de 86 anos, antigo diplomata alemão que se tornou amigo de Anna Anderson depois da guerra, e durante os anos em Unterlengenhardt administrou-lhe as parcas finanças. Numa série de cinco testamentos escritos entre 1949 e 1957, a reivindicante nomeou Von Gienanth um dos quatro executores do testamento. (Os outros, já todos falecidos em 1994, foram o príncipe Frederick de Saxe-Altenburg e os advogados dela de Hamburgo, Kurt Vermehren e Paul Leverkuehn.) Em 21 de janeiro de 1994, em Bad Liebenzell, perto de Stuttgart, onde morava, o barão Von Gienanth assinou uma declaração dizendo que, como único sobrevivente dos quatro anteriores, ele aceitava a função de executor do testamento de Anna Anderson.

Se fosse aceita pela justiça, a declaração de Von Gienanth mudaria todo o aspecto do caso. A petição de Marina Schweitzer se baseava no fato de não haver nenhum parente de sangue, nenhum herdeiro, nenhum executor de testamento. Certamente, se fosse admitido como executor, o status de Von Gienanth suplantaria o dos Schweitzer e, com isso, qualquer papel dos intervenientes, a Associação da Nobreza Russa e Anastácia Kailing-Romanov.

Mas Richard Schweitzer viu uma brecha na lei e se dispôs a investigar. Sabendo que Von Gienanth queria dar prosseguimento à testagem paralela feita pelo dr. Gill e pela dra. King, Schweitzer entrou com uma petição para nomear o barão representante pessoal da reivindicante na Virgínia. Schweitzer sabia que, caso o juiz concordasse, sua ação não litigiosa contra o hospital seria rejeitada. Mas, junto com ela, a participação da Andrews & Kurth e Anastácia Kailing-Romanov estaria terminada. Tentando evitar que isso acontecesse, a Andrews & Kurth entrou com um requerimento para impedir que a declaração de Von Gienanth fosse apresentada à justiça.

Nessa altura, os oponentes de Schweitzer entenderam mal seus objetivos ou subestimaram sua sagacidade jurídica. Em 22 de fevereiro, Schweitzer, Matthew Murray, Lindey Crawford e Page Williams compareceram perante o juiz Swett para que fosse marcada a data de audiência sobre as questões não resolvidas, levantadas pela carta dele de 7 de dezembro: como as duas partes chegariam a um acordo sobre quais laboratórios testariam o tecido e como lidariam com a divulgação dos resultados. O juiz olhou para baixo e perguntou: "Vocês chegaram a um acordo?" Schweitzer disse simplesmente "Não". O juiz olhou diretamente para os advogados à sua frente. Então, Murray falou: "Excelência, na verdade pensamos que a primeira audiência deve ser a respeito das evidências que recebemos de que há alguém [Von Gienanth] que preenche as exigências do estatuto. Se essa outra audiência for realizada, tudo o mais será discutível. Eu gostaria de mostrar o requerimento que recebemos da pessoa que alega ser o executor do testamento."

— Essa pessoa fez alguma contestação nesse caso? — perguntou o juiz.

— Não — disse Murray.

— É uma parte nesse caso?

— Não — respondeu Murray. — Mas, se ele for quem alega ser, o hospital tem direito a ter essa ação encerrada para que possamos lidar diretamente com essa pessoa.

— Bem, sr. Murray — falou o juiz —, o hospital deve protocolar um requerimento para ser excluído da ação, anexando esses novos documentos como evidência. O tribunal não pode decidir porque não há nenhum requerimento para indeferir.

Aqui, Schweitzer falou:

— Excelência, há um requerimento de encerramento. Foi feito por mim, em resposta à última petição da Associação da Nobreza Russa.

O juiz ficou surpreso.

— Você compreende que se eu excluir o hospital, você está efetivamente desistindo de sua ação? — disse o juiz. — Está ciente de que está requerendo uma desistência da ação?

— Sim — respondeu Schweitzer.

— Você quer uma desistência?

— Sim — repetiu Schweitzer.

— Advogado, você está pedindo desistência a este tribunal?

— Sim.

— O caso está encerrado — declarou o juiz Swett.

A outra parte ficou boquiaberta.

— Excelência, nós impugnamos a desistência porque somos intervenientes — protestou Lindsey Crawford. — Temos interesse e reivindicação nesse caso.

— Bem, se vocês têm interesse e reivindicação nesse caso, podem entrar com a sua própria ação — o juiz fez uma pausa —, se tiverem legitimidade.

Ao ouvir isso, Richard Schweitzer, que vinha questionando a legitimidade da Associação da Nobreza Russa, ficou exultante.

Como resultado dessa audiência e da decisão de desistência do juiz Swett, em 1º de março, o barão Von Gienanth, pelo menos temporariamente, tinha o controle do tecido. Ele escreveu imediatamente ao Martha Jefferson Hospital pedindo que o tecido ficasse à disposição do dr. Gill para que ele cumprisse o contrato com os Schweitzer. E escreveu também a Lindsey Crawford, insistindo num acordo que pusesse o tecido à disposição da dra. King. Em vista disso, a atitude da Andrews & Kurth foi estranha. Embora o barão estivesse oferecendo exatamente o que Lindsey Crawford propusera em sua pauta de consentimento, ela agora tentava vigorosamente destruir as credenciais dele.

Os advogados da Andrews & Kurth na Alemanha sabiam que o testamento de Anna Anderson não tinha sido legitimado lá porque ela não morava e nem tinha propriedades no país quando morreu. Além disso, o testamento autorizou "qualquer um dos dois dos meus executores" a agir e, como Crawford disse depois a Page Williams, já que somente um dos dois estava vivo, o testamento dela "não foi e não pode ser legitimado pela lei alemã...[e] provavelmente não pode ser legitimado na Virgínia". Isso fez com que William informasse a Matthew Murray que, para que o barão fosse designado, precisava "comparecer pessoalmente... a fim de legitimar o testamento e ser qualificado como executor". Mas Von Gienanth, idoso e surdo, não estava a fim de entrar num avião.

Enquanto isso, tentando lidar com a súbita eliminação como intervenientes por causa da retirada de Richard Schweitzer e de sua esposa do caso, a Andrews & Kurth pediu ao juiz Swett para rever, esclarecer e modificar a decisão de desistência da ação. Isso aconteceu em 4 de março, na audiência em que o depoimento de Mary-Claire King, escrito em 7 de dezembro, finalmente foi entregue. O juiz rejeitou o requerimento da Andrews & Kurth e até disse à firma que aquilo era uma desistência, vocês estão fora, não tem mais reivindicação, reconvenção, nem alegação de terceiro; é isso, essa ação acabou. Se Marina Schweitzer quer encerrar o caso e deixar vocês de fora, ela tem esse direito.

Para Lindsey Crawford e seus clientes, isso representava a possibilidade de o Martha Jefferson Hospital ficar à vontade para entregar as amostras de tecido ao barão Von Gienanth, que, por sua vez, as daria ao dr. Gill.

— Excelência — disse Crawford —, podemos ter uma medida liminar contra o hospital? Enquanto aguardamos o ajuizamento de outra ação contra o hospital?
 — Se quiser uma cautelar, apresente um pedido de medida cautelar.

A essa altura, decididos a evitar que as amostras fossem liberadas e frustrados pela súbita retirada da ação dos Schweitzer, os advogados da Associação da Nobreza Russa enviaram uma chuva de cartas a Matthew Murray, dizendo o que o Martha Jefferson Hospital deveria ou não fazer. Em 18 de março, quase três semanas após o fim do processo não litigioso contra o hospital, a associação entrou com uma ação judicial com pedido cautelar contra a liberação das amostras de tecido de Anastácia Manahan antes que a justiça decidisse sobre o ataque às credenciais de Von Gienanth. A petição repetia que "é essencial que os testes sejam da mais alta integridade científica", mas agora trazia a importante modificação de que queria "testes paralelos das amostras de tecido em dois laboratórios qualificados" (somente um laboratório, o da dra. King, na Califórnia, foi indicado). A liberação das amostras de tecido, ou de qualquer parte delas, naquele momento — dizia — causaria à associação um "prejuízo grande e irreparável", porque "qualquer chance de garantir o máximo de integridade científica nos testes de mtDNA poderia ser perdida para sempre... [e] a posteridade jamais saberia a verdadeira identidade de Anna Manahan".

Infelizmente, para a Associação da Nobreza Russa, esse documento, assinado por Lindsey Crawford, continha um grave erro factual, que acabou sendo fatal para o seu caso: "Sobre informação e credibilidade", Crawford escreveu, "não há nenhum representante qualificado do legado de Anna Manahan."

Mais uma vez, Richard Schweitzer estava um passo à frente dos adversários. Por volta de 8 de março, ele descobriu uma lei obscura da Virgínia a respeito de propriedades abandonadas. "É relativa principalmente a fazendas", disse Schweitzer. "Se um fazendeiro morrer ou desaparecer, deixando a fazenda abandonada, o gado largado no pasto ou coisa assim, qualquer um — não precisa ser ligado à família —, que disso tiver conhecimento, pode recorrer à justiça pedindo que o delegado assuma o cargo de tomar conta da propriedade, até que alguém habilitado apareça para se responsabilizar. Depois mudaram a lei — e essa parte eu ainda não sabia — porque os delegados estavam assoberbados de trabalho com questões de propriedades, pagamentos de seguros e tudo isso, e tinham que fazer tudo dentro do orçamento. A nova lei dizia que qualquer pessoa podia fazer uma petição para indicar, não só delegados, mas qualquer residente no condado ou na cidade como administrador das terras abandonadas.

"Então, conversei com Ed Deets, meu advogado-adjunto e colega da turma de direito de 1953 na Universidade da Virgínia. Ed concordou em ser nomeado e eu lhe disse: 'Vou atuar como seu advogado, de modo que você terá despesas legais e irei prestar uma caução, que era cerca de 75 dólares, porque não havia propriedade física. Em 16 de março, com aprovação do juiz Swett, meu advogado, Ed Deets, foi nomeado representante e administrador do legado de Anastácia Manahan na Virgínia.

"Matt Murray sabia o que eu estava fazendo. Ele andava cansado do caso, que vinha custando um dinheirão ao hospital, e falou: 'Sim, que diabos! Vá em frente!' O barão Von Gienanth também sabia e, como suas credenciais estavam a ponto de ser questionadas, aprovou. Pela lei, o administrador tem direito a registros médicos, inclusive a espécimes e tecido. Ed solicitou prontamente que o tecido fosse enviado ao dr. Gill."

A nomeação de Ed Deets forneceu a Matthew Murray munição para um violento golpe no pedido de medida cautelar feito por Lindsey Crawford. Em 24 de março, Murray apresentou dois documentos à justiça atacando fortemente a ausência de legitimidade da Associação da Nobreza Russa, que, ele enfatizou, nunca tinha apresentado cópias autenticadas de seus estatutos ou uma certidão negativa. Ele descreveu a associação de Nova York como "obviamente... uma simples sociedade genealógica", sem qualquer ligação com "a pessoa de Anna Manahan. Além disso", Murray acrescentou, a associação não apresentou quaisquer fatos ou fundamentos para apoiar sua alegação de que "sofreria qualquer dano, muito menos danos irreparáveis, caso houvesse transferência das amostras de tecido". Por fim, Murray desfechou o golpe de misericórdia: em 16 de março, dois dias antes de a associação da nobreza entrar com o pedido de medida cautelar, Ed Deets tinha sido nomeado administrador do legado de Anastácia Manahan. Isso o tornava, e não o hospital, responsável pelo destino do tecido. "Se quiserem uma cautelar", disse Murray, "processem Ed Deets."

Murray tinha esperança de que a questão estivesse chegando ao fim. "Se a decisão do juiz for favorável, não teremos que lidar com a questão liminar", ele afirmou na ocasião. "Não vai demorar para a Associação da Nobreza Russa pular fora. Em breve, Ed Deets vai redigir um documento, como eu fiz, dizendo em essência: 'Juiz, essa gente não tem representatividade, e você não tem jurisdição.' O juiz vai ser obrigado a julgar com base nisso. Eles [a Associação da Nobreza Russa] podem apelar, mas duvido que apelem. Se o fizerem, vão ter que prestar uma caução para impedir que possamos dispor do tecido nesse ínterim. Vão ter que ir ao Supremo Tribunal da Virgínia, e o Supremo conceder uma cautelar é mais difícil do que nevar no inferno. A verdadeira questão agora é quem eles são e o que estão fazendo na Virgínia."

Na tarde de 30 de março de 1994, um grupo de pessoas se reuniu novamente na sala do tribunal do juiz Swett, no casarão colonial do Circuit Courthouse de Charlottesville. Os advogados Matthew Murray, do hospital, e Lindsey Crawford e Page, da Associação da Nobreza Russa, sentaram-se em mesas opostas. Alexis Scherbatow, da Associação da Nobreza Russa, sentou-se entre suas duas advogadas. Atrás, nos bancos de um lado da sala, estavam Marina e Richard Schweitzer, Ed Deets, Penny Jenkins, o documentarista inglês de televisão Julian Nott, o repórter do jornal local Ron Hansen e eu. No outro lado, estavam o dr. Willi Korte e o dr. Adrian Ivinson, editor da revista científica *Nature Genetics*.

O tema da audiência seria o pedido cautelar por parte da Associação da Nobreza Russa, mas Murray solicitou imediatamente ao juiz que julgasse seu questionamento da representatividade da Associação da Nobreza Russa. O juiz Swett, porém, decidiu que a nova posição de Ed Deets e o fato de ele ainda não ter apresentado nenhum documento justificava o adiamento da questão da representatividade. Naquele dia, disse o juiz, ele ouviria somente os argumentos pró e contra uma cautelar temporária.

O evento significativo daquela tarde foi a exibição pública da reviravolta na posição da Andrews & Kurth sobre Peter Gill e a testagem paralela. Os advogados de Washington não tiveram escolha. O depoimento de Mary-Claire King, mantido na época em que ela escreveu e agora fazendo parte dos registros da justiça, deixara clara a falácia dos ataques de William Maples a Gill. Agora, com Deets no comando da disponibilidade do tecido, a Andrews & Kurth tinha que encarar o fato de que, em futuro próximo, Peter Gill provavelmente receberia e começaria a testar um pedaço dos restos de Anastácia Manahan. O melhor que Crawford poderia esperar era que o tecido não fosse enviado a Gill até que fosse mandado a King. Portanto, ela, que tinha se oposto a testes paralelos, tornou-se sua defensora.

O instrumento dessa reversão da advocacia foi Adrian Ivinson, um jovem inglês com doutorado em genética humana clínica e molecular. Ele apareceu como especialista, testemunhando a favor da Associação da Nobreza Russa. No lugar de testemunha, o dr. Ivinson declarou que consignar o tecido a testes paralelos em dois laboratórios diferentes seria mais significativo cientificamente do que testar em apenas um.

O juiz Swett queria a opinião de Ivinson sobre dois cientistas famosos em testes de DNA.

— Entendo que você tem a dra. King na maior estima e consideração como cientista internacional... — começou o juiz.

— Sim — concordou Ivinson.

O juiz Swett perguntou se Ivinson poria o dr. Gill e o laboratório do Serviço de Ciência Forense no mesmo nível do laboratório da dra. King.

— Sim — disse Ivinson.*

Ao fim do dia, o juiz Swett não concedeu a cautelar que a Associação da Nobreza Russa havia solicitado porque, durante a audiência, Matthew Murray prometeu, voluntariamente, que o hospital manteria o tecido lá por mais algum tempo — "nos próximos dias ou semanas" — até a conclusão do processo. O juiz instruiu a associação, naquele período, a se dirigir a Ed Deets, administrador do legado de Anastácia Manahan.

Deets se concentrou imediatamente no relacionamento da associação da nobreza com Mary-Claire King. Perguntou a Page Williams se a associação tinha algum acordo escrito com King e, se tivesse, que acordo era. Pediu uma cópia do relatório do trabalho que ela fizera nos restos de Ekaterinburg. Williams escreveu em resposta que a Associação da Nobreza Russa não tinha acordo escrito com King. Deets tentou falar por telefone com a dra. King. A princípio, seus telefonemas não foram atendidos. Depois, quando se falaram, nenhum dos dois gostou muito do outro. Deets falou que, se ela fosse testar o tecido, achava que a doutora devia ter uma programação de tempo definida. King, aparentemente ofendida pela sugestão, desligou.

---

* Subsequentemente, o dr. Kevin Davies, editor da *Nature Genetics* e superior de Ivinson, deu um depoimento ainda mais veemente: "O laboratório de Gill é obviamente o líder mundial nesse tipo de trabalho." Davies contou também que foi por sugestão de Mary-Claire King que a Andrews & Kurth solicitou a participação dele, Davies, como testemunha, na qualidade de especialista. Como ele estava ocupado naquele dia, Ivinson foi em seu lugar a Charlottesville. Davies ficou surpreso ao saber que a Andrews & Kurth não só não havia pagado a seu colega os honorários de especialista prestando testemunho, e "nem ao menos lhe deu o almoço".

A última audiência sobre o tecido de Anastácia Manahan aconteceu em 11 de maio de 1994. A essa altura, tanto o Martha Jefferson Hospital (Matthew Murray) quanto o administrador do legado de Anastácia Manahan (Ed Deets) haviam entrado com pedido de que a ação da Associação da Nobreza Russa fosse negada porque o tribunal não tinha jurisdição e a associação, representatividade. Lindsey Crawford, da Andrews & Kurth, ainda argumentou que o interesse da associação na linhagem nobre e em "proteger a história da Rússia imperial" lhe conferia representatividade automaticamente.* Apesar da alegação de Crawford, o juiz Swett aceitou a argumentação do hospital e encerrou o caso. Sua decisão foi proferida em 19 de maio de 1994, dando à Associação da Nobreza Russa e à Andrews & Kurth trinta dias para fazer uma apelação. Se não houvesse apelação, o caso estaria encerrado.

Richard Schweitzer esperou exatamente até o último dia do prazo para que a Associação da Nobreza Russa pudesse apelar da decisão do juiz Swett. Em 19 de junho, Peter Gill chegou a Charlottesville para receber uma parte da amostra do tecido de Anastácia Manahan. Chegou em segredo. Schweitzer ainda receava que Willi Korte ou a Andrews & Kurth tentassem interceptá-lo ou interferir em seu acesso ao tecido. "Gill pode levar um processo para evitar seu ato", Schweitzer escreveu a Matt Murray, em objeção ao plano do hospital de divulgar sua chegada. "Pode haver uma tentativa baseada em algum regulamento idiota que o impeça de levar esse material [humano] para fora dos Estados Unidos. Ele ou seus espécimens podem estar sujeitos a interferências físicas, apesar de eu lhe ter providenciado um acompanhante."

Naquele dia, Gill almoçou com Schweitzer, e depois se dirigiram ao hospital para pegar o tecido. Foram recebidos por Ed Deets, Matthew Murray, Penny Jenkins e o dr. Hunt Macmillan, diretor do laboratório de patologia. Enquanto os advogados e não cientistas observavam do fundo da sala, e uma equipe de documentaristas filmava tudo o que acontecia, o trabalho prosseguia. Macmillan, Gill e Betty Eppard, uma técnica em histologia que cortou o tecido, vestiam jalecos, luvas e máscaras es-

---

* Esse interesse de Crawford pela história russa caiu por terra quando ela escreveu, em seu último memorando à justiça, que Anastácia Manahan alegava "que junto com seu irmão Nicholas [sic] ela sobreviveu aos assassinatos no porão". Na verdade, Anastácia Manahan nunca falou que qualquer outro membro da família imperial havia sobrevivido. E, é claro, o irmão da grã-duquesa Anastácia se chamava Alexei.

terilizadas.Os cinco blocos de parafina contendo o tecido de Anastácia Manahan foram retirados, e o mesmo procedimento foi repetido cinco vezes.

Macmillan entregou a Gill um bloco e o identificou. Gill o esterilizou e entregou a Eppard, que o colocou num micrótomo – máquina parecida com um fatiador de bacon – e cortou com destreza de três a seis fatias marrom-escuras, cada uma da espessura de dois fios de cabelo. Gill pegou-as cuidadosamente com pinças e colocou-as em frascos esterilizados. Macmillan pôs os frascos em bolsas plásticas transparentes à prova de adulterações, selou e etiquetou cada bolsa.

A cada bloco cortado, o micrótomo foi esfregado com etanol absoluto e a lâmina trocada. Depois, numa entrevista à imprensa anunciada de última hora, Gill advertiu: "No momento, não sei ao certo a probabilidade de extrair DNA dessas amostras." Ele explicou não saber qual teria sido o efeito do tempo sobre o tecido, ou da preservação química em formalina sobre o DNA. Se o processo de extração de DNA corresse bem, ele esperava fazer uma comparação, num prazo de três a seis meses, do DNA de Anastácia Manahan e os perfis de DNA da família imperial, colhidos nos ossos em Ekaterinburg.

Em 29 de junho, dez dias após Gill ter recebido o tecido em Charlottesville, Maurice Remy escreveu a Richard Schweitzer uma extraordinária carta confessional. Nela, que foi logo depois publicada pela imprensa, e numa pilha de documentos que enviou a Schweitzer, Remy revelou tudo o que havia acontecido em sua área antes e durante a longa batalha judicial. Sua jornada começou, disse ele, quando conheceu Geli Ryabov, em Moscou, em 1987, e decidiu fazer um documentário sobre o assassinato do czar e da família. Em julho de 1992, ele estava presente na conferência de Ekaterinburg sobre os restos da família imperial. Ali, ele conheceu o dr. Maples e sua equipe, que lhe disse que estavam faltando os esqueletos de Anastácia e Alexei. Naquele momento, disse Remy, ele resolveu concentrar sua busca na grã-duquesa que faltava e expandir a pesquisa para incluir o teste de DNA de Anastácia Manahan.

Sabendo que Anastácia Manahan tinha sido cremada, Remy passou a procurar alguma amostra de sangue ou tecido que tivesse restado. Pediu ao dr. Willi Korte para investigar o Martha Jefferson Hospital, em Charlottesville. Ao descobrir que de fato existia uma amostra de tecido, Remy pediu a Thomas Kline, da Andrews & Kurth, para se aproximar da família Manahan e de James Lovell a fim de ter permissão para analisá-la. Essa aproximação não deu em nada. Enquanto isso, orientado por Remy, Korte viajava à Alemanha e à Grécia, coletando amostras de sangue das princesas Sophie de Hanover e Xenia Sfiris. No mesmo período, traçando uma identidade alternativa para Anastácia Manahan, Remy localizou uma sobrinha de Franziska Schanzkowska e a persuadiu a doar sangue.

Remy revelou o motivo do ataque de William Maples a Peter Gill. Em junho de 1993, na qualidade de agente de Remy, Korte havia assinado um acordo contratual com Maples e Lovell. Maples e Levine prometiam fazer com que a dra. King realizasse os testes de DNA dos Romanov e dos de Hesse, usando o material comparativo que Korte trouxesse. Prometiam também manter o trabalho de Korte "estritamente confidencial".* A única cláusula de Korte era o pagamento de despesas de viagem, mas, dizia a carta, "todas as viagens devem ser aprovadas antecipadamente pelo dr. Korte". Assim, Maples se tornou membro da equipe de Remy. Quando, em novembro de 1993, foram chamados cientistas como testemunhas em apoio à petição da Associação da Nobreza Russa para ser incluída no caso de Charlottesville, Maples fez um depoimento agressivo e mal informado.

Ao saber que Richard e Marina Schweitzer tinham feito uma petição para ter acesso ao tecido no Martha Jefferson Hospital em prol do dr. Gill, Remy recrutou Scherbatow e a Associação da Nobreza Russa. No decorrer das duas ações judiciais que se seguiram, o cliente nominal da Andrews & Kurth foi a Associação da Nobreza Russa, e Remy deixou claro que nunca disse exatamente ao príncipe Scherbatow como ele estava sendo usado. Mas a direção do caso e o pagamento de todas as despesas legais partiam de Remy e eram gerenciados por Korte.

---

* Embora não houvesse nada no acordo entre Maples e Korte que proibisse Maples de revelar suas relações profissionais, o antropólogo tomava todo o cuidado para mantê-las em segredo. Ouvi falar pela primeira vez de Willi Korte numa de minhas primeiras entrevistas para este livro, com o dr. Michael Baden. "Você precisa falar com Willi Korte", disse Baden expansivamente. "Ele sabe tudo o que está acontecendo." Quando, em janeiro de 1994, perguntei a Maples sobre Korte, Maples ficou alarmado: "Korte é extremamente bem informado, mas não vai falar com você. Ficaria furioso se soubesse que Michael andou falando com você. Ele e os provedores alemães para quem ele trabalha são extremamente reservados." Depois que o processo judicial chegou ao fim, quando eu soube do acordo com Korte, perguntei a Maples sobre isso. Ele negou que tivesse havido qualquer acordo.

Remy contou também a Schweitzer sobre suas relações com a dra. King. No verão de 1993, o Instituto Forense da Universidade de Munique se retirou das investigações e Maples sugeriu que King substituísse o instituto. Foi feito um acordo verbal com King, suplementando o acordo escrito entre Korte e Maples, e Korte levou para a Califórnia as amostras de sangue de Sophie de Hanover e de Xenia Sfiris. Mas com o tecido de Anastácia Manahan, ainda amarrado a uma feroz batalha judicial, Remy não tinha material comparativo da reivindicante inicial, em quem ele estava realmente interessado.

Em sua confissão a Schweitzer, Remy tentou amenizar as batalhas judiciais do inverno anterior. Esses dissabores, falou a Schweitzer, foram resultado de mal-entendidos, má orientação e disciplina organizacional frouxa. Disse que os relatórios de Korte sobre o que vinha acontecendo na América eram inexatos, e ele se culpava por não ter mantido um controle mais forte. Ele e Korte, Remy acrescentou, cortaram relações.

Quando o tecido foi para a Inglaterra, 17 meses de manobras e batalhas legais chegaram ao fim em Charlottesville. Em retrospecto, uma questão concernente ao caso permanecia em aberto. Era o papel da dra. Mary-Claire King. A princípio, a dra. King, famosa cientista profundamente envolvida na pesquisa das causas do câncer de seio, persuadida pelo dr. Maples e pelo dr. Levine, concordou em aceitar ossos e dentes dos esqueletos de Ekaterinburg para tentar determinar se eram restos da família imperial. A despeito dos telefonemas cada vez mais urgentes de Maples, seu relatório a esse respeito nunca foi divulgado. Todavia, King aceitou uma segunda tarefa referente aos Romanov quando concordou verbalmente em receber, testar e comparar uma fatia do tecido de Anastácia Manahan com o material dos parentes e descendentes dos Romanov trazidos a ela por Korte. No correr de muitos meses, cansada e talvez até nauseada pela interminável e acirrada disputa em Charlottesville, King não quis se comprometer por escrito sobre como os testes deveriam ser feitos e como, quando e onde os resultados deveriam ser divulgados.

A questão é que, ocupada como era com uma pesquisa decisiva sobre uma doença que afeta e tira a vida de milhões de mulheres, King concordou em se envolver e envolver seu laboratório na identificação dos Romanov. Não foi por dinheiro. A fim de manter controle absoluto, King se recusa a receber dinheiro em casos desse tipo. Se foi para elevar sua reputação, ou por estar intrigada, por que não foi até o fim? O fato é que, sem o nome e a reputação de King por trás, e com a perspectiva de que ela estaria disponível para fazer a testagem, teria sido quase impossível para a Associação da Nobreza Russa e a Andrews & Kurth bloquearem os arranjos entre Richard Schweitzer, Peter Gill e o Martha Jefferson Hospital para a realização dos testes. No fim, foram gastos meses e muitos milhares de dólares à espera da dra. King. Ela não entregou.

## ❦ 17 ❦
## APENAS TÃO BOA QUANTO AS PESSOAS QUE A USAM

No verão de 1994, enquanto Peter Gill e seus colegas do Serviço de Ciência Forense trabalhavam para extrair o DNA das fatias de tecido que tinham sido trazidas de Charlottesville, Maurice Philip Remy ainda tentava adquirir uma fonte do DNA de Anastácia Manahan. O encerramento da ação da Associação da Nobreza Russa contra o Martha Jefferson Hospital não impedia, por si só, que Remy obtivesse do hospital uma amostra de tecido idêntica àquela levada por Gill. De fato, o encerramento do caso pelo juiz Swett deixara Remy inteiramente livre para solicitar a Ed Deets, administrador do legado de Manahan, uma amostra do tecido idêntica para enviar a Mary-Claire King, na Califórnia. Entretanto, Remy estava hesitante quanto à confiabilidade da dra. King. Para decidir o que faria em seguida, ele recorreu, inesperadamente, ao seu recente adversário, Richard Schweitzer. Como Schweitzer achava que ele deveria lidar com a dra. King? Schweitzer tentou ajudar. "Mary-Claire King não trabalhou em nada com o material", ele disse a Remy. "Tudo foi feito por um homem chamado Charles Ginther. Ele agora é *persona non grata* no laboratório dela, mas continua trabalhando em outro laboratório, e posso lhe dar o telefone dele." Remy telefonou rapidamente para Ginther. Não tardou a se ver em novas dificuldades.

Charles Ginther, um jovem cientista especializado em DNA, enquanto trabalhava no laboratório da dra. King havia extraído DNA mitocondrial do material trazido de Ekaterinburg por William Maples, além de amostras de sangue de Xenia Sfiris e da princesa Sophie fornecidas por Remy. King contou a Schweitzer que Ginther "fez um relatório e o entregou, mas não posso divulgar. Ele é um bom cientista, mas não é bom redator. Tive que devolver a ele para ser melhorado até que pudesse ser divulgado como um relatório normal deste laboratório." Pode ser verdade, mas outra circunstância pode ter contribuído para que King não divulgasse esse relatório: os testes dos ossos encontrados em Ekaterinburg realizados no laboratório de King deram resultados iguais ou inferiores aos já anunciados pelo dr. Peter Gill. Se isso aconteceu – como outros cientistas destacaram –, King não gostaria de dizer: "Aqui estão nossos resultados. Não são tão bons quanto os do dr. Gill." É mais provável que ela preferisse se calar.

Fosse qual fosse a história, enquanto a ação judicial em Charlottesville chegava ao fim, King e Ginther tiveram um desentendimento, e Ginther foi trabalhar no laboratório do dr. George Sensabaugh. "A dra. King me contou a discussão deles nos termos mais grosseiros", disse Schweitzer. "Eu nunca tinha ouvido um cientista desmoralizar outro daquele jeito. Em essência, ela disse que teve que expulsar Chuck Ginther do laboratório dela. Que uma cientista falasse isso a um advogado me pareceu uma coisa extraordinária."

Mais novato que King na mesma universidade, Ginther fala das relações entre os dois com mais circunspecção: "Mary-Claire King é uma cientista muito famosa. É a pessoa certa, no momento certo, trabalhando na doença certa [câncer de seio]. É uma mulher pesquisando uma doença de mulheres, numa universidade famosa. É muita gente querendo que ela tenha sucesso. Mas é muito difícil trabalhar com ela."

Foi nesse contexto que Remy recorreu a Schweitzer: "Remy não sabia redigir um termo de compromisso referente a um laboratório", lembrou Schweitzer. "E também via problemas em tirar os espécimes de Ekaterinburg das mãos de Mary-Claire King e levá-los para Ginther. Então, eu o ajudei. Redigi um esboço do documento para ele." Por que Schweitzer, que mal tinha concluído sete meses de uma batalha extenuante contra Remy na justiça, quis ajudar seu ex-antagonista a se aliar a Ginther? "Porque eu queria que fossem realizados mais testes, comparando o tecido de Manahan com o pessoal de Hesse", Schweitzer explicou. "Eu sabia que Charles Ginther era um excelente cientista e técnico nessa área. Não fiz objeção ao fato de Remy ser a pessoa que poderia conseguir isso. Meu problema com Remy e seu grupo sempre foi que eles não se importavam com os danos causados aos outros, desde que conseguissem o que queriam. Não entendiam que podiam conseguir o que queriam sem causar tantos danos. Eu disse a Remy que esse era seu maior defeito."

Em junho, com ajuda de Schweitzer, Remy pediu a Ginther que aceitasse a incumbência de solicitar a Ed Deets, nos termos apropriados, uma amostra do tecido. À exceção do tecido de Manahan, Ginther tinha tudo o que precisava para o trabalho. Já havia feito os perfis dos Hesse e dos Romanov no laboratório de King; na época, seus perfis foram publicados na *Nature Genetics* por Peter Gill. Se Ginther tivesse recebido tecido de Charlottesville, poderia cumprir facilmente a incumbência para Remy.

Mas Ginther (que não estava sendo pago pelo trabalho) impôs duas condições. Primeiro, que Mary-Claire King declarasse por escrito, de maneira inequívoca, que não queria aceitar a incumbência proposta por Remy e que não se opunha a que ele, Ginther, aceitasse. E também que Remy conseguisse a liberação do material comparativo dos Hesse e dos Romanov que estavam no laboratório dela. Na tentativa de atender às condições, Remy telefonou para a dra. King. Teve dificuldade de encontrá-la e, quando conseguiu, não a convenceu.

Em vista dessa recusa, Remy contratou uma firma de advocacia de Los Angeles, a O'Melveny & Myers, para interceder. Os advogados disseram que, quando falaram com King, ela respondeu que cederia com o maior prazer as amostras, se conseguisse achá-las... não sabia exatamente onde estavam... aquele tinha sido apenas um dos muitos trabalhos do laboratório. E ainda protestou que não lidaria com Remy, que havia se alterado e esbravejado ao telefone, dizendo a ela o que tinha que fazer. Ela não ia perder tempo com alguém como ele. A resposta de Remy foi: "Não sei do que ela está falando."

No fim das contas, King entregou as amostras comparativas a Ginther. Em seguida, porém, Remy se queixou a Schweitzer de que ela dera a Ginther muito pouco material. "Ela jogou a maior parte fora", disse Remy, "o material que tanto trabalhamos para ter." Se de fato ela não tinha guardado as amostras de sangue ou se queria mantê-las para algum propósito futuro, ninguém soube. Remy achava que o motivo dela era pura maldade. Schweitzer discordava: "Acho que ela já não dava a mínima. Estava fazendo outra coisa e não estava nem ligando para isso."

Assim como Remy, Ginther achava que Mary-Claire King não permitiu que ele retirasse material suficiente, em volume ou peso, do laboratório dela. E explicou a Schweitzer que Gill estava trabalhando com um grama e meio de material de DNA, enquanto ele tinha menos de um grama. Apesar disso, Ginther começou o trabalho. Ele já havia feito a maior parte no laboratório de King, mas queria fazer de novo a fim de não ser acusado de usar o trabalho dela. Mais uma vez, ele extraiu DNA mitocondrial do material de Hesse e Romanov. Mais uma vez, extraiu mtDNA da amostra de sangue, enviada a ele por Remy, de Margaret Ellerick. (a sra. Ellerick era sobrinha de Franziska Schanzkowska, a polonesa que desapareceu em Berlim na época em que Fräulein Unbekannt foi salva de se afogar no canal.) Entretanto, mesmo tendo feito o trabalho em julho de 1994, Ginther ainda não tinha material – nem tecido, nem sangue, nem osso, nem cabelo – de onde extrair o DNA da mulher que Remy o havia encarregado de identificar, Anastácia Manahan.

Frustrado pela incapacidade de obter bons resultados com Mary-Claire King e pela demora em cumprir as exigências de Charles Ginther, Remy foi se ocupar em outros lugares. Ele percebeu que, em vista de tudo o que fora falado no tribunal sobre os benefícios de uma testagem paralela, os resultados obtidos por Ginther com o tecido de Charlottesville seriam apenas uma duplicata dos obtidos por Peter Gill. Remy não tinha por objetivo chegar em segundo lugar naquela corrida. "Acho que então ele decidiu contornar a amostra de Gill, encontrando sua própria amostra em outro lugar", disse Ginther.

Remy e seus assistentes começaram pela Alemanha, procurando em hospitais, sanatórios e consultórios médicos amostras de sangue de Anna Anderson que pudessem restar de exames médicos realizados nas quatro ou cinco décadas em que ela morou no país. Um dos pesquisadores localizou um traço de sangue numa cânula (um tubo) usada em exames de rotina no fim dos anos 1950 e que foi mantida como curiosidade pelo médico. Mas nada de útil resultou dela.

Em julho, Remy conheceu o professor Stefan Sandkuhler, um hematologista aposentado da Universidade de Heidelberg, que tinha examinado Anna Anderson em 6 de junho de 1951. Ela fora levada a ele para saber se era portadora de hemofilia, presumivelmente para reforçar sua alegação de ser filha da imperatriz Alexandra. Sandkuhler tirou a amostra de sangue e, seguindo o procedimento, colocou uma gota numa lâmina de vidro, que secou e ali foi preservada. O professor achou a amostra e entregou a Remy. Rabiscada na lâmina, estava a única fonte de legitimidade, o nome da paciente. Remy disse que leu ali "Anastácia". Sandkuhler lhe contou que o resultado do teste de 1951 para portadora de hemofilia tinha sido inconclusivo.

Remy dividiu a amostra obtida de Sandkuhler em duas partes iguais. Uma parte foi enviada para o professor Bernd Herrmann, especialista em identificação de DNA nuclear por sequências curtas repetidas em tandem (STR), no Instituto Antropológico da Universidade de Göttingen. A outra parte foi enviada para o dr. Ginther, em Berkeley. A única pista para identificação era o nome Anna Anderson (e não "Anastácia", como Remy disse) riscado na lâmina. Ginther não conseguiu extrair DNA do sangue seco. Herrmann, porém, obteve DNA da parte que tinha recebido e enviou esse material para Ginther sequenciar e obter um perfil. A análise de Ginther revelou que o DNA não era compatível com o perfil de Hesse (isto é, o doador daquele sangue não era parente da imperatriz Alexandra), nem com o perfil de Schanzkowska obtido de Margaret Ellerick. Como, nas palavras de Ginther, o sangue na lâmina não apresentava compatibilidade "com nenhuma das pessoas de interesse", ele duvidou de sua integridade e origem. "Era uma lâmina aberta. Podia ter sido contaminada. Não tinha nem uma tampa de vidro. Alguém só espalhou um pouquinho de sangue, que secou ali", falou.

No verão de 1994, os achados de Peter Gill sobre o tecido de Charlottesville eram esperados ansiosamente em palácios ingleses e castelos alemães. O relatório anterior, de que o esqueleto de Anastácia não fora encontrado em Ekaterinburg, gerou comoção e desconforto nas famílias dinásticas nos dois países. Quase sem exceção, bretões e germânicos rejeitaram firmemente a reivindicação de Anna Anderson ser filha do czar. Seguindo o tio patriarca do príncipe Philip, lorde Mountbatten, a família real britânica se referia a sra. Manahan como "a falsa Anastácia". Os de Hesse, primos do príncipe Philip, usavam uma linguagem mais pesada. Agora que Gill estava prestes a divulgar seu relatório, abriu-se uma fenda sinistra diante dessas famílias. E se uma tremenda injustiça moral e política, constrangedora, tivesse sido cometida contra uma prima real desamparada?

Durante muitos anos, Maurice Remy fez todo o possível para envolver os de Hesse – ou seja, os descendentes da família da imperatriz Alexandra e seu irmão, o grão-duque Ernest Louis – na tentativa de bloquear os Schweitzer. A irmã mais velha do príncipe Philip, princesa Sophie de Hanover, agora com 81 anos, doou amostra de sangue a Remy, que a enviou a Mary-Claire King para fazer testes comparativos. Remy contatou também a princesa Margaret de Hesse, de 82 anos, viúva do príncipe Louis de Hesse, cujo pai, grão-duque Ernest, tinha sido o maior perseguidor da reivindicante nos anos 1920.

Nascida Margaret Geddes, na Escócia, a princesa Margaret herdou Wolfsgarten, o castelo na Renânia onde a imperatriz Alexandra passou a infância. Ela ainda detinha o controle dos arquivos privativos da família de Hesse, que pôs temporariamente à disposição dos pesquisadores de Remy. Uma terceira pessoa de Hesse era o príncipe Moritz, que herdou o Schloss Wolfsgarten quando a princesa Margaret morreu sem deixar filhos.

Os esforços de Remy foram frustrados, em primeiro lugar, pelo príncipe Philip e seu secretário particular, sir Brian McGrath. O príncipe não fizera objeção a que sua irmã doasse uma amostra de sangue – afinal, ele tinha doado uma amostra do próprio sangue para Peter Gill comparar com os ossos de Ekaterinburg. Mas, quando Remy foi além e tentou arrastar Sophie, Margaret e Moritz para o processo de Charlottesville, McGrath, falando pelo príncipe Philip, "aconselhou" severamente que ficassem de fora. Não que a casa real britânica estivesse seriamente preocupada que a reivindicante fosse Anastácia; de fato, tinham a serena convicção de que ela não era.

Sua preocupação maior era que a controvérsia em torno da identidade de Anastácia Manahan e os processos judiciais decorrentes em Charlottesville pudessem de algum modo comprometer a visita iminente da rainha Elizabeth II à Rússia. Ninguém queria esse evento diplomático ofuscado por um pronunciamento – principalmente enquanto a rainha estivesse na Rússia – de que Anna Anderson era filha do czar Nicolau II. Os conselheiros da rainha, portanto, eram a favor de uma solução da identidade da reivindicante antes que Sua Majestade viajasse para Moscou, em 17 de outubro.

No início de setembro, Peter Gill disse a Richard Schweitzer que estava perto de obter resultados. Schweitzer e o Serviço de Ciência Forense (FSS) concordaram com uma data, 5 de outubro, em que Gill anunciaria seus achados numa entrevista coletiva à imprensa em Londres. Simultaneamente, Ed Deets apresentaria os resultados à justiça e daria uma coletiva à imprensa em Charlottesville. O FSS deixou claro que, como era um trabalho particular, Schweitzer, e não eles, era responsável pela organização e coordenação da entrevista à imprensa.

Nem Gill, nem Schweitzer quiseram ter exclusividade para os testes. Pelo contrário, disse Schweitzer, "desde o dia em que Peter Gill foi a Charlottesville buscar o tecido, ele insistiu para que o Instituto de Patologia das Forças Armadas (AFIP) realizasse outra bateria de testes para verificar os que ele fazia. Gill queria essa confirmação antes de fazer seu anúncio público. Na verdade, ele gostaria de uma entrevista coletiva em conjunto com outros cientistas". Durante esse mesmo período, Schweitzer – ainda encorajado por Gill – começou a providenciar um terceiro teste da amostra de Manahan com o dr. Mark Stoneking, especialista em DNA mitocondrial da Universidade Estadual da Pennsylvania. Finalmente, um acordo com o AFIP foi decidido em 21 de setembro, somente duas semanas antes da coletiva à imprensa em Londres. Susan Barritt, cientista do AFIP, foi a Charlottesville receber dois conjuntos de fatias do tecido de Anastácia Manahan, um para o AFIP e outro para o dr. Stoneking. Daí em diante, dr. Gill fez todo o possível para ajudar o AFIP a acelerar os testes. Em vez de deixar os cientistas dos Estados Unidos trabalharem apenas com seus resultados publicados, ele enviou todos os protocolos e códigos para Maryland e, simultaneamente, os mesmos dados para o dr. Stoneking. Schweitzer estava encantado com esse show de cientistas trabalhando juntos e aprovou sinceramente a proposta de Gill de uma publicação conjunta dos resultados das investigações.

Maurice Remy continuava querendo ter um papel dominante na solução do mistério de Anastácia. Depois que Richard Schweitzer o ajudara em junho no acordo com Charles Ginther, não tinham tido contato. Entretanto, assim como Schweitzer e Gill ouviram rumores de que Remy havia contratado mais testes com a lâmina de 1951, Remy soube que a coletiva à imprensa de Gill estava marcada para 5 de outubro. Remy reagiu a isso de duas maneiras: começou a pressionar Schweitzer para deixar que ele comparecesse e participasse da coletiva, e se preparou para divulgar novas informações aparentemente obtidas da lâmina de 1951 pelo dr. Herrmann.

O pedido de Remy para participar da coletiva em Londres teve aceitação parcial de Schweitzer, que, tendo pagado a Gill pelos testes, tinha direito a decidir. "Eu lhe disse que teria prazer que ele viesse", falou Schweitzer. "Disse que tínhamos toda a intenção de reconhecer que ele fora o descobridor do tecido no Martha Jefferson Hospital e queríamos falar de seus muitos anos de trabalho. E disse ainda que eu ia anunciar que ele estaria à disposição depois, mas que não seria uma entrevista coletiva em conjunto." No entanto, Remy não se dispunha a ficar numa posição secundária. Ele advertiu que, a não ser que suas exigências fossem satisfeitas, poderia divulgar seus achados antes de 5 de outubro. E ainda falou que o *Sunday Times,* de Londres, que pagava milhares de libras para ter exclusividade em matérias, estava interessado. Schweitzer e Gill não queriam aceitar as exigências de Remy.

Em 2 de outubro, um domingo, o *Sunday Times* alardeou seu furo: Anna Anderson foi "desmascarada como a *conwoman* [sic] do século. Testes genéticos provaram, fora de qualquer dúvida, que Anna Anderson... foi uma das maiores impostoras que o mundo já viu... A notícia chegou depois de uma corrida global para solucionar o mistério... Os resultados de ontem superam a equipe inglesa liderada pelo dr. Peter Gill, que irá anunciar seus achados na próxima quarta-feira... A existência da amostra foi descoberta por Maurice Philip Remy, produtor de televisão alemão que gastou 500 mil libras para encontrar a chave genética para abrir o passado de Anastácia". O *Sunday Times* publicou que o teste foi realizado pelo professor Bernd Herrmann, do Instituto Antropológico da Universidade de Göttingen. Afora isso, não trazia detalhes científicos. A mesma matéria apareceu no fim de semana na revista alemã *Der Spiegel.*

A imprensa de Londres ignorou o *Sunday Times* e se amontoou na coletiva do dr. Gill. Richard e Marina Schweitzer ficaram no tablado com dr. Gill e seu colega, dr. Kevin Sullivan. De frente para eles, na primeira fila, estava o príncipe Rostislav Romanov, sobrinho-neto de Nicolau II, ao lado de seu amigo Michael Thornton, que atuara como advogado de Anna Anderson na Inglaterra. Sentado ao lado de Thornton estava Ian Lilburne, apoiador da reivindicante, que havia comparecido a todas as sessões das extenuantes batalhas judiciais em Hamburgo, nos anos 1960. Junto a uma parede lateral estava sentado um homem alto, de óculos, rosto pálido e cabelos escorridos. Era Maurice Philip Remy.

Schweitzer se apresentou e a sua esposa e, antes de mais nada, deu a Remy o crédito por ter descoberto as amostras de tecido no Martha Jefferson Hospital. Em seguida, com o apoio de fotos e tabelas projetadas numa tela atrás dele, Peter Gill descreveu o que tinha feito: havia extraído o DNA nuclear e o mitocondrial do tecido de Charlottesville (que ele teve o cuidado de falar que "diziam ter sido de Anna Anderson"). Ele comparou o perfil de DNA de Charlottesville com os perfis de DNA do suposto czar e da imperatriz (obtidos dos ossos de Ekaterinburg), com a amostra de sangue doada pelo príncipe Philip e com a amostra obtida de um fazendeiro alemão chamado Karl Maucher, sobrinho-neto de Franziska Schanzkowska. Usando a técnica de identificação de DNA nuclear por sequências curtas repetidas em tandem, Gill determinou que, "se for aceito que essas amostras vieram de Anna Anderson, ela não pode ser aparentada com o czar Nicolau nem com a imperatriz Alexandra". Em seguida, Gill comparou o DNA mitocondrial do tecido com a sequência de DNA obtido do sangue do príncipe Philip. Se Anna Anderson fosse a grã-duquesa Anastácia, sua sequência de DNA mitocondrial seria compatível com a de Philip. No caso, numa área distintamente hipervariável, havia seis diferenças de pares de bases. Era o bastante para Gill concluir, cautelosamente, que "a amostra que dizem ter vindo de Anna Anderson não pode ser associada a um parentesco de origem materna da imperatriz, nem do príncipe Philip. Isso está fora de dúvida." Por fim, Gill comparou o perfil de DNA mitocondrial do tecido de Charlottesville com o de Karl Maucher, o sobrinho-neto de Franziska Schanzkowska. Encontrou "100% de compatibilidade, uma identidade absoluta". Ainda cautelosamente, Gill disse que "isso sugere que Karl Maucher pode ser parente de Anna Anderson".

Na entrevista coletiva, Peter Gill não disse abertamente que Anna Anderson não era a grã-duquesa Anastácia e que era Franziska Schanzkowska. Ele explicou que tinha usado a própria base de dados de 300 sequências caucasianas e sequências adicionais de DNA fornecidas pelo AFIP e por Mark Stoneking. E afirmou que, embora tivesse achado os perfis de DNA de Maucher e de Anderson idênticos, não tinha encontrado perfis similares na base de dados dele, Gill. Portanto, ele disse, a probabilidade de Anna Anderson ser membro da família Schanzkowska era de 300 para 1, talvez mais.*

Os jornalistas tinham outras perguntas. Indagaram a Gill o quanto de certeza ele tinha de que a amostra testada era de Anna Anderson. Ele respondeu com cautela: "Não posso responder pelos procedimentos do Martha Jefferson Hospital, mas quando estive lá eles me mostraram uma documentação muito boa. Os números nos blocos de cera correspondiam perfeitamente aos números dos registros do caso." Perguntaram se ele achava que o perfil de DNA era infalível. "Uma técnica é apenas tão

---

* A linguagem dos cientistas, cautelosa e repleta de moderações, muitas vezes reverte para o contrário do objetivo. Assim, nesse caso, o que Gill disse foi: "Se Anna Anderson e Karl Maucher não eram parentes, a chance de encontrar perfis compatíveis é menor do que uma em trezentas." Mais tarde, quando publicou seu relatório, Gill foi mais direto: "Esses achados apoiam a hipótese de que Anna Anderson e Franziska Schanzkowska eram a mesma pessoa."

boa quanto as pessoas que a usam", ele respondeu. "Mas desde que se ponha sempre os achados no contexto certo, sim, será infalível." Pediram que ele comparasse seu trabalho com os estudos realizados na Alemanha. "Quando comparei meus resultados com os deles, eles eram" – Gill fez uma pausa – "diferentes. Disso, concluí que a amostra que analisei e a amostra que eles analisaram vieram quase certamente de pessoas diferentes."

Surpresa geral. Imediatamente, Michael Thornton se levantou e olhou fixamente para Maurice Remy, do outro lado da sala. Thornton era amigo de Richard Schweitzer e não tinha gostado da tentativa de Remy eclipsar a pesquisa do dr. Gill em sua coletiva à imprensa. A revelação de Gill, de que o DNA extraído da amostra de sangue levada por Remy não combinava com o tecido de Charlottesville, os deixava, disse Thornton, "com o fato de que a amostra de sangue utilizada para o *Der Spiegel* e o *Sunday Times* é falsa. Não é de Anna Anderson."

Remy enrubesceu e se levantou para defender seus testes e amostras de sangue. Pelo visto, antes de viajar para Londres, ele já sabia que o perfil de DNA obtido por seus cientistas diferia do recebido por Peter Gill.

– Não quero incomodá-los com problemas sobre a amostra, se é certa ou não – ele falou para o público. – Fizemos nosso trabalho corretamente. Acho que a melhor maneira de resolver isso é com os cientistas. Quando saí da Alemanha, ontem, meus cientistas me disseram que há dez motivos para o DNA ser diferente. Um, pode ser a proveniência [cadeia de custódia], e há nove outras possibilidades no exame das amostras. Eu sou um intermediário entre cientistas e nós resolveremos isso. Mas, para mim, não há dúvida da proveniência da amostra de sangue que usamos.

Thornton persistiu.

– Então por que o DNA que você tem é diferente? – perguntou.

– Não sou cientista, portanto não sou a pessoa certa para responder, mas vamos tentar resolver isso. De todo modo, os resultados são iguais.

– Não – insistiu Thornton, implacável. – Não são iguais. O DNA é diferente.

– O DNA não é tão diferente. E não quero aborrecer você.

– O DNA é diferente – Thornton repetiu, e voltando-se para Peter Gill, perguntou: – Você confirma que é um DNA completamente diferente, dr. Gill?

– Para mim, pareceram muito diferentes – Gill admitiu.

– Então o DNA é diferente e a amostra de sangue é falsa – disse Thornton.

Remy tentou novamente:

— Vamos deixar isso para os cientistas, e não começar uma guerra entre o intestino e uma amostra de sangue.

— Não é uma guerra — disse Thornton. — É uma questão da verdade.

Muito embaraçado, Remy queria que Thornton o deixasse em paz.

— Está bem, vamos acabar descobrindo — falou, apressadamente. — Vamos deixar isso com os cientistas. Não temos nada a esconder. No final, vamos mostrar nossos resultados. Vão ser publicados. Então, veremos.

— Vamos aguardar ansiosos — disse Thornton, com frieza, e se sentou.

Quando a coletiva terminou, muitos jornalistas permaneceram, entrevistando as pessoas mais importantes. Schweitzer disse a um grupo que, mesmo aceitando a ciência dos achados do dr. Gill, "acreditar que ela era uma camponesa polonesa contrariava a experiência racional de todas as pessoas que conheceram Anna Anderson, falaram e estiveram com ela". Caminhando pela sala com cinco páginas de notícias, Remy clamava que ele e seus cientistas alemães tinham feito uma "descoberta decisiva... alcançado um resultado de quase 100%. Nenhuma das quatro partículas de DNA obtidas do núcleo celular... correspondia ao DNA do czar ou da esposa dele". Do outro lado da sala, Thornton continuava a criticar Remy: "Ele tentou boicotar a declaração do dr. Gill, dando pessoalmente um furo à imprensa, sem ter havido um exame detalhado. E também é a maior falta de educação aparecer na coletiva à imprensa de outra pessoa para divulgar notícias espalhadas por ele mesmo, se enaltecendo, e que, a propósito, estão cheias de erros factuais."

## ❦ 18 ❦
## A MAIS INTELIGENTE DAS QUATRO FILHAS

"*G*AME, SET, MATCH! Anna Anderson perdeu! É a derrocada do partido pró-Anna!", exultava sir Brian McGrath, que estava com o príncipe Philip em Sandringham quando a notícia chegou. "Acabou", declarou o príncipe Rostislav Romanov, em Londres. "Já era tempo", disse o príncipe Nicolau Romanov, na Suíça. Mas ninguém estava mais feliz do que o príncipe Alexis Scherbatow. "Comprovado!", ele exultava em Nova York. "Desde o começo, eu sabia que ela era uma fraude."

Do outro lado, os apoiadores de Anna Anderson e amigos de Anastácia Manahan estavam chocados, desolados, incrédulos. "Eu a conheci durante doze anos", disse Peter Kurth, autor de *Anastasia: The Riddle of Anna Anderson*. "Fiquei envolvido com a história dela por quase trinta anos. Para mim, só por causa de alguns testes, não posso dizer 'Ah, então eu estava errado'. Não é tão simples. Acho uma pena que uma grande lenda, uma aventura maravilhosa, uma história fabulosa, que inspirou tanta gente, inclusive a mim, possa ser subitamente reduzida a uma laminazinha de vidro."

Brien Horan, advogado de Connecticut que conheceu Anna Anderson nos anos 1970 e depois fez um dossiê não publicado de todas as evidências pró e contra, declarou-se abismado com a identidade de Schanzkowska. "Precisam me perdoar", ele disse. "Soube dos resultados de Schanzkowska há tão pouco tempo que, depois de tantos anos, é praticamente impossível processar essa informação. Mas não é possível que uma camponesa polonesa, nos anos 1920, muito antes que a televisão tornasse a todos tão parecidos, pudesse se tornar essa mulher. Eu teria menos problemas se dissessem apenas que ela não era Anastácia. Mas dizerem que era uma camponesa polonesa é difícil de engolir."

Richard e Marina Schweitzer, assim como Brien Horan, se recusavam a aceitar a identidade de Schanzkowska. "De uma coisa eu tenho certeza", afirmou Schweitzer imediatamente após a coletiva em Londres. "Anastácia não era uma camponesa polonesa." Schweitzer deixou claro que não contestava os achados de Peter Gill, de que o tecido de Charlottesville que ele testara não tinha com a imperatriz Alexandra parentesco, e, provavelmente, estava relacionado com a família Schanzkowska. Ele questionava a legitimidade das amostras testadas por Gill.

"Dizer que Gill estava certo, mas que Anna Anderson não era Schanzkowska, significa afirmar que a amostra testada não era de Anna Anderson", falou Schweitzer ainda em Londres. "Agora achamos que houve alguma manipulação ou substituição. Especificamente, significa que alguém entrou e trocou ou substituiu o tecido no Martha Jefferson Hospital. A primeira coisa a fazer é voltar ao hospital e pegar a documentação de todos os procedimentos: como o hospital manteve os arquivos, o grau de segurança do sistema que tinham e o nível de certeza de que não podia ser invadido. Depois quero investigar vários cenários em potencial.

Quando Willi Korte foi ter com Penny Jenkins, em novembro de 1992, quanto material havia na mesa dela na época? Havia arquivos numerados? Os arquivos estavam arrumados de modo que alguém poderia ter lido a numeração ao contrário, isto é, os números de cabeça para baixo? Ou os arquivos estavam no escritório dela de modo que alguém poderia entrar lá mais tarde, abrir a gaveta de arquivos e dizer 'Aqui está', tirar e pegar a numeração? Penny me contou que, quando os médicos foram pegar o tecido, não conseguiam encontrá-lo, ela teve que ir até lá e, juntos, encontraram a caixa certa no lugar certo. Então, o hospital o colocou sob guarda especial, em 'custódia proprietária'."

Qual poderia ter sido o motivo de tal conspiração? Schweitzer sugeriu dois: "Quando parecia que Lovell os impediria de ter acesso ao tecido por meios legais, eles o pegaram e puseram alguma outra coisa no lugar [a 'outra coisa' teria sido uma amostra da família Schanzkowska]. Mais tarde, depois de fingir uma longa busca, puderam voltar com o tecido perdido, o tecido verdadeiro, conseguir os resultados desejados e levar o crédito pela solução do mistério. Ou, se o objetivo era que ela fosse reconhecida como Schanzkowska, a substituição seria perfeita. Quem eram 'eles'? Muitas pessoas tinham motivos – razões de família, razões quase hereditárias – para não querer que ela fosse a grã-duquesa Anastácia. Para essas pessoas, dinheiro não era problema."

Schweitzer queria fazer outras perguntas. "Podemos determinar o sexo e a idade de alguém a partir de uma amostra de tecido? [Depois, Gill informou a Schweitzer que o tecido era de uma mulher.] Podemos determinar a idade da amostra, desde quando foi obtida? Ou seja, era de uns 15 anos atrás, como resultado de uma operação em 1979? De que parte do corpo humano foi retirada, do intestino delgado ou de outra área? O hospital usou o mesmo tipo de conservante na época? Os registros médicos sustentam o fato de que o tecido retirado era gangrenoso?"

Os amigos de Richard Schweitzer, mesmo os que concordavam com suas opiniões, achavam que as chances contra ele eram grandes. Fiel apoiador de Anna Anderson, Brien Horan disse: "Não dá para levar a sério a teoria da conspiração. É muito difícil imaginar que tenha havido uma substituição. É demais para minha cabeça!" Mas Schweitzer não recuou. Quando perguntaram se ele se importava de ser chamado de adepto da teoria da conspiração, respondeu: "Tenho 70 anos. Não ligo para o que os outros pensam. Não tenho nenhuma teoria. Só tenho uma série de conjecturas. Estou procurando a verdade."

* * *

Responsável pela guarda dos registros médicos no Martha Jefferson Hospital, inclusive das amostras de sangue e tecidos, Penny Jenkins tinha grande respeito por Richard Schweitzer, assim como ele por ela. Sabendo que ele estava pesquisando a possibilidade de uma substituição do tecido no hospital, ela telefonou para ele e afirmou: "Não é possível, e vou lhe dizer por quê." Depois ela repetiu a mim o que dissera a ele: "Temos duas cópias de segurança. Em 1979, quando o dr. Shrum operou a sra. Manahan, cortou amostras do tecido, além de preservarmos em parafina os blocos maiores do tecido excisado. Cortar amostras de tecido durante uma cirurgia é procedimento rotineiro. Cortam, examinam e dizem se é câncer ou não, se é uma infecção, o que seja. Preservamos essas lâminas e o tecido maior em parafina em lugares totalmente diferentes."

"Além disso, em 1993, quando levamos esse tecido de volta ao hospital, o patologista assistente, dr. Thomas Dudley, cortou novas amostras do bloco original. Comparamos as lâminas cortadas em 1993 com as de 1979. Eram idênticas. Se alguém as tivesse trocado nos últimos dois anos, no armazenamento, elas não seriam compatíveis. E a chance de que alguém pudesse chegar aos dois locais e trocar as lâminas, sem ter acesso aos números das amostras, era impossível. Acho que Dick não queria ouvir, mas eu tinha que dizer isso a ele."

Enquanto estava em Londres, Richard Schweitzer soube dos resultados de dois outros testes de DNA, um de tecido e um de cabelo, ambos supostamente de Anastácia Manahan. Nenhum incentivava a crença de Schweitzer de que ela era a grã-duquesa Anastácia. O relatório do tecido veio do Instituto de Patologia das Forças Armadas. Os cientistas de lá haviam extraído DNA mitocondrial da amostra de tecido que Susan Barritt trouxera de Charlottesville para Bethesda. O perfil foi comparado com o do príncipe Philip, divulgado por Peter Gill. O resultado foi o mesmo encontrado por ele: não combinava. Portanto, o tecido de Charlottesville enviado para o AFIP, assim como o de Gill, foi excluído de parentesco com o príncipe Philip e com a imperatriz Alexandra. O instituto não fez comparação com o perfil polonês obtido de Karl Maucher. Não relataram, portanto, quem tinha doado [quem ela era], mas só quem ela não era.

Outra confirmação dos resultados de Gill veio de uma fonte surpreendente. Susan Burkhart, de 31 anos, supervisora do seguro de saúde Blue Cross-Blue Shield, em Durham, na Carolina do Norte, desde seus 12 anos se interessava pelo mistério de Anastácia. Em 1992, ao saber que a grande biblioteca de John Manahan tinha sido vendida para uma livraria especializada em livros raros, em Chapel Hill, passou a frequentar o porão da livraria, vasculhando centenas de caixas de livros antigos. Um dia, Barry Jones, o dono da livraria, descobriu numa das caixas um envelope em que estava escrito a lápis "Cabelo de Anastácia". Continha uma madeixa de cabelo emaranhado, que parecia ter sido retirado de uma escova. Os cabelos eram "grisalhos, com mechas ruivas", e, significativamente, ainda havia folículos presos à raiz. Burkhart, que era casada com um pesquisador de DNA e sabia da importância dos folículos, comprou o envelope e seu conteúdo por 20 dólares. Mais tarde, Peter Kurth pôs Burkhart em contato com Syd Mandelbaum, um entusiasta de pesquisa de DNA, que providenciou um teste de DNA pelo dr. Mark Stoneking, na Penn State.

Em 7 de setembro de 1994, Susan Burkhart enviou seis mechas dos cabelos para Stoneking. Ele extraiu o DNA mitocondrial e confirmou que a sequência de DNA era igual à obtida do tecido de Charlottesville pelo dr. Peter Gill. Em seguida, Stoneking comparou o perfil conseguido do cabelo com o perfil dos de Hesse, obtido da amostra de sangue fornecida pelo duque de Edimburgo e publicado por Gill. Stoneking constatou que não coincidiam. Portanto, se não era parente do príncipe Philip, a dona do cabelo não poderia ser parente da imperatriz Alexandra. Stoneking concluiu que, "se as amostras de cabelo são da reivindicante Anna Anderson, essa análise indica que ela não poderia ser a grã-duquesa Anastácia".*

Os resultados de Stoneking com o cabelo foram para Peter Gill uma confirmação da exatidão dos testes de DNA realizados por ele. O Instituto de Patologia das Forças Armadas havia usado a mesma fonte, que foi o tecido de Charlottesville, e obtido os mesmos resultados. Usando outra fonte, Mark Stoneking encontrou a mesma sequência de DNA e os mes-

---

* Mark Stoneking não testou a amostra de tecido de Charlottesville enviada para ele. Depois que o dr. Gill e o AFIP encontraram resultados semelhantes, Stoneking avisou a Schweitzer que era improvável que um terceiro teste com o mesmo material apresentasse um resultado diferente. Essa amostra permanece no laboratório do dr. Stoneking, preservada e congelada, para uso em pesquisas futuras.

mos resultados. Mas para a teoria de substituição, de Richard Schweitzer, os resultados de Stoneking com os testes de cabelo eram prejudiciais: qual era a probabilidade de que os conspiradores tivessem não só penetrado no Martha Jefferson Hospital para substituir o tecido de Schanzkowska pelo de Anastácia Manahan, mas também plantado uma madeixa de cabelo num envelope sobrescritado por John Manahan para ser encontrado anos depois no porão de uma livraria na Carolina do Norte?

Schweitzer continuou na luta, criticado por sua recusa a acreditar na ciência. O *Evening Standard*, de Londres, disse que ele "exibe o entusiasmo incansável de quem mantém a existência da Flat Earth Society", defendendo que a Terra é plana. A *Nature Genetics*, periódico considerado autoridade na área, publicou em editorial: "Por que Schweitzer e seus apoiadores se recusam a aceitar os resultados e até hoje estão buscando outras maneiras de provar que eles e a finada Anna Anderson tinham razão? Em vista dessa relutância, o que a comunidade científica pode fazer para convencer o público de que sabe o que está dizendo?" Infelizmente, para sua própria reputação, a *Nature Genetics* tropeçou feio na publicação do editorial. Quem escreveu foi o mesmo dr. Adrian Ivinson, que havia testemunhado a favor da Associação da Nobreza Russa no tribunal de Charlottesville. Além de ter demonstrado uma agressiva tendenciosidade contra os Schweitzer (Richard foi apontado por ele como "casado com uma mulher que alega ser neta do dr. Botkin"), o editorial pecava por diversos erros sobre as pessoas envolvidas no caso, a sequência de eventos, os achados de vários cientistas e até a ciência da genética. Depois a revista se retratou.

Durante o inverno e a primavera de 1995, Maurice Philip Remy continuou a procurar um meio de contribuir pessoalmente para resolver o caso da identidade de Anna Anderson. Ironicamente, após dois anos e meio de intensos esforços, ele pouco tinha conseguido. Nunca teve acesso ao tecido de Charlottesville. Não possuía nem um fio de cabelo de Chapel Hill. Sua única fonte do que ele acreditava ser o DNA de Anna Anderson era a lâmina com sangue de 1951 da qual Charles Ginther em Berkeley não conseguira extrair DNA. O cientista de Remy, dr. Bernd Herrmann, da Universidade de Göttingen, não encontrou DNA nuclear na lâmina. Comparando repetições curtas de tandem [STRs] obtidas da lâmina com as STRs publicadas de Nicolau e Alexandra, Herrmann declarou que Anna Anderson não poderia ser Anastácia. Infelizmente para Remy, Peter Gill declarou na coletiva à imprensa de 5 de outubro, em Londres, que o DNA da lâmina de Remy e o DNA de Charlottesville não combinavam. Portanto, ninguém sabia quem fora o doador do sangue na lâmina de Remy. Além disso, Gill expressou discretas dúvidas sobre a técnica do dr. Herrmann. A tentativa de extrair DNA de uma lâmina altamente vulnerável à contaminação é quase certo que dê errado, declarou Gill; é mais provável que o DNA obtido seja da saliva ou do hálito do cientista. Por fim, o dr. Gill disse que, até o nome aparecer ligado à alegação de sucesso de Remy, no *Sunday Times*, nunca tinha ouvido falar no dr. Herrmann.*

Apesar de tudo, em maio de 1995, Remy ainda insistiu que seus cientistas tentassem extrair mais DNA do sangue na lâmina e o enviassem a Ginther para uma comparação com os perfis dos de Hesse. Se Ginther obtivesse uma equivalência (indicando que o doador era parente da imperatriz Alexandra), certamente seria uma novidade e todos os resultados de testes anteriores teriam que ser reavaliados. A ironia é que esse resultado deliciaria os velhos antagonistas de Remy, os Schweitzer, e horrorizaria seus antigos aliados, os de Hesse e o príncipe Scherbatow.

A essa altura, um novo resultado não interessaria muito a Willi Korte, que, não mais contratado por Remy, voltara ao negócio de obras de arte roubadas. As relações entre Remy e Korte eram distantes. Korte, investigador profissional, não gostou que Remy tivesse tomado para si o crédito pela maior parte das ideias iniciais sobre o caso. (Korte disse ao *Abendzeitung*, de Munique, que teve a ideia de identificar Anna Anderson por meio de amostras de tecido ou sangue remanescentes – o que Remy alegou ser ideia dele – em agosto de 1992, quando ele estava no saguão do Hotel Slavanskaya, em Moscou.) "Para encurtar a história", disse Korte, "eu armei a coisa toda. Mas não acho que tenha sido um dos meus melhores casos. A coisa desmoronou. Havia muitos amadores em volta. No fim, certas pessoas meio que se desesperaram. Elas estavam por toda parte, tentando salvar a pele."

---

* Pavel Ivanov também não conhece o trabalho do dr. Herrmann. "Olhe, nós lemos todas as publicações de nossa área e sabemos muito bem quem está fazendo o quê", afirma Ivanov. "Não, nunca ouvi falar nele."

\*  \*  \*

Quem era Franziska Schanzkowska, a mulher que por mais de 60 anos tinha alegado ser a grã-duquesa Anastácia? Ela nasceu em 1896 na província prussiana de Posen, adjacente à fronteira com a Polônia, que então fazia parte do império russo. Duzentos anos antes, a família havia pertencido à baixa nobreza polonesa, mas no fim do século XIX eram agricultores. O pai de Franziska, um alcoólatra empobrecido, morreu quando os filhos eram pequenos. Na vila em que cresceu, Franziska sempre fora diferente e solitária. Não tinha amigos e tentava especialmente se distanciar das irmãs, assumindo o que elas consideravam modos afetados das classes superiores. Na época da colheita, quando a vila inteira estava nos campos às voltas com o trigo, Franziska era encontrada deitada numa carroça, lendo livros de história.

"Minha tia Franziska era a mais inteligente das quatro filhas", contou Waltraud Schanzkowska, residente em Hamburgo. "Ela não queria ficar enterrada numa vilazinha tediosa. Queria sair para o mundo, ser atriz... alguma coisa especial." Em 1914, pouco antes de estourar a Primeira Guerra Mundial, Franziska, com 18 anos, saiu da província polonesa e foi para Berlim. Trabalhou como garçonete, conheceu um jovem e ficaram noivos. Antes que se casassem, o noivo foi convocado para o serviço militar. Franziska foi trabalhar numa fábrica de munições. Em 1916, o jovem foi morto na frente ocidental. Pouco tempo depois, Franziska deixou cair uma granada na linha de produção. A granada explodiu perto, lançando estilhaços na cabeça e em outras partes do corpo dela e eviscerando um supervisor, que morreu diante de seus olhos. Ela foi internada num hospital, onde os ferimentos físicos foram curados, mas o trauma permaneceu. Franziska foi declarada "não curada, mas não perigosa", e teve alta do hospital. Ela foi acolhida, quase por caridade, por frau Wingender, que lhe cedeu um quarto. Incapaz de trabalhar por longos períodos, Franziska entrava e saía de sanatórios. Nos intervalos, permanecia acamada no apartamento de Wingender, queixando-se de dores de cabeça, tomando comprimidos e lendo livros de história da biblioteca pública. Em fevereiro de 1920, seu irmão predileto, Felix, recebeu uma última mensagem dela. Em 17 de fevereiro de 1920, ela desapareceu.

\*  \*  \*

Segundo Peter Gill, o DNA é infalível e, portanto, sabemos que Fräulein Unbekannt, Anna Tschaikovsky, Anna Anderson e Anastácia Manahan evoluíram todas de Franziska Schanzkowska. A identidade de sua família polonesa explica a falha central em sua reivindicação, isto é, a capacidade de entender russo, mas não de falar como nativa. Contudo, é uma brilhante interpretação, impressionante. É quase certo que ela não tenha começado como impostora. Franziska passou dois anos no hospital em Dalldorf, tinha uma forte semelhança com uma das filhas do czar, e as pessoas à sua volta queriam acreditar. Depois ela saiu e viveu entre os emigrados. Era uma nova vida muito interessante. As pessoas prestavam atenção a ela, algumas faziam mesuras e a chamavam de Sua Alteza Imperial. No correr do tempo, sua mente absorveu essa identidade alternativa, e ela se transformou.

Depois da entrevista coletiva de Peter Gill à imprensa, alguns apoiadores de Anna Anderson disseram que talvez ela não fosse a filha do czar, mas não era possível que fosse uma camponesa polonesa. No entanto, muitas atrizes profissionais, famosas, de origem igualmente humilde, são convincentes desempenhando papéis de grandes damas majestáticas. Uma grande dama não é necessariamente uma mulher de *pedigree* tradicional e educação cara. Pode ser alguém acostumado a um determinado ambiente onde viveu por muito tempo e confiante em sua posição. Anna Anderson teve 63 anos para aprender esse papel.

Anna Anderson tinha uma personalidade enfática e certeza do papel que encontrara para desempenhar na vida. Até seu inimigo, o dr. Gunther von Berenberg-Gossler, que passou anos se opondo à sua reivindicação nos tribunais alemães, prestou tributo àquela "excepcional" qualidade e ao que "ela alcançou na vida". A um jovem que foi conhecê-la, ele disse: "Prepare-se. Ela vai conquistar você. Ela tem um poder de sugestão maior do que qualquer outra pessoa que já conheci." De fato, após os primeiros anos, ela mesma não tentava convencer os outros de sua identidade. Foram os outros que assumiram a causa, levaram sua reivindicação à justiça e exigiram que o mundo a reconhecesse.

Mais de uma década depois, o mistério de sua identidade foi solucionado. A mulher que pulou num canal em Berlim não era a grã-duquesa Anastácia. Era uma impostora com semelhanças físicas extraordinárias com a jovem que morreu num porão de Ekaterinburg em 1918. Contudo, sua vida *foi* excepcional. Se um dia, muitos anos atrás, tinha sido uma operária de fábrica, ela se tornou – em sua mente e na de seus apoiadores – uma princesa. Sua atuação, ainda tão vívida que muitos não a descartam, emprestou cor ao século XX. Muitos grão-duques e grã-duquesas reais sobreviveram à revolução e depois viveram e morreram em relativa obscuridade. Destacando-se contra esse pano de fundo, apenas uma mulher será lembrada: Anna Anderson.

# PARTE III
## *Os sobreviventes*

## ❧ 19 ❧
# OS ROMANOV EMIGRADOS

O MASSACRE DOS ROMANOV não começou nem acabou com a família nuclear do czar. O primeiro Romanov a morrer depois que Lênin tomou o poder foi o grão-duque Nicolau Constantinovich, aos 68 anos, que, por ter sido banido para a Ásia Central pelo czar Alexander II, passou a maior parte da vida em Tashkent. Ali, ele foi morto pelos bolcheviques em fevereiro de 1918, em circunstâncias desconhecidas. O segundo Romanov assassinado foi o irmão mais novo de Nicolau II, o grão-duque Miguel, aos 40 anos. Detidos em Gatchina, perto de Petrogrado, Miguel e seu secretário inglês, Brian Johnson, ficaram internados num hotel em Perm, nos Urais. Durante seis meses, Miguel foi tratado com liberalidade, com "todos os direitos de um cidadão da república", tendo permissão para andar pela cidade e ir à igreja. Mas, na noite de 13 de julho de 1918 – três dias antes dos assassinatos em Ekaterinburg –, três homens invadiram o quarto no hotel, levaram Miguel e o secretário, ordenando que embarcassem em duas pequenas carruagens em direção ao campo. Saindo da estrada, entraram na floresta, pararam e ofereceram um cigarro ao grão-duque. Enquanto ele fumava, um dos sequestradores puxou um revólver e deu um tiro na têmpora de Johnson. Miguel correu na direção do secretário e amigo, com os braços estendidos, como se para protegê-lo. Três balas atingiram Miguel. Os corpos foram cobertos com galhos para serem enterrados depois. Andrei Markov, chefe dos assassinos, foi para Moscou, onde, por sugestão de Yakov Sverdlov, foi levado para contar a Lênin o ocorrido.

Menos de 24 horas após a família imperial ter sido assassinada, mais seis Romanov foram mortos em Alapayevsk, a 200 quilômetros de distância de Ekaterinburg. Foram a grã-duquesa Elizabeth, de 54 anos, irmã da imperatriz Alexandra, o grão-duque Sergei Mikhailovich, de 49 anos, os três filhos do grão-duque Constantine: príncipe John, de 32, príncipe Constantine, de 27, e príncipe Igor, de 24 anos, além do príncipe Vladimir Paley, de 21 anos, filho do casamento morganático do grão-duque Paulo, tio de Nicolau II.

A grã-duquesa Elizabeth, assim como sua irmã, nascera princesa alemã em Hesse-Darmstadt. Viúva e freira desde 1905, quando assassinaram seu marido, o grão-duque Sergei Alexandrovich (tio de Nicolau II), ela parecia estar em busca de martírio. Após a abdicação do czar, e mesmo depois que os bolcheviques assumiram o poder, Elizabeth recusou todas as oportunidades de segurança e fuga. Em março de 1917, o Governo Provisório pediu que ela deixasse o convento e se refugiasse no Kremlin. Ela recusou. No começo de 1918, o kaiser Guilherme II, que a amara antes que ele ou ela se casassem, tentou várias vezes, por canais diplomáticos, levá-la em segurança para a Alemanha. Mais uma vez, ela recusou. Transferida pelos bolcheviques para Alapayevsk, nos Urais, passou o inverno de 1917-18 numa antiga escola provincial chamada Casa no Campo. No dia seguinte à morte de sua irmã, Elizabeth e os outros Romanov presos junto com ela foram obrigados a entrar em carroças e levados para o campo até a entrada de uma mina abandonada.

Há divergências nos relatos sobre a morte deles. Até recentemente, a versão de Nicolai Sokolov era amplamente aceita: as vítimas foram vendadas e obrigadas a passar por uma pinguela sobre o buraco de 20 metros de profundidade da entrada da mina. Todos obedeceram, exceto o grão-duque Sergei, ex-oficial de artilharia, que resistiu e foi morto imediatamente. Os outros, incapazes de ver a pinguela por onde estavam caminhando, despencaram no buraco. Para completar o serviço, foram jogados troncos grossos e granadas de mão sobre eles. Nem todos morreram na hora. Esgueirando-se até a borda do buraco depois que os assassinos partiram, um camponês contou que ouviu hinos cantados, vindo lá de baixo. Quando os Brancos encontraram os corpos – segundo a história contada por Sokolov –, a ferida na cabeça de um dos jovens estava coberta por um lenço da grã-duquesa. Ainda segundo Sokolov, as autópsias revelaram que a boca e o estômago de algumas vítimas estavam cheias de terra, indicando que tinham morrido por abandono, de sede e inanição. Essa história é contestada por evidências encontradas pelo investigador Vladimir Soloviev. Ele afirma que a grã-duquesa, o grão-duque e os quatro jovens foram levados à beira da entrada da mina, levaram um tiro na cabeça e caíram no buraco.

Seis meses depois, em 28 de janeiro de 1919, quatro outros grão-duques, inclusive o tio Paulo do czar (pai do príncipe Paley, morto em Alapayevsk), foram executados em Petrogrado, no pátio da Fortaleza de Pedro e Paulo. Seus corpos foram jogados em uma vala comum num bastião da fortaleza. (Na época, foram tantos os prisioneiros executados naquele lugar e seus ossos ficaram tão emaranhados que não houve tentativa – e é provável que não haja – de separá-los.) Um desses grão-duques assassinados foi Nicolau Mikhailovich, um renomado historiador liberal. Conhecedor de sua fama de erudito, o escritor Maxim Gorky pediu a Lênin que o poupasse. Lênin negou, respondendo: "A revolução não precisa de historiadores."

Além do czar Nicolau II e da imperatriz Alexandra, os bolcheviques massacraram mais 17 Romanov, inclusive 8 dos 16 grão-duques vivos por ocasião da revolução, 5 das 17 grã-duquesas e 4 príncipes de sangue. Depois dessa carnificina, restaram a imperatriz viúva, 8 grão-duques e 12 grã-duquesas, sendo que 4 delas eram estrangeiras ou receberam o título ao se casarem com grão-duques russos.

Em 1919, a maior concentração de Romanovs sobreviventes estava na Crimeia, onde o aglomerado de palácios de verão da família proporcionava locais de refúgio. A mãe do czar, a imperatriz viúva Maria, estava no palácio imperial de Livadia, com vista para o resort de Yalta, no Mar Negro. Acompanhavam-na sua filha a grã-duquesa Olga, o novo marido de Olga, coronel Nicolai Kulikovsky, e o filho pequeno do casal, Tikhon. Ali perto, a filha mais velha de Marie, grã-duquesa Xenia, seu marido, o grão-duque Alexander, e seis dos sete filhos do casal estavam no palácio de Ai-Todor. Em seu palácio, também ali perto, estava o grão-duque Nicolau Nikolaevich, comandante em chefe do exército russo quando estourou a guerra, seu irmão, grão-duque Pedro, e as irmãs montenegrinas, as grã-duquesas Anastácia e Militsa, suas esposas. O grão-duque Nicolau não tinha filhos, mas o filho do grão-duque Pedro, príncipe Roman, de 21 anos, estava lá.

No decorrer de 18 meses, enquanto os conflitos da guerra civil ora se aproximavam, ora arrefeciam, os refugiados imperiais se abrigavam, intranquilos, nesses ambientes confortáveis, mas inseguros. O suspense acabou em abril de 1919, quando o navio de guerra inglês HMS *Marlborough* chegou a Yalta com a oferta de levar a imperatriz viúva. Maria recusou, a não ser que os ingleses aceitassem embarcar todos os Romanov, seus criados e vários outros que queriam partir. Quando o enorme navio singrou para Malta, seus grandes conveses estavam apinhados de russos e nenhum deles voltaria a ver seu país novamente.

Do *Marlborough*, os refugiados se espalharam pela Europa e pelo mundo. A imperatriz viúva retornou à sua terra natal, a Dinamarca, onde o rei era seu sobrinho Christian X. A grã-duquesa Xenia acabou se separando do marido e mudando-se para Londres, onde morou de 1936 a 1960 numa pequena mansão oferecida pela Coroa inglesa e chamada, apropriadamente, de Wilderness House. A grã-duquesa Olga e seu marido ficaram na Dinamarca até depois da Segunda Guerra Mundial, quando se mudaram para o Canadá. Quando o marido morreu, Olga foi morar com um casal de russos num apartamento em cima de uma barbearia, em Toronto. Morreu lá, em novembro de 1960, sete meses após a morte da irmã, Xenia.

Outra família Romanov sobreviveu porque a revolução os encontrou em sua casa de verão em Kislovodsk, no Cáucaso. Era a grã-duquesa Maria Pavlovna, nascida alemã e viúva do tio mais velho de Nicolau II, grão-duque Vladimir, e seus dois filhos mais novos, os grão-duques Boris e Andrei. Ambos moravam com as amantes: Boris com Zinaida Rachevsky, Andrei com Mathilde Kschessinska, antiga *prima ballerina*, que, antes de Nicolau II se casar e subir ao trono, fora a primeira e única amante do czar. Uma vez fora da Rússia, os dois grão-duques se casaram com as companheiras e foram morar em Paris e arredores.

O irmão mais velho deles, grão-duque Cirilo, sua esposa nascida na Inglaterra, a grã-duquesa Vitória, e suas duas filhas pequenas foram os únicos Romanov a sair da Rússia pela rota do norte. Não foi difícil porque partiram em junho de 1917, quando o Governo Provisório, moderado, ainda estava no poder. Pediram permissão a Alexander Kerensky, então o ministro à frente do governo, receberam documentos, embarcaram num trem em Petrogrado e foram para a Finlândia. Mais tarde naquele verão, quando ainda estavam na Finlândia, nasceu seu filho Vladimir. Aos 26 anos, o grão-duque Dimitri, assassino de Rasputin e primo em primeiro grau de Nicolau II e do grão-duque Cirilo, saiu da Rússia por uma rota extremamente ao sul. Exilado no Cáucaso por sua atuação no assassinato, pouco depois da abdicação do czar, fugiu pelas montanhas para a Pérsia.

No decurso dos últimos 75 anos, os Romanov sobreviventes se subdividiram em cinco clãs, cada um nomeado à moda russa, por um patriarca. São os Mikhailovichi, os Vladimirovichi, os Pavlovichi, os Constantinovichi e os Nikolaevichi. Descendentes de Miguel, filho do czar Nicolau I, os Mikhailovichi são os parentes de sangue mais próximos de Nicolau II e também os mais numerosos. Foram e são filhos e netos da grã-duquesa Xenia e do grão-duque Alexander, filho do já mencionado Miguel. Xenia teve sete filhos, nascidos por volta da virada do século XX. Sua filha mais velha era Irina, que se casou com um dos assassinos de Rasputin, o príncipe Yussoupov.

O casal Yussoupov foi morar em Paris, onde viveu durante quase 50 anos, até sua morte. Tiveram uma filha, que teve uma filha, que teve uma filha. Foi a neta de Yussoupov, Xenia Sfiris, que doou uma amostra de sangue a Peter Gill, permitindo-lhe identificar o fêmur de Nicolau II. Essa grã-duquesa Xenia também teve seis filhos, todos meninos. Quando crianças e adolescentes, cresceram no Ocidente, primeiro com a mãe na Dinamarca, depois em Londres, e mais tarde espalhando-se por Paris, Biarritz, Cannes, Chicago e San Francisco. A Alemanha, habitual fornecedora de noivas para os Romanov, tornou-se improdutiva para esse propósito depois da Primeira Guerra Mundial, e os jovens príncipes se casaram com moças de famílias aristocráticas que conheciam – Kutuzov, Galitzine, Sheremetyev, Vorontsov-Dashkov –, os mais antigos e reluzentes nomes da nobreza russa.

Os filhos de Xenia eram bem articulados, bem-educados, cultos e bem-vestidos, mas lhes faltava ambição e energia. "Eles falavam seis idiomas", diz Rostislav Romanov, cujo pai, também chamado Rostislav, era um dos seis filhos. "Mas nenhum deles falavam nada, então ficaram conhecidos como calados em seis idiomas. Lembro de ter levado meu pai para visitar seu irmão Nikita. Eles disseram 'Alô' e a conversa morreu. Num outro dia, um filho de Nikita sugeriu: 'Vamos de carro visitar tio Rostislav?', e Nikita indagou: 'Por quê? Eu já conheço ele.'"

O filho mais novo da grã-duquesa Xenia, príncipe Vassili, que nasceu em 1907 e saiu da Rússia aos 12 anos, passou a maior parte da vida adulta em Woodside, na Califórnia, perto de San Francisco. Cultivou tomates premiados e teve vários empregos, inclusive a venda (e entrega) de champanhe e vinhos. Sua brincadeira predileta era chegar à porta dos fundos da propriedade de um amigo, deixar lá as garrafas encomendadas, pôr paletó e gravata, contornar a casa, tocar a campainha, apresentar seu cartão anunciando o príncipe Vassili da Rússia e perguntar se madame estava em casa.

O príncipe Vassili morreu em 1987, e os netos de Xenia são agora homens e mulheres na casa dos 60 e 70 anos. Os homens, todos citados na sociedade como príncipe Romanov, seguiram carreiras diversas. O príncipe Andrei, que serviu como marinheiro da Marinha Real em navios de escolta no Ártico durante a Segunda Guerra Mundial, é pintor e mora em Inverness, na Califórnia. O príncipe Miguel, cujos avós eram ambos grão-duques, passou a maior parte da vida como diretor de cinema na França e hoje vive em Paris e Biarritz. O príncipe Nikita, historiador com Ph.D. da Universidade de Stanford, mora em Nova York, assim como seu irmão, o príncipe Alexander. O mais jovem e mais ativo desses príncipes é Rostislav, que fala inglês com sotaque totalmente americano. Não é de estranhar, já que ele nasceu e cresceu em Chicago, frequentou escolas americanas e fez graduação em Yale. Em New Haven, nenhum de seus colegas se importava se ele era um Romanov, e ele se importava mesmo era com a turma de amigos. Hoje, trabalha em um banco londrino de investimentos e vai e volta diariamente de Sussex à Waterloo Station. Embora tenha trabalhado na Inglaterra por 14 anos, a família real britânica – assim como seus colegas de Yale – não nota sua presença. Rostislav nem liga. Ele é um anglófilo. Não quer voltar para a Rússia, a não ser como turista. "A vida neste país combina comigo", ele diz.

Depois das irmãs, sobrinhos e sobrinhas de Nicolau II, os parentes sobreviventes mais próximos do czar eram os Vladimirovichi, seus quatro primos em primeiro grau, os grão-duques Cirilo, Boris, Andrei, e a grã-duquesa Helen, todos filhos do tio mais velho de Nicolau, o grão-duque Vladimir. Em tempos normais, a morte quase simultânea do czar, de seu filho e de seu irmão, como aconteceu em 1918, teria promovido automaticamente o mais velho de seus primos, Cirilo, que tinha 42 anos em 1918, ao trono imperial. No entanto, em 1918 não havia nem império nem trono e, consequentemente, nada era automático.

A sucessão ao trono russo seguia a lei sálica, pela qual a coroa passava apenas a homens, e por homens, até que não houvesse homens elegíveis. Quando um imperador morria sem deixar um filho ou um irmão elegível, o homem mais velho elegível do ramo mais próximo da família do monarca falecido seria o sucessor. Naquele caso, sob a antiga lei, seria Cirilo. Depois dele, vinham seus dois irmãos, Boris e Andrei, e em seguida vinha o único homem sobrevivente da linha Pavlovich, o grão-duque Dimitri, primo deles, filho do grão-duque Paulo, irmão mais novo do czar Nicolau II. Os seis sobrinhos de Nicolau II, filhos de sua irmã Xenia, eram parentes de sangue mais próximos do que Cirilo, mas eram inelegíveis porque a sucessão não podia passar por uma mulher.

Morando na França, Cirilo era cauteloso quanto a se declarar pretendente ao trono. A imperatriz viúva Maria não acreditava que seu filho e a família tinham morrido e se negava a comparecer a qualquer cerimônia em memória deles. Para Cirilo, anunciar seu direito à sucessão deixaria a velha senhora profundamente chocada e ofendida. Além disso, havia outro pretendente, não muito entusiasmado: o grão-duque Nicolau Nikolaevich, antigo comandante em chefe do exército russo, de um ramo mais distante na árvore genealógica dos Romanov, mas, entre os russos, muito mais respeitado e popular do que Cirilo. Nicolau Nikolaevich foi o mais forte e mais famoso soldado russo, enquanto Cirilo era um comandante da marinha, que, depois que um navio afundou diante dele, se recusou a voltar ao mar. Todavia, quando um emigrado russo falava com o grão-duque Nicolau Nikolaevich sobre assumir o trono no exílio, ele recusava, explicando que não desejava abalar as esperanças da imperatriz viúva. Ademais, concordava com Maria que, se Nicolau II, seu filho e seu irmão estavam realmente mortos, o povo devia estar livre para escolher um novo czar, fosse um Romanov ou qualquer outro russo que quisessem.

Em 1922, seis anos antes da morte de Maria e enquanto ainda restavam ao velho soldado Nicolau Nikolaevich sete anos de vida, Cirilo decidiu não esperar mais. Primeiro, ele se proclamou Curador do Trono e depois, em 1924, Czar de Todas as Rússias, mas concedeu que, para uso diário, ainda poderiam se dirigir a ele com o título menor de grão-duque. Fundou uma corte em torno de sua pequena *villa* em Saint-Briac, na Bretanha, emitiu manifestos e distribuiu títulos. Embora tecnicamente suas filhas fossem princesas e seu filho príncipe, ele – em sua posição de czar – os elevou a grã-duquesas e grão-duque. Quando seu primo, grão-duque Dimitri, apoiou a reivindicação, Cirilo retribuiu, agraciando a esposa americana de Dimitri, Audrey Emery, com o título de princesa Romanovsky-Ilyinsky. Em 1929, Dimitri e Audrey passaram seu nome e o título principesco ao filho infante, Paul.

Cirilo morreu aos 62 anos, em outubro de 1938, no American Hospital de Paris, e passou a reivindicação a seu filho de 21 anos, Vladimir. Esse jovem, educado por tutores em casa e depois num liceu russo em Paris, passava os verões mexendo com motocicletas e correndo loucamente com elas pelas estradinhas da Bretanha. A certa altura, ele passou seis meses trabalhando numa loja de máquinas na Inglaterra, a fim de "sentir como é a vida de uma pessoa da classe trabalhadora". Em 1946, ele se mudou para Madri e, dois anos depois, aos 31 anos, casou-se com uma princesa da Geórgia, Leonida Bagration-Moukhransky. Leonida tinha sido casada com um americano expatriado, mais velho e rico, chamado Sumner Moore Kirby, com quem teve uma filha, Helen. Em 1937, aos 23 anos, Leonida se divorciou de Kirby. Ele permaneceu na França durante a Segunda Guerra Mundial, foi pego pela Gestapo e morreu num campo de concentração alemão.

Nas quatro décadas e meia de seu casamento, Vladimir e Leonida viveram sossegados. Moravam numa *villa* em Madri no inverno, passavam o verão em Saint-Briac e mantinham um apartamento em Paris. Às vezes, iam a Nova York, onde amigos monarquistas alugavam limusines, davam jantares e ouviam Vladimir se dirigir a eles em inglês, russo, francês e espanhol impecáveis. Encontrei-o várias vezes nessas ocasiões. Era um homem bonito, agradável, de fala suave e que, seguindo a tradição da realeza, pouco dizia que fosse digno de nota. Sua paixão eram as máquinas, a fabricação e operação de carros, motocicletas e helicópteros. Não era erudito nem historiador. Quando seu amigo de infância Alistair Forbes o provocou para investigar a identidade de Anna Anderson, Vladimir respondeu amavelmente: "Ah, sim, Ali; suponho que tudo o que diz é verdade, mas não deixarei você ver os documentos que tenho sobre o assunto, portanto, vamos falar de outra coisa."

Vladimir não tinha outra ocupação além de ser pretendente ao trono, e as pessoas supunham que o casal era sustentado por Helen Kirby, que havia herdado a fortuna americana do pai, e morava com a mãe e o padrasto.

O grão-duque Vladimir e Leonida tiveram apenas uma filha, Maria, nascida em 1953, quando a mãe tinha 39 anos. Em 1969, sendo evidente que não teria um filho homem, Vladimir providenciou para manter sua linha de sucessão. Emitiu um manifesto proclamando, para desgosto de muitos outros Romanov, que, após sua morte, sua filha Maria seria Curadora do Trono. Maria foi criada para exercer uma significativa função dinástica. Foi educada em Madri e Paris, e passou vários semestres estudando história e literatura russa na Universidade de Oxford. Em 1978, casou-se com um príncipe Hohenzollern, Franz Wilhelm da Prússia, bisneto do kaiser Wilhelm II. Antes de se casarem, Franz Wilhelm se converteu à igreja ortodoxa, adotou o nome de Miguel Pavlovich e recebeu do sogro o título de grão-duque. Em 1981, Maria e o marido tiveram seu único filho, Jorge, a quem o avô também concedeu o título de grão-duque.

Vladimir nunca teve esperança de voltar à Rússia como czar, mas anunciava frequentemente que estava preparado. Na época da *glasnost* e da *perestroíka,* ele tinha 70 anos, e chegara aos 74 quando Yeltsin foi eleito presidente. De repente, os eventos se aceleraram. Poucas semanas após a posse de Yeltsin, em julho de 1991, o presidente e o pretendente trocaram cartas. Naquele outono, a cidade de Leningrado votou a favor de retornar ao nome de São Petersburgo. O prefeito, Anatoly Sobchak, convidou o pretendente Romanov para a comemoração. Vladimir e Leonida foram à antiga capital imperial e, do alto de uma sacada do antigo Palácio de Inverno (hoje o Museu Hermitage), viram 60 mil pessoas enchendo a Praça do Palácio. Em seguida, quando Vladimir entrou para dar uma entrevista coletiva, 300 jornalistas, russos e estrangeiros se puseram de pé.

Cinco meses mais tarde, Vladimir foi a Miami fazer uma palestra para 500 pessoas da área de negócios e finanças. Respondendo a perguntas numa coletiva à imprensa, ele caiu sentado na cadeira e morreu pouco depois. Dois dias mais tarde, Yeltsin assinou um decreto permitindo a primeira missa pela alma de um Romanov na Rússia após três quartos de século. Em 29 de maio de 1992, Vladimir foi enterrado numa cripta na Catedral de São Pedro e São Paulo, em São Petersburgo.

O status de Vladimir como pretendente ao trono parece ter sido endossado por Sobchak, e talvez até por Yeltsin, mas foi veementemente contestado pela maioria dos Romanov. O cisma na família, que atormentou Vladimir enquanto vivo e hoje ataca sua filha, não começou com eles. Teve início com o pai de Vladimir, grão-duque Cirilo, o primeiro pretendente.

A Lei de Sucessão ao trono da Rússia, ditada pelo imperador Paulo, em 1797, estabelece cinco critérios. Primeiro, o monarca tem que ser ortodoxo. Segundo, o monarca tem que ser homem enquanto existirem homens elegíveis na casa imperial. Terceiro, a mãe e a esposa de um monarca, ou de um herdeiro próximo à linha de sucessão, já devem ser ortodoxas quando se casarem. Quarto, o monarca ou herdeiro deve fazer um "casamento igual", com uma mulher de outra "casa governante"; um casamento desigual, com uma mulher de posição inferior, ainda que do nível mais alto da aristocracia, bastava para desqualificar o casal e seus descendentes ao trono. Quinto, o futuro monarca só pode se casar com a permissão do czar reinante. (Ao contrário da Inglaterra, a Rússia não considerava que um divórcio anterior fosse um impedimento para se casar na família imperial ou mesmo para se tornar consorte do czar.) O grão-duque Cirilo não atendia a duas dessas exigências: nem sua mãe, nem sua esposa eram ortodoxas quando se casaram. E Cirilo tinha se casado sem a permissão – na verdade, desafiando – do czar Nicolau II.

A mãe de Cirilo, grã-duquesa Maria Pavlovna, uma princesa germânica de Mecklenburg-Schwerin, teimou em continuar luterana quando se casou com o pai de Cirilo, o grão-duque Vladimir. Permaneceu luterana durante 34 anos após o casamento. Em 1908, ela entendeu que, em vista da doença do pequeno czarevich Alexei, seu marido e seu filho Cirilo estavam muito próximos à linha de sucessão ao trono. Para aumentar-lhes as chances, Maria Pavlovna se converteu, tardiamente, à igreja ortodoxa. Nessa ocasião, porém, os interesses de Cirilo estavam miseravelmente emaranhados com outras histórias. Quando jovem, ele havia se apaixonado por sua prima Vitória Melita, neta da rainha Vitória. Mas a velha rainha, sempre arranjando casamentos para sua imensa progênie, decidiu que Vitória Melita se casaria com um neto do outro lado da família, o grão-duque Ernest de Hesse. Apesar de apaixonada por Cirilo, Vitória Melita obedeceu à avó. Seu casamento com Ernest foi infeliz – os sentimentos de Ernest por mulheres eram ambivalentes –, e Vitória Melita passava semanas com Cirilo, na Rússia e na Alemanha.

A distância, é difícil entender a atração da grã-duquesa de Hesse por Cirilo, descrito pela irmã de Vitória Melita, mais tarde rainha da Romênia, como "o homem de mármore... extraordinariamente frio e egoísta... deixa a gente congelada e tem um tratamento tão desdenhoso... com as pessoas". Entretanto, após meses da morte da rainha Vitória, em 1901, Vitória Melita e Ernest se divorciaram, e ela queria desposar Cirilo.

Mas havia obstáculos ao casamento. As credenciais de Vitória Melita eram esplêndidas. Pertencia à Casa de Saxe-Coburgo, que ocupava o trono da Inglaterra. E embora a Igreja Ortodoxa Russa proibisse casamento entre primos em primeiro grau – e ela e Cirilo eram –, Vitória Melita só se tornou ortodoxa três anos após seu casamento. Ironicamente, esse fato, se a livrou de uma armadilha, fez com que caísse em outra, pois violou a regra da casa imperial russa de que homens na linha de sucessão ao trono só podiam se casar com mulheres que fossem ortodoxas já na ocasião do casamento. O mais significativo, porém, foi que o casamento não teve a permissão do czar reinante. Aqui o problema foi que o ex-marido de Vitória Melita, Ernest de Hesse, era irmão da esposa de Nicolau II. A puritana imperatriz ficou enfurecida com a rejeição a seu irmão por Vitória Melita e seu caso ostensivo com Cirilo. Com total influência sobre o czar, Alexandra estava decidida a impedir o casamento.

Era lastimável a situação de Nicolau II, sobrecarregado com os problemas políticos da regência de um império e afligido por turbulências maritais da família imperial estendida. Uniões por verdadeiro amor, como fora a do czar, eram raras. Alguns Romanov se casavam com princesas alemãs estultas e tinham uma vida inteira de tédio. Outros, como Boris, Andrei e Sergei Mikhailovich, tinham amantes vivazes em termos permanentes. E outros, como o irmão do czar grão-duque Miguel e seu tio grão-duque Paulo, se casavam com russas que haviam sido casadas antes, de categoria inferior à deles. Miguel teve um filho antes do casamento morganático com a amante, e Paulo teve dois com a mulher com quem se casou morganaticamente. Na tentativa de fazer vigorar a lei, Nicolau II expulsou da Rússia o irmão e o tio.

Na opinião do czar, Cirilo e Vitória Melita foram culpados da mesma conduta ilegal quando, em 1905, se casaram em segredo na Alemanha. Ao voltar para casa, sentindo-se vitorioso e à vontade por apresentar um *fait accompli*, Cirilo foi destituído de sua patente e do comando na marinha, a pensão que recebia como membro da família imperial foi suspensa e teve ordem de sair da Rússia dentro de 48 horas. O título de grã-duquesa foi negado à sua esposa. O casal ficou morando num pequeno apartamento na avenida Henri-Martin, em Paris, até que, em 1909, com a morte do pai de Cirilo, o exílio foi revogado. Mas, a despeito da reconciliação oficial, o antagonismo entre as famílias continuou intenso.

Na Primeira Guerra Mundial, Cirilo foi promovido a contra-almirante pela única razão de seu nome. Permaneceu em São Petersburgo comandando a Garde Equipage, uma unidade de elite de marinheiros, que, em tempos de paz, providenciava tripulações para os iates imperiais. Num momento de crise, em fevereiro de 1917, Nicolau II estava no quartel-general do exército, a 800 quilômetros da capital. À exceção da filha Maria, Alexandra e os outros filhos estavam com sarampo e ficaram em quartos encortinados no palácio Alexander, em Tsarskoe Selo, a 24 quilômetros da cidade. Uma multidão hostil de soldados amotinados, vindos de São Petersburgo, bebia e pilhava a cidade, berrando sua intenção de "pegar a alemã" e o filho dela. A unidade mais confiável na guarda do palácio era um batalhão da Garde Equipage, que acendeu fogueiras e montou barracas de sopa no pátio do palácio. Na noite de 13 de março, Alexandra pôs um manto sobre os ombros e, acompanhada pela filha Maria, foi ao encontro dos marinheiros acampados.

"A cena é inesquecível", escreveu a baronesa Buxhoevden, que assistia de uma janela lá de cima. "Estava escuro, exceto por uma luz fraca sobre a neve refletida nos canos polidos dos rifles. As tropas se alinharam em ordem de batalha... as figuras da imperatriz e da filha andaram de fileira em fileira, o palácio branco assomando como uma massa fantasmagórica ao fundo." Falando a cada um, Alexandra disse-lhes que confiava totalmente neles e que a vida do herdeiro estava nas mãos deles. De volta ao palácio, ela estava exuberante. "São todos nossos amigos", ela disse. E trouxe os homens em turnos para tomar chá quente no palácio.

Trinta e seis horas depois, na manhã de 15 de março, quando a imperatriz olhou pela janela, o pátio estava vazio. O grão-duque Cirilo tinha ordenado à Garde Equipage que retornasse a São Petersburgo, deixando indefesos a esposa e os filhos do czar. Na véspera, Cirilo havia – nas palavras do embaixador francês Maurice Paléologue – "ficado abertamente a favor da revolução". Exibindo uma insígnia vermelha no uniforme naval, ele marchou à frente dos marinheiros pela Nevsky Prospect até a Duma, onde se colocou a serviço do presidente da Duma, Mikhail Rodzianko.

Nicolau II ainda estava no trono, e Rodzianko tentava por todos os meios manter a monarquia. Enojado por Cirilo quebrar seu juramento ao czar, ele disse ao grão-duque: "Vá embora. Seu lugar não é aqui." Uma semana mais tarde, Cirilo agravou sua traição. Numa entrevista para um jornal de Petrogrado, ele disse: "Muitas vezes me perguntei se a ex-imperatriz era cúmplice de Wilhelm (o kaiser), mas sempre me obriguei a recuar diante desse pensamento." Por essa ocasião, o embaixador Paléologue passou pela rua Glinka e disse: "Vi alguma coisa ondulando no palácio [do grão-duque Cirilo]: uma bandeira vermelha." Para o resto da vida de Cirilo, muitos monarquistas russos, mesmo os que admitiam, apesar do luteranismo da mãe, que ele era o pretendente legítimo, ao considerarem o abandono da imperatriz e dos filhos, a quebra do juramento ao soberano e a exibição da insígnia e da bandeira vermelha, desqualificaram sua pretensão ao trono.


A vida do grão-duque Vladimir ficou livre da vergonha que desgraçou seu pai; não obstante, foi cheia de controvérsias. O casamento de Vladimir, assim como o de Cirilo, transgrediu a regra da família imperial. Leonida Bagration-Moukhransky era inquestionavelmente ortodoxa. Ela certamente tinha a permissão do "czar", pois o "czar" era o próprio Vladimir. Ela já havia sido casada e divorciada, mas o divórcio não era motivo de objeção na igreja, assim como não fora um argumento contra Cirilo. O ponto de atrito no casamento de Vladimir com Leonida era se ela descendia ou não de uma "casa governante". A história é obscura, mas amargamente contestada pela família. Leonida Bagration-Moukhransky descendia de um ramo da família que governou o reino da Geórgia por três séculos. Em 1800, o czar Paulo anexou a Geórgia ao império russo, e, na opinião do *Burke's Royal Families of the World*, "o reino da Geórgia deixou de existir... os príncipes de sangue real foram deportados para a Rússia [e] seus descendentes foram assimilados pela aristocracia russa". Os Bagration se tornaram rapidamente uma família importante na nobreza russa. O marechal Peter Bagration foi um herói na guerra contra Napoleão e morreu no campo de batalha de Borodino. Por mais de 100 anos, os Bagration – assim como os Galitzine, os Sheremetyev e outros – serviram no exército russo e à corte imperial. Vladimir e Leonida, porém, insistiam que os Bagration ainda eram uma "casa governante". Portanto, afirmavam que ela era totalmente qualificada para desposar um homem que reivindicava o trono, para ter o título de grã-duquesa da Rússia e ter filhos e netos que poderiam ser futuros soberanos.

Sentindo a fraqueza de sua posição, Vladimir e Leonida eram sempre agressivos em questões de "casamento igual" e "casas governantes" quando se referiam a outros Romanov. Para eles, desde a revolução, nenhum Romanov, exceto Vladimir, tivera um casamento igual com uma mulher de uma casa governante. Tendo um casamento desigual, todos os outros haviam desqualificado seus filhos, não só para a sucessão ao trono, mas também como membros da família imperial, para usar o título de príncipe e até mesmo de se chamar Romanov. Na visão de Vladimir, era esse horizonte dinástico, desprovido de homens elegíveis, que lhe dera o direito de elevar sua filha de 16 anos à sucessão.

Essa proclamação, de 1969, desencadeou a oposição de muitas dezenas de pessoas para as quais a notícia de que não eram nem príncipes nem Romanov era surpreendente e desagradável. Os membros principais dos três outros ramos subsistentes – príncipe Vsevolod dos Constantinovichi, príncipe Roman dos Nikolaevichi e príncipe Andrei dos Mikhailovichi, todos nascidos na Rússia antes da revolução (o que Vladimir não era) – se uniram para protestar por escrito. Numa carta, dirigiram-se a Vladimir, não como grão-duque, mas como príncipe, que teria sido seu título pré-revolução. Declararam que Leonida, por ter um casamento desigual com Vladimir, não tinha direito a ser chamada de grã-duquesa. Disseram não reconhecer Maria como grã-duquesa e que sua proclamação como Curadora do Trono e chefe da casa imperial russa era ilegal.

A guerra intrafamiliar continuou em 1976, quando Maria se casou com o príncipe Franz Wilhelm da Prússia e Vladimir promoveu o genro a grão-duque. E piorou ainda mais em 1981, quando nasceu o filho de

Maria, Jorge, e Vladimir nomeou o neto grão-duque. Sobrinho de Nicolau II, o príncipe Vassili respondeu que "a Associação da Família Romanov declara que o feliz evento na casa real prussiana não diz respeito à Associação da Família Romanov, dado que o príncipe recém-nascido não é membro nem da casa imperial russa, nem da família Romanov. Todas as questões de importância dinástica só podem ser concluídas pelo grande povo russo, em solo russo."

Tentando proteger o pequeno Jorge da alegação prejudicial (na Rússia) de que o menino era um Hohenzollern, Vladimir mudou legalmente o nome do neto para Romanov e o registrou junto às autoridades francesas como grão-duque Jorge da Rússia. Isso enfureceu o pai de Jorge, príncipe Franz Wilhelm, já então separado de Maria. ("Um dia, ele chegou em casa e encontrou suas coisas no hall", disse um amigo.) Em março de 1994, Franz Wilhelm, que tinha repudiado seu nome russo e o título de grão-duque, disse, a propósito de seu filho: "Eu tenho o passaporte alemão dele aqui", batendo a mão no bolso do peito do casaco, "e trago sempre comigo. Diz que ele é o príncipe Jorge da Prússia."


A discussão da família sobre quem é e quem não é qualificado para reclamar um trono não existente, quem é e quem não é grão-duque, príncipe ou Romanov, é alimentada por rancor dos dois lados, mas a hostilidade mais agressiva parte de Cirilo, Leonida, Vladimir e Maria. Desde a revolução não havia pretendentes ou linha de pretendentes ao trono a não ser aquele ramo da família. Para eles, não foi suficiente. Exigiram aquiescência e apoio à reivindicação e, quando isso lhes foi negado, passaram à retaliação. Em 1992, a grã-duquesa Maria escreveu para o presidente Yeltsin sobre o enterro dos ossos de Ekaterinburg. Falando de primos de sangue mais próximos de Nicolau II do que ela, a grã-duquesa informou a Yeltsin que "membros da família Romanov, herdeiros de casamentos morganáticos, e não tendo qualquer conexão com a casa imperial, não têm o menor direito de expressar suas opiniões e desejos nessa questão. Eles podem somente comparecer e rezar junto ao túmulo, como qualquer russo que assim desejar".

Naquele verão, os sete príncipes Romanov mais velhos das linhas Mikhailovich e Nikolaevich se reuniram em Paris para criar uma Fundação da Família Romanov, de caráter beneficente, cujo objetivo era prover assistência médica e outros tipos de ajuda para a Rússia. Na coletiva à imprensa anunciando a fundação, partidários de Maria se infiltraram e distribuíram *press releases* assinados por ela, declarando que "os outros membros vivos da Casa de Romanov perderam todos os direitos de sucessão em consequência de casamentos morganáticos de seus pais".

Em 1994, quatro príncipes Romanov, juntamente com Maria, foram convidados a ir a São Petersburgo para uma exposição sobre Nicolau e Alexandra, no Hermitage. Maria se recusou a ir. E uma mensagem do secretário de Leonida declarava que Sua Alteza Imperial grã-duquesa Leonida da Rússia se surpreendeu com o uso indevido de títulos e protocolos nos convites aos príncipes. Antes, numa coletiva à imprensa em Ekaterinburg com Maria, Leonida e Jorge, o mestre de cerimônias anunciou: "Aqui estão os únicos três Romanov do mundo. Estão todos nesta sala."*

Aos 42 anos, a grã-duquesa Maria, Curadora do Trono russo, mora com o filho numa *villa* à sombra dos bosques numa colina ao redor de

---

\* É claro que existem muito mais do que três Romanov. Um deles, cuja existência traz desconforto a alguns dos outros, é Paul R. Ilyinsky, cidadão norte-americano, ex-coronel dos Fuzileiros Navais dos Estados Unidos e foi também prefeito de Palm Beach, na Flórida.

Ilyinsky de 67 anos é filho do grão-duque Dimitri e da herdeira Audrey Emery, de Cincinnati. Nascido na Inglaterra, ainda criança recebeu o título de príncipe Paul Romanovsky-Ilyinsky dado pelo pretendente Cirilo, primo de seu pai. Seus pais se divorciaram quando ele tinha 9 anos, e depois que seu pai morreu, quando estava com 14 anos, sua juventude girou em torno da mãe americana. Foi para a Virgínia, onde estudou numa escola secundária e depois na Universidade da Virgínia. Tomando as próprias decisões, adotou o nome de Paul R. Ilyinsky, alistou-se no Corpo de Fuzileiros Navais (tornando-se assim cidadão norte-americano, o que acarreta renunciar ao título estrangeiro), foi promovido a oficial, serviu na Coreia e ficou na reserva com a patente de coronel. Casou-se em Palm Beach, teve quatro filhos e muitos netos, trabalhou com imóveis e como fotógrafo profissional. Complementando a coleção deixada por seu pai, Ilyinsky montou um enorme exército de soldadinhos de chumbo; e numa ala de sua casa à beira-mar em Palm Beach há uma das maiores coleções particulares de trenzinhos elétricos.

Paul Ilyinsky recebeu bem seu primo Vladimir, que o visitou em Palm Beach, e também se sente à vontade com os outros príncipes Romanov que conheceu. Não estava interessado no trono russo. No entanto, seja qual for o nome adotado, ele é um Romanov. E interpretando as antigas leis russas de sucessão em seu favor – uma prática reinante em todos os Romanov contemporâneos –, ele podia ser um pretendente ao trono. Sendo homem, ele viria antes de Maria, a filha de Vladimir. Ilyinsky é bisneto na linha masculina de um czar (Alexander II), enquanto o príncipe Nicolau Romanov é tataraneto de um czar (Nicolau I). O pai de Ilyinsky era um grão-duque pré-revolucionário, e isso não se aplica a nenhum outro homem Romanov vivo. A única falha em sua reivindicação é que ele seria fruto de um casamento desigual, mas parece que esse é o caso de todos os outros Romanov vivos. Considerando isso, Paul Ilyinsky sorri e diz: "Sou americano e já tenho uma posição no governo, para a qual me elegeram. Sou prefeito."

Madri. Mora com eles a irmã de Maria, Helen Kirby, de quase 60 anos. (A mãe de Maria e Helen, Leonida, vive a maior parte do tempo em Paris.) No hall de entrada da *villa* em Madri, há um retrato do tetravô de Maria, czar Alexander II, sob o qual a grã-duquesa gosta de posar com convidados. No salão, um grande retrato da srta. Kirby fica sobre a lareira.

Maria é a figura central da casa. Ela é baixa e compacta, e seu rosto redondo é encimado por cabelos escuros encaracolados no alto da cabeça. Fala inglês fluente, com sotaque de Oxford, e é igualmente fluente em russo. Em entrevistas, tanto na Rússia quanto no Ocidente, ela começa com cautela e respostas ensaiadas, sentindo o terreno. De vez em quando, ela perde a cuidadosa fraseologia que lhe foi ensinada e fala mais abertamente. Apesar de não terem apoiado a reivindicação de Vladimir ao trono, muitos russos emigrados gostavam dele como pessoa. O mesmo acontece com a filha.

Ela responde clara e diretamente que não sabe quando ou se o governo ou o povo russo irá restaurar a monarquia. "Eu não sei. É difícil dizer", ela fala. "É provável que digam: 'Ela pode voltar. Ela não pode. Vamos manter contato e ser gentis com eles, porque nunca se sabe.' Eles sempre nos tratam com gentileza e respeito quando vamos à Rússia. No verão de 1993, fizemos uma viagem de dois meses pelo Volga, parando em 30 cidades. Os cais e as margens do rio ficavam cheios de gente. Muitos diziam: 'Quando vocês vão voltar?' e 'Vão nos perdoar?' Acho que, lá no fundo, eles têm a ideia da monarquia. Mas não sou profeta. Nosso retorno pode ser daqui a uns meses, ou no ano que vem, ou em dez anos. Então, vamos lá só para conhecer nosso país e ver se podemos ajudar, sem o desejo – o desejo imediato – de ter a coroa."

Maria não tem interesse em recapitular o passado. "É preciso perdoar, mas nunca esquecer", ela declara. Quanto ao enterro dos ossos de Ekaterinburg, ela diz que está "sujeita às conclusões da comissão governamental e à decisão do governo russo. Espero que o patriarca canonize logo a família e todos os mártires da revolução".

Maria tem um bom relacionamento com o patriarca da Igreja Ortodoxa Russa, Alexis II. "Cada vez que vamos à Rússia ele nos recebe muito bem", ela diz. "Penso que ele realmente acha que podemos formar uma boa equipe e trabalhar juntos." Ela não se incomoda com as constantes acusações da Igreja Ortodoxa Russa no Exterior, de que a igreja na Rússia é dominada por ex-agentes da KGB. "Alguém tinha que manter nossa igreja viva durante aquela era, e é graças a esses religiosos que viviam na

Rússia que ainda existe uma igreja na Rússia", ela diz. "Que um pequeno número de padres no exterior fale a eles: 'Agora podem sair, que nós vamos voltar e ocupar o lugar de vocês' é absurdo. Acho que, durante uma época, a Igreja no Exterior teve uma *raison d'être*. Agora não tem mais."

Quando o cisma na família Romanov vem à tona, Maria fica desconfortável e irritável. "Se eles querem seguir as leis da família, ninguém pode negar que são Romanov", ela diz, falando sobre seus primos. "Eles são. Se têm um título ou não, é outro caso. Se querem ser Romanov e portar o nome com dignidade, ótimo, mas ninguém precisa de um título para isso. O nome da família já basta. Entendo que eles se encontram numa situação muito triste porque seus pais não fizeram a coisa certa. Disseram que não ligavam a mínima, foram em frente e contraíram matrimônio desigual. Então, as esposas se tornaram sras. Romanov, e os filhos, srs. Romanov e srtas. Romanov. Só isso. O que imagino sobre eles é que, agora que alguma coisa importante está acontecendo na Rússia, eles acordaram e disseram: 'Ah ha! Pode haver algum ganho aí.'"

Enquanto conversávamos, a srta. Kirby e o grão-duque Jorge estavam conosco, ouvindo em silêncio. Depois, Jorge tomou chá com uma fatia de bolo e pediu licença educadamente para se retirar. Do salão ensolarado, vi Jorge andando de bicicleta de um lado para outro no jardim. Perguntei sobre o futuro dele. "Ele sabe muito bem que é o czarevich", disse a mãe. "Sempre conversa comigo sobre isso. Ele está numa escola inglesa em que seus colegas são filhos de diplomatas e empresários. Pedi que o tratassem como um aluno comum e o chamassem de Jorge. Espero que algum dia ele faça o serviço militar na Rússia." Numa revelação surpreendente, Maria disse que Jorge talvez tenha que esperar sua vez de subir ao trono. "Como você sabe, eu sou a chefe da família. Temos que ver o que nosso país quer. Nesse momento, a pessoa certa para assumir o posto seria eu. Assim [antes que Jorge a sucedesse], meu país teria que dizer: 'Não queremos uma mulher'."

Reconhecido por toda a família, exceto Maria e Leonida, como chefe da casa imperial, o príncipe Nicolau Romanov está na estação de trem em Gstaad, na Suíça, num dia quente do começo da primavera, com a mão estendida para me cumprimentar. Ele é alto, robusto e sorridente. "Precisamos de um táxi para nos levar em casa", ele diz, "e aqui tem um: o táxi Romanov." Entramos num carrinho vermelho muito velho e maltratado, tão pequeno que Nicolau ocupa a maior parte dos dois bancos da frente, e vamos para um pequeno apartamento num chalé, para onde ele e a esposa se retiraram depois que saíram da Itália. Quando se mudaram, Nicolau viu que não havia espaço para sua biblioteca no apartamento e, então, comprou um estúdio de um quarto no andar de baixo, que fica submerso em pilhas de livros. A maioria é sobre história russa.

Se a grã-duquesa Maria não for a pretendente legítima ao trono russo, quem tem essa posição é Nicolau Romanov, agora com 73 anos. Seus pais tiveram um casamento desigual e, na opinião dele, os de Maria também. Levando em conta a igualdade, Nicolau tem precedência porque é homem. A ironia é que Nicolau nem deseja ser pretendente, nem acredita que a monarquia seja adequada às necessidades atuais da Rússia. Recentemente, um entrevistador da televisão de São Petersburgo perguntou-lhe que tipo de czar ele seria. Nicolau respondeu: "Meu caro, eu sou republicano. Você não sabia?"

Ele nasceu em 1922 no sul da França, não distante da casa de seu tio-avô, o grande soldado grão-duque Nicolau Nikolaevich. O grão-duque não teve filhos, e Nicolau e seu irmão Dimitri, quatro anos mais novo, eram os únicos homens em sua geração do ramo Nikolaevich da família Romanov. Em 1936, sua família foi morar em Roma, onde a irmã de sua avó era rainha da Itália. Nicolau tinha 18 anos em 1940, quando a Itália entrou na guerra, mas, com um passaporte apátrida, não foi convocado para o serviço militar. Em 1944, quando os Aliados entraram em Roma, Nicolau se alistou em uma unidade militar anglo-americana de atendimento psicológico. O coronel encarregado falou: "Olhe aqui, Romanov, por favor, vá aprender a falar inglês." Nicolau, que já falava russo, francês e italiano, fez o melhor que pôde.

Em 1946, logo após o referendo que transformou a Itália de reino em república, Nicolau, seus pais e seu irmão foram para o Egito. Ali Nicolau se apaixonou por uma egípcia, cujo idioma era inglês. "Meu inglês melhorou imensamente", ele recorda. Em 1950, indo para Genebra em busca de trabalho num escritório das Nações Unidas, ele passou por Roma, onde conheceu a condessa Sveva della Gherardesca. Em um mês, ele a pediu em casamento. A moça aceitou, mas o pai dela argumentou: "Primeiro, arrume um emprego." Ele começou vendendo carros Austin, em Roma. Três anos depois, seu sogro e o irmão gêmeo de sua esposa morreram quase ao mesmo tempo, deixando seu vinhedo na Toscana sem administrador. "Não muito grande, mas um vinho muito bom", diz Nicolau. "Então, eu assumi, fui para o campo e aprendi a cultivar. E foi o que fiz a maior parte da minha vida."

Além do cultivo, Nicolau Romanov dedicou sua vida a ler livros de história. Em retrospecto, ele tem grande apreço por seu xará Nicolau II. "Foi um homem encantador, extremamente atencioso, muito desafortunado", príncipe Nicolau diz. "Tinha fama de ser indeciso, de mudar de ideia com muita facilidade e não manter sua palavra. Em parte, era seu caráter, mas outra parte era o sistema. Digamos que você seja o ministro da Educação e vá ao czar dizendo 'Majestade, precisamos construir 12 escolas de língua russa no Tadjiquistão, senão as crianças só vão entender o que dizem os mulás'. O czar responde 'Excelente ideia, vamos construir'. A audiência seguinte é com o ministro das Finanças, e o czar diz 'Ah, por falar nisso, ordenei a construção de 12 escolas no Tadjiquistão', e o ministro das Finanças concorda 'Ótima ideia. Mas onde está o dinheiro?' 'Ah, isso podemos arranjar', responde o czar. 'Não é tão fácil, Majestade', diz o ministro. 'Os empréstimos com a França estão vencendo, e lembra que decidimos reequipar a artilharia? Francamente, não temos o dinheiro'. O czar fica aborrecido. 'Quer dizer que não podemos?' 'Não agora', responde o ministro. 'Talvez mais tarde. É uma excelente ideia'. Na audiência seguinte com o ministro da Educação, o czar diz 'Ah, por falar nisso, essas suas escolas são uma excelente ideia, mas não podemos construir nesse momento'. O ministro da Educação se retira e escreve em seu diário, e depois em suas memórias, que mais uma vez o czar faltou com sua palavra."

"O problema", continua o Nicolau Romanov dos anos 1990, "era o sistema. Se Nicolau II presidisse um Conselho de Ministros, ele saberia, na mesma sessão, da necessidade de escolas e da indisponibilidade do dinheiro. Talvez então ele dissesse: 'Vamos começar com três escolas e depois faremos mais.' Mas, na autocracia, Nicolau tinha que saber de tudo e tomar todas as decisões. A autocracia na Rússia pode ter sido lógica no tempo de Pedro, o Grande, mas era inviável no tempo de Nicolau II."

Isso leva Nicolau Romanov à questão da monarquia hoje. "Só sei que quem quer que fale em monarquia na Rússia hoje não tem noção do que está falando. Não dá nem para pensar nisso. Primeiro de tudo, porque está em descompasso com os tempos. A ideia de ser uma coisa simbólica que irá unir todos os russos é uma tolice. Pode unir todos os russos por algum tempo, mas logo, logo – no minuto em que surgir o primeiro problema – vem tudo abaixo. O povo irá culpar quem estiver à frente do Estado e não terá como se livrar dele. É por isso que sou a favor de uma república presidencialista na Rússia. Porque precisamos ser capazes de trocar periodicamente o homem que está no poder. Aconteceu com Gorbachev. Vai acontecer com Yeltsin. O importante é que as mudanças sejam feitas sem trauma para o país, sem derramamento de sangue."

E uma monarquia constitucional? "Não, não acredito que uma monarquia constitucional, que é um mero símbolo de unidade da nação, vá funcionar, porque a Rússia não tem uma tradição constitucional. Nós, Romanov, cuidamos disso em nosso tempo, e, depois que saímos, nossos sucessores comunistas reafirmaram. Há eleições, há um toma lá dá cá no Parlamento. Sim, às vezes as pessoas erradas são eleitas. Democracia é isso. Todo mundo fica assustado quando um louco chamado Zhirinovsky de repente tem 25% dos votos e começa a fazer pronunciamentos aterradores. Alguém no Ocidente entende por que votaram nele? Veja um russo da minha idade, 73 anos. Quando soldado, com 22 ou 23 anos, ele venceu o maior exército do mundo, a Wehrmacht alemã. Foi lutando de Moscou até Berlim, subiu no Reichstag e pôs a bandeira vermelha lá no alto. Ele se orgulha disso a vida inteira. Hoje, 50 anos depois, onde está esse soldado? Vivendo com uma pensão que dá para se manter dois ou três dias por mês. Você espera que ele seja feliz vendo a Rússia mendigar marcos alemães e criminosos russos e estrangeiros acelerando pelas ruas com Mercedes e BMWs?

"O que eu quero mesmo", prossegue Nicolau Romanov, "é que meu país saia desse período histórico e deixe de pensar nisso. Portanto, estou pronto a dizer que não dou a menor bola se foi Lênin, Sverdlov, Smith ou Jones quem ordenou o assassinato da minha família. Alguém ordenou. O estigma está nos homens daquela era. Mas, pelo amor de Deus, depois de 75 anos, vivemos hoje numa nova Rússia. Temos problemas colossais pela frente. Vamos esquecer os aspectos políticos do passado. Vamos deixar isso para os historiadores. Se Lênin foi responsável ou não é extremamente interessante, e não sou a favor de suprimir isso, mas não vamos achar mais importante do que os acontecimentos de hoje e de amanhã."

E o enterro dos ossos de Ekaterinburg? "Acho que é válido, mas o mais importante é que hoje todo o povo da Rússia faz um gesto de expiação por esse crime e expressa essa expiação no túmulo das vítimas. Se alguém disser 'Olhe só, você está chorando sobre ossos que não são deles e uma tumba que não é deles', isso torna meu lamento menos válido? O arrependimento é que é importante, e não a tumba. Então, está encerrado. Acabou. A Rússia pode seguir em frente."

Falar no cisma da família faz Nicolau menear a cabeça. "Olhe, Vladimir casou-se com uma plebeia", ele diz. "Leonida veio de uma família muito conceituada no Cáucaso, uma família grande e muito respeitada da nobreza russa, mas não era da realeza. E daí? Nossos pais se casaram com plebeias. E daí? Nós nos casamos com plebeias. Mais uma vez, e daí? Não tinha ninguém para nos pedir que renunciássemos aos nossos direitos, então nos casamos sem renunciar a direitos, e nós e nossos filhos ainda temos direito ao trono da Rússia. Essa é nossa posição. Cirilo não admitia, Vladimir não admitia e Maria não admite. E eu não ligo para isso porque não queremos reinar na Rússia. Contudo, dizemos que Maria, no afã de querer o trono, não pode deixar de lado quem somos e o que somos. Ela não pode se colocar à frente. Se, quando os ossos da família imperial forem enterrados, Maria insistir em ser tratada de modo diferenciado, aconselho os membros da família a não comparecer. Porque o que deveria ser um culto religioso de arrependimento e reconciliação se torna um evento político."

"É irônica, sabe, nossa lei sobre casamento desigual. Nossa família no exílio é mais restritiva nessa questão do que as famílias reais que ainda estão no trono. Na Inglaterra, Suécia, Bélgica, Holanda ou Dinamarca, quando o monarca ou herdeiro se casa com um plebeu, muita gente acha que é politicamente saudável." No fim das contas, Nicolau aceita a visão da imperatriz viúva Maria e do grão-duque Nicolau Nikolaevich de que somente o povo russo deve decidir. "Cabe a eles dizer se querem um monarca ou não, e se quiserem, que monarca será. Se for um Romanov, devem escolher o Romanov que quiserem. Se for alguém de outra família, que escolham a pessoa. Não cabe a nós decidir."

Para Nicolau, seria o príncipe Nicolau Romanov, o chefe da família, presidente da Fundação Romanov, historiador e agricultor aposentado. Que ele seja ainda mais do que isso foi sugerido há não muito tempo pela atitude de uma especialista em genealogia e protocolo real. Tradicionalmente, a rainha da Inglaterra só se levanta diante de outros monarcas ou chefes de Estado. Há algum tempo, numa exposição de joias de Fabergé em Londres, Nicolau Romanov se aproximou para ser apresentado à rainha Elizabeth II. Ao vê-lo entrar, a rainha ficou de pé.

Em 1995, os símbolos dos czares começaram a reaparecer na Rússia. A bandeira da Rússia é a de Pedro, o Grande. A águia de duas cabeças dos Romanov é estampada em vistos emitidos pelo governo e nos bonés dos generais russos. Em Copenhague, o embaixador russo, ex-diplomata soviético, levantou as mãos diante de um príncipe Romanov, exclamando: "Imagine! Não mataram só o czar e a esposa, mas os filhos também! Todos assassinados! Que terrível!" Num jantar em Chicago, Anatoly Sobchak, prefeito de São Petersburgo, disse para toda a mesa que apoia a reivindicação da grã-duquesa Maria e que é só uma questão de tempo para que seja estabelecida uma monarquia constitucional na Rússia, sob o grão-duque Jorge.

Não obstante esse ressurgimento de interesse e símbolos, é improvável que a questão de tempo de Sobchak seja em breve. A maioria dos russos não quer a restauração dos Romanov. "Os Romanov não são do interesse de ninguém aqui", disse Geli Ryabov, cineasta que ajudou a encontrar a cova da família imperial. "Por quê? O povo está cansado. Cansado! Eles querem viver sossegados, comer, beber, se vestir, descansar e dormir, sem ter que pensar que amanhã alguém vai chegar atirando de novo nos prédios do governo." Pavel Ivanov, o especialista em DNA que ajudou a identificar os ossos dos Romanov na Inglaterra, concorda. "Conhecendo a vida na Rússia hoje, só posso rir", ele disse sobre a restauração. "O povo russo tem outras preocupações, outros problemas. Atualmente, é perigoso morar em Moscou. O negócio mais lucrativo é a venda de portas de aço. Uma vida na Rússia vale 5 mil dólares; é quanto custa para encomendar um assassinato. Falar de trono e família real é ridículo."

Irina Pozdeeva, professora de história religiosa na Universidade de Moscou, expressou a mesma opinião de modo mais filosófico: "Acredite, para o povo da Rússia hoje, a ideia czarista não existe. As pessoas nem se lembram do *Batushka Tsar* [o Paizinho]. Três gerações, ou quatro, cresceram sem essa imagem. Só permanece em contos de fadas e memória histórica. Para a *intelligentsia*, para alguns círculos de caráter intelectual, essa ideia foi preservada, tem um colorido magnífico, mas é muito pequena. O retorno dos Romanov? Não. Seria uma tentativa de fazer o rio correr para cima."

Falando em termos práticos, a restauração da monarquia russa exigiria que a presidência e o Parlamento – duas instituições que raramente concordam em alguma coisa – se unissem numa delicada operação de enxertar uma terceira instituição, a monarquia, no alto de uma estrutura governamental já fragilizada. Um ditador, um Francisco Franco russo, seria capaz de fazer isso, mas Franco manteve o poder absoluto na Espanha por 40 anos e preparou o país anunciando sua intenção de trazer de volta o rei muitos anos antes que isso acontecesse. A Rússia não tem, e nem quer ter, um Franco; seu experimento com a democracia ainda não foi concluído. Mas a democracia deu à Rússia um governo fraco e dividido, uma estabilidade tão precária que ninguém ousa mexer em seu frágil equilíbrio. Corpos e ossos ficam desenterrados por medo de que o ato de enterrar possa aguçar antagonismos políticos. O corpo de Lênin, nadando em conservantes, permanece intocado no mausoléu na Praça Vermelha por medo de ofender os comunistas. Os ossos da família imperial ficam expostos nas mesas do necrotério de Ekaterinburg por medo de ofender a Igreja Ortodoxa. Um governo impotente até para dispor dos restos da monarquia destituída não pode esperar – e não se pode esperar dele – ter força para restaurá-la.

# PARTE IV
## A casa de Ipatiev

## 20
## SETENTA E OITO DIAS

Durante 78 dias, o czar, sua família e membros de sua casa ficaram confinados numa parte do andar principal da Casa de Ipatiev. Nicolau e Alexandra foram instalados no quarto do canto da frente, forrado com papel de parede amarelo-claro, mobiliado com duas camas, um sofá, duas mesas, uma lâmpada, uma estante e um único armário contendo todas as roupas de ambos. As quatro filhas e o filho de 13 anos ficaram em outro quarto, forrado com papel de parede estampado de flores rosas e verdes (depois Alexei foi levado para o quarto dos pais). A acompanhante, Anna Demidova, ficou num quarto pequeno no fundo do mesmo andar. Dr. Botkin dormia na sala, e Trupp e Kharitonov, no hall da escada. Dois ou três guardas armados estavam sempre no andar principal com a família, e, para irem ao banheiro ou ao toalete, os cativos tinham que passar por eles. Uma cerca de madeira, ou paliçada, de 4,5 metros tampava a casa e as janelas da visão da rua. Olhando pelas janelas dos quartos, os prisioneiros só viam as copas das árvores.

A família se acomodou a uma rotina monótona. Levantavam-se às 9 e 10 horas, tinham uma refeição de pão preto e chá. Pela manhã e à noite, faziam orações e liam o Evangelho juntos. O almoço era à uma hora, jantar entre 16 e 17 horas, chá às 19h e ceia às 21h. Em geral, Nicolau lia para a família depois do chá e à noite. Nos dias logo após a chegada a Ekaterinburg, ele lia o Livro de Jó. Quem quisesse, podia caminhar lá fora duas vezes por dia, 30 minutos de manhã, 30 minutos à tarde.

Ainda era começo de primavera na Sibéria. Quando Nicolau, Alexandra e Maria chegaram em Ekaterinburg, pois tinham vindo de Tobolsk antes dos outros, Alexandra se alegrou porque o longo inverno parecia terminado. "O tempo estava glorioso, quente e ensolarado", ela escreveu em 30 de abril, dia em que entraram na Casa de Ipatiev. Daí em diante, os dias eram agradáveis. "Lindo, quente, ensolarado, mas com ventania... glorioso sol brilhando... sol e nuvens passando... linda manhã quente... sentada no jardim, vento morno... Manhã ótima, luminosa." Em 25 de maio, porém, ela relatou que estava "nevando forte" e, no dia seguinte, que "tudo [estava] coberto de neve".

Depois de 15 de maio, já não era fácil ver o sol, nuvens ou neve de dentro de casa. "Um homem velho pintou todas as janelas de branco pelo lado de fora", Alexandra escreveu naquele dia em seu diário, "de modo que somente pelo alto posso ver um pouquinho do céu e parece [daqui de dentro] que tem uma neblina espessa". No dia seguinte, ele pintou o termômetro externo para que não pudessem ver a temperatura. Quatro dias mais tarde, o comandante dos guardas "riscou a tinta que cobria o termômetro, e agora podemos tornar a ver os graus", a imperatriz escreveu.

Em 23 de maio, Olga, Tatiana, Anastácia, Alexei e o marinheiro Nagorny (que durante cinco anos carregou o czarevich quando ele não podia andar) chegaram de Tobolsk. "Que alegria tê-los novamente", Alexandra escreveu. Naquela noite, não havia camas para todos, e a quarta grã-duquesa teve que dormir sobre almofadas e mantos estendidos no chão. A alegria da família por estar reunida foi logo toldada pela doença do czarevich. "Baby acordou de hora em hora com dor no joelho, escorregou e se machucou quando estava indo para a cama", a imperatriz escreveu. "Ainda não consegue andar. É carregado. [Ele] emagreceu mais de seis quilos desde a doença."

Desde esse dia e até o fim, a doença de Alexei dominou os pensamentos da mãe:

> 24 de maio: Baby e eu fizemos as refeições no nosso quarto; suas dores variam... Vladimir Nikolaevich [o médico do czarevich, dr. Derevenko, que teve permissão para ficar na cidade e fazer visitas ocasionais ao paciente] veio ver Baby e trocar as compressas... Baby dormiu no quarto com Nagorny... Baby teve uma péssima noite novamente...
> 
> 25 de maio: Pouquinho menos inchado, mas as dores vão e vêm, muito fortes.
> 
> 27 de maio: Baby não teve uma noite boa de novo. Eugene Sergeivich [dr. Botkin] passou parte da noite [com ele] para dei-

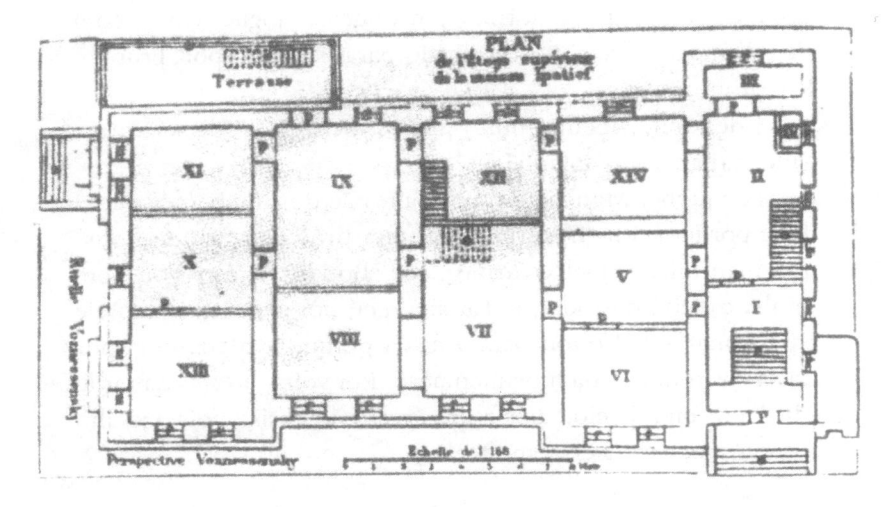

PLANTA DO ANDAR PRINCIPAL DA CASA DE IPATIEV
XIII: *quarto ocupado por Nicolau, Alexandra e Alexei; X: quarto ocupado por Olga, Tatiana, Maria e Anastácia; XI: quarto ocupado por Demidova; VIII: sala ocupada pelo dr. Botkin; XII: hall ocupado por Kharitonov e Trupp; IX: sala de jantar; XIV: cozinha; III: banheiro; IV: toalete; VI: ocupado pelos guardas.*

xar Nagorny dormir. No geral, melhor, embora com dores fortes. Às 6:30, Sednev [um cozinheiro] e Nagorny foram retirados daqui; não sei o motivo.* ... [dr. Botkin] passou a noite com Baby.

28 de maio: Baby dormiu razoavelmente bem, apesar de acordar de hora em hora – dor menos forte. Perguntei quando Nagorny vai poder voltar, pois não sei como vamos passar sem ele... Baby sofreu muito hoje. Depois da ceia, foi carregado para o quarto. Dores mais fortes.

30 de maio: Baby esteve melhor à noite, passou o dia em nosso quarto. Raramente com dores. [dr. Derevenko] achou o inchaço no joelho um centímetro menor. Antes do jantar, a dor ficou mais forte, foi carregado para seu quarto.

---

* Quatro dias depois, Sednev e Nagorny foram fuzilados. A família nunca ficou sabendo.

2 de junho: Baby dormiu um pouco – joguei cartas com ele... Depois da ceia, foi carregado para o quarto por Trupp e Kharitonov.

4 de junho: Joelho muito menos inchado. Pode ser carregado lá [para fora] amanhã.

5 de junho: Manhã gloriosa. Baby não dormiu bem, a perna doeu porque... [dr. Derevenko] ontem tirou o "gesso de Paris" que mantinha o joelho firme... [dr. Botkin] o carregou para minha cadeira de rodas, e Tatiana e eu nos sentamos com ele para tomar sol. Voltou para a cama porque a perna doía por causa das roupas e da movimentação. Por volta das seis da tarde [dr. Derevenko] veio e pôs outro "gesso de Paris", pois o joelho tornou a inchar e a doer muito.

Daí em diante, o sangramento estancou, os fluidos do joelho de Alexei foram reabsorvidos, a dor cedeu e a perna começou a se endireitar. Quando o tempo estava bom, ele era carregado para tomar sol lá fora. "Fiquei com Baby, Olga e Anastácia diante da casa", Alexandra escreveu. "Fui lá fora com Baby, Tatiana e Maria... levamos Baby na cadeira de rodas para o jardim e ficamos lá por uma hora. Muito quente, belas moitas de lilases e pequenas madressilvas."

Assim como Alexei, Alexandra passava a maior parte do tempo imobilizada. Incapacitada de andar por causa da ciática, ela ficava deitada na cama ou sentada na cadeira de rodas no quarto amarelo-claro. Confrontada com as janelas pintadas de branco, ela bordava, desenhava, lia a Bíblia, seus livros de orações ou *A vida de São Serafim de Sarov*. Em 28 de maio, ela anotou: "Cortei o cabelo de Nicolau pela primeira vez", e em 20 de junho: "Cortei novamente o cabelo de N." As filhas cuidavam de Alexandra. "Maria leu para mim depois do chá... Maria lavou meus cabelos... Tatiana leu para mim... Anastácia leu para mim... as outras saíram, Olga ficou comigo." A imperatriz sofria de enxaquecas recorrentes: "Fiquei na cama sentindo muita tontura e os olhos doem tanto... Deitada de olhos fechados e a cabeça continuava doendo... Passei o dia inteiro de olhos fechados, a cabeça piorou quando chegou a noite."

A tensão de Nicolau era a de um animal enjaulado. Sem poder sair quando queria, ele andava pelo quarto para lá e para cá, para lá e para cá. Numa noite quente de junho, ele escreveu em seu diário: "Foi insuportável ficar assim, trancado, e não estar em posição de ir ao jardim quando se quer e passar um belo fim de tarde lá fora." Ele estava cansado, tinha bolsas sob os olhos. "O tédio", ele escreveu, "é incrível." Sofrendo de hemorroidas, passou três dias de cama, "posto que é mais conveniente para aplicar compressas". Alexandra e Alexei ficaram ao lado da cama dele para almoçar, tomar chá e a ceia. Depois de dois dias e duas noites, ele se sentou e, na manhã seguinte, se levantou e foi lá fora. "O verde está muito belo e viçoso", escreveu.

Imersos em tédio, isolados do mundo exterior, sem saber sequer de eventos como a morte de Nagorny, a variedade principal dos prisioneiros eram as melhoras e pioras das doenças e os caprichos do tempo. Mal prestavam atenção aos aniversários, embora tivessem ocorrido quatro enquanto a família esteve na Casa de Ipatiev. Em 19 de maio, Nicolau fez 50 anos; em 6 de junho, Alexandra fez 46; em 18 de junho, Nicolau anotou "minha querida Anastácia fez 17 anos"; em 27 de junho, "Nossa querida Maria fez 19 anos". Houve ocasionais quebras da rotina. No começo de maio, chegou um pacote. "Chocolate e café recebidos de Ella [sua irmã, grã-duquesa Elizabeth]", Alexandra anotou. "Ela mandou de Moscou e agora está em Perm." Na manhã seguinte, a imperatriz escreveu: "Grande deleite, uma xícara de café." Às vezes, faltava eletricidade. "Ceia, três velas em copos; [jogo de] cartas à luz de uma vela", ela escreveu. Em 4 de junho, ela anotou que o novo governante da Rússia tinha exercido seu poder até sobre o relógio: "Lênin deu ordem de adiantar os relógios duas horas (economia de eletricidade), portanto às 22h nos dizem que é meia-noite."

À medida que o tempo passava, os cativos, do imperador ao cozinheiro, se tornavam uma grande família. Botkin, mais um amigo que um servidor, frequentemente se sentava com Nicolau e Alexandra depois da ceia para conversar e jogar cartas. De dia, quando Alexandra e Alexei não podiam sair de casa, Botkin ficava jogando cartas com eles. Depois que retiraram Nagorny, Botkin às vezes dormia no quarto com o czarevich e dividia com Nicolau, Trupp e Kharitonov a tarefa de carregar Alexis lá para fora. Em 23 de junho, Botkin ficou muito doente, com cólicas, precisando de uma injeção de morfina. Permaneceu cinco dias doente, e quando conseguiu se sentar numa poltrona, Alexandra lhe fazia companhia. Quando Sednev, o cozinheiro, ficou doente, Alexandra verificava sua temperatura e seus progressos.

As quatro jovens grã-duquesas faziam o que podiam. Tatiana e Maria liam para a mãe e jogavam bridge com ela. Tatiana jogava cartas com Alexei e, no auge da doença, dormia no quarto com ele. Olga, mais próxima de Nicolau, caminhava com o pai as duas vezes por dia. Todas ajudavam Demidova a cerzir meias e lençóis. No fim de junho, Kharitonov, o cozinheiro, propôs que as cinco crianças o ajudassem a fazer pão. "As meninas sovaram a massa", Alexandra anotou. "As crianças continuaram amassando e fazendo o pão que agora está assando... Almocei: pão excelente... As crianças ajudam na cozinha todos os dias."

Em junho, chegou o calor. Foi uma estação de tempestades com raios e trovões, chuvaradas, e de repente o sol brilhava e fazia mais calor. Em 6 de junho, Alexandra anotou: "Muito quente, terrivelmente abafado nos quartos." O calor da cozinha piorava as coisas: "Kharitonov tem que fazer nossa comida agora", ela escreveu em 18 de junho. "Muito calor, abafado, porque as janelas não abrem e o cheiro forte da cozinha chega em toda parte." Em 21 de junho, ela relatou: "Lá fora no jardim, terrivelmente quente, sentei sob os arbustos. Eles nos deram... mais meia hora para ficar lá fora. Calor, o abafamento nos quartos é intenso."

As janelas fechadas tornavam o calor sufocante. Para impedir que os prisioneiros fugissem ou fizessem algum sinal para o exterior, todas as janelas duplas nos quartos da família, pintadas de branco, eram mantidas fechadas por ordem do Soviete do Ural. Nicolau se dispôs a tentar derrubar esse decreto. "Hoje, na hora do chá, entraram seis homens, provavelmente do Soviete Regional, para ver quais janelas abrir", ele escreveu no diário em 22 de junho. "A resolução desse assunto levou quase duas semanas! Diversas vezes, vários homens vieram aqui e, em silêncio, na nossa presença, examinaram as janelas." Nessa questão, o czar teve sucesso. "Dois soldados vieram abrir uma janela do nosso quarto", Alexandra escreveu em 23 de junho. "Que alegria, ar delicioso enfim e uma janela não mais caiada." "A fragrância dos jardins da cidade é maravilhosa", Nicolau escreveu.

Sentado ao sol, Alexei ficava em silêncio enquanto o czar e as filhas caminhavam sob o olhar dos guardas. Aos poucos, a impressão que tinham da família começava a mudar. "A impressão que tenho deles permanecerá para sempre em minha alma", disse Anatoly Yakimov, um membro da guarda capturado pelos Brancos:

> O czar já não era jovem, sua barba estava ficando grisalha... [Ele usava] uma camisa de soldado e um cinto de oficial com fecho de metal na cintura... A fivela era amarela... a camisa era cáqui, da mesma cor da calça e de suas velhas botas surradas. Seus olhos eram bondosos e... eu tinha a impressão de que ele era um homem bom, simples, franco e conversador. Às vezes, eu achava que ele ia falar comigo. Ele parecia ter vontade de conversar conosco.
> A czarina não era nem um pouco como ele. Tinha um ar severo e a aparência e os modos de uma mulher séria e arrogante. Às vezes, entre nós, conversávamos sobre eles e achávamos que ela era diferente e parecia exatamente uma czarina. Ela parecia mais velha do que o czar. O cabelo grisalho era plenamente visível nas têmporas e seu rosto não era o de uma jovem...
> Todos os meus pensamentos maus sobre o czar desapareceram depois que passei algum tempo entre os guardas. Depois de vê-los muitas vezes, comecei a me sentir totalmente diferente em relação a eles; comecei a ter pena deles. Tinha pena deles como seres humanos. Estou lhe dizendo a pura verdade. Pode acreditar ou não em mim, mas eu ficava dizendo a mim mesmo: "Deixe eles fugirem... faça alguma coisa para eles fugirem."

Em 4 de julho, uma "deliciosa manhã, ar agradável, não muito quente", um homem a quem Nicolau chamava de "cavalheiro negro" apareceu e assumiu o controle da Casa de Ipatiev. Esse homem, de olhos negros, cabelos negros, barba negra, que usava um casaco de couro preto, era o comandante chekista, Yakov Yurovsky. Ironicamente, nesse mesmo dia, Alexandra anotou que Alexei estava melhorando: "Baby come bem e está ficando pesado para que o carreguem. Move as pernas com mais facilidade. É cruel não nos mandarem Nagorny de volta."

A chegada de Yurovsky trouxe pequenas melhoras na situação dos prisioneiros. Os guardas que ele trouxe eram mais disciplinados; as piadinhas obscenas para as jovens grã-duquesas na passagem para o toalete cessaram. A anotação de Alexandra no dia 13 de julho terminava com uma observação otimista sobre Alexei: "Linda manhã. Passei o dia como ontem, deitada na cama, porque as costas me doíam ao me levantar. Os outros saíram duas vezes. Anastácia passou a tarde comigo. Disseram que Nagorny... foi mandado para fora da... [região] em vez de nos darem... [ele] de volta. Às 6:30, Baby tomou o primeiro banho de banheira desde Tobolsk. Ele conseguiu entrar e sair sozinho, e também sobe e desce da cama, mas só consegue se apoiar em um dos pés."

No domingo, 14 de julho, Alexandra anotou "a alegria das Vésperas – o jovem padre pela segunda vez". O padre Storozhev tinha vindo antes, em maio, e Yurovsky concordou que ele viesse novamente. O padre encontrou a família reunida: Alexei, sentado na cadeira de rodas da mãe; Alexandra, num vestido lilás, sentada ao lado dele; Nicolau, de camisa, calça e botas cáqui, de pé, ao lado das filhas, que vestiam blusa branca e saia escura. No começo da cerimônia, Nicolau se ajoelhou.

Um poema dedicado a Olga e Tatiana tinha sido enviado a Tobolsk por uma amiga de Alexandra. Na Casa de Ipatiev, Olga o copiou em sua mão e o inseriu num livro. Foi encontrado lá pelos Brancos:

>  Dai paciência, Senhor, a nós, Vossos filhos
>  Nesses tempestuosos dias de trevas, para suportar
>  A perseguição do nosso povo,
>  As torturas caindo sobre nós.
>
>  Dai forças, ó Senhor Justo, a nós que precisamos
>  Perdoar aos perseguidores,
>  Carregar nossa pesada cruz tão dolorosa,
>  E alcançar a Vossa imensa mansidão.
>
>  Despojados e insultados
>  Em dias de turbulenta inquietação
>  Recorremos a Vós, Cristo Salvador,
>  Para podermos suportar o amargo teste.
>
>  Senhor do mundo, Deus da Criação,
>  Dai-nos Vossa bênção nesta oração
>  Dai-nos a paz no coração, ó Senhor,
>  Para suportar essa hora de extremo horror.

E que no limiar da tumba
Seu forte sopro divino em nosso barro
Nos dê forças, a nós, Vossos filhos,
E compaixão para rezar por nossos inimigos.


Terça-feira, 16 de julho, depois de uma manhã cinzenta, o sol apareceu. A família reunida fez suas orações e tomou chá. Yurovsky chegou para fazer a inspeção e, num agrado especial, trouxe ovos e leite. Alexei estava um pouco resfriado. Nicolau, Olga, Maria e Anastácia saíram para os trinta minutos de manhã lá fora enquanto Tatiana ficou lendo para a mãe os profetas Amós e Abdias. Às quatro horas da tarde, Nicolau e as filhas voltaram a caminhar no jardim. Às oito da noite a família fez a ceia, rezou e se separou. Olga, Tatiana, Maria e Anastácia foram para o quarto delas. Alexei foi para sua cama no quarto dos pais. Alexandra ficou acordada, jogando besigue com Nicolau. Às dez e meia, ela fez uma anotação no diário. Faz frio, ela escreveu: "15 graus". Depois apagou a luz, deitou-se ao lado do marido e adormeceu.

# FONTES E AGRADECIMENTOS

A maior parte das fontes de meu conhecimento escritas sobre Nicolau II, sua família e sua época estão relacionadas na bibliografia do meu livro anterior, *Nicolau e Alexandra*. Para este novo livro, reli cuidadosamente os escritos de Nicolai Sokolov, *Inquérito judicial sobre o assassinato da família imperial russa*, e o livro de Pavel M. Bykov, *The Last Days of Tsardom* [*Os últimos dias do czardo*]. As anotações de Yurovsky não estavam disponíveis quando apareceu meu primeiro livro, e eu, como muitos outros, depositei demasiada fé na conclusão de Sokolov, em que os corpos haviam sido destruídos. O informe de Yurovsky sobre as mortes, revelado primeiro por Edvard Radzinsky em 1989 e mais tarde incluído em seu livro *The Last Tzar*, descreve o que sucedeu na realidade e serviu de ajuda a Alexander Avdonin e a Geli Ryabov para descobrir onde estavam os corpos.

Basicamente, a fonte material para o presente livro não estava na forma escrita. Proveio de mais de uma centena de entrevistas com pessoas de Ekaterinburg, Moscou, Londres, Birmingham, Paris, Copenhague, Madri, Gstaad, Ulm, Nova York, Albany, Hartford, Boston, Washington, Charlottesville, Durham, Gainesville, Palm Beach, Austin, Phoenix, Berkeley e Jordanville (Nova York). Para a preparação da primeira parte deste livro, "Os ossos", diversos russos me ajudaram, incluindo o dr. Sergei Abramov, Alexander e Galiana Avdonin, dr. Pavel Ivanov, Nicolai Nevolin, Geli Ryabov, Vladimir Soloviev, Sergei Mironenko, príncipe Alexis Scherbatow, metropolita Vitaly, arcebispo Laurus, bispo Hilarion, bispo Basil Rodzianko e o padre Vladimir Shishkoff. Estou muito agradecido a todos eles. E desejo agradecer também ao dr. Peter Gill, a Karen Pearson, ao príncipe Rostislav Romanov, a Michael Thornton, Julian Nott, Nigel McCrery e a Barbara Whittal pela ajuda que recebi na Inglaterra. Nos Estados Unidos recebi o apoio de James A. Baker III, Margaret Tutwiler, Grace e Ron Moe, Bill Dabney, Mike Murrow, dr. William Maples, dr. Michael Baden, dr. Lowell Levine, dr. William Hamilton, William Goza, Cathryn Oakes, dr. Charles Ginther, dra. Alka Mansukhani, dr. Walter Rowe, dr. Richard Froede, dr. Bill Rodriguez, Matt Clark, Mark Storolow, Marilyn Swezey e Robert Atchison.

Sobre os impostores Romanov em geral, Alexander Avdonin, Edvard Radzinsky, Vladimir Soloviev, príncipe Nicolau Romanov, Ricardo Mateos Sainz de Medrano, Pavel Ivanov, bispo Basil Rodzianko, Marilyn Swezey e Victor Dricks me contaram histórias interessantes. Em *The Romanov Conspiracies*, Michael Occleshaw descreve a fuga e a vida subsequente de Larissa Feodorovna Tudor.

A respeito de Michael Goleniewski e Eugenia Smith, tive ótima assistência da condessa Dagmar de Brantes, de Brien Horan, do bispo Gregory (anteriormente padre George Grabbe), padre Vladimir Shishkoff, dr. Richard Rosenfield, David Martin, David Gries, Leroy A. Dysick e Denis B. Gredlein. As respectivas obras de David Martin, *Wilderness of Mirrors*, e de Guy Richards, *The Hunt for the Tsar*, contêm valiosa informação sobre Michael Goleniewski.

A literatura sobre Anna Anderson é extensa e, sem dúvida, continuará crescendo. Inclui uma suposta biografia, *I am Anastasia* (na edição inglesa, *I, Anastasia*), da qual Anna Anderson não teve conhecimento até que lhe foi apresentado um exemplar do livro impresso. A maior parte das primeiras testemunhas e litigantes expuseram suas opiniões por escrito. Entre a bibliografia citada, eu li *Anastasia*, de Harriet Rathlef-Keilman, *La Fausse Anastasie*, de Pierre Gilliard e Constantin Savitch, *The Real Romanovs* e *The Woman Who Rose Again*, de Gleb Botkin, *The Last Grand Duchess* (Olga, a irmã de Nicolau II), de Ian Vorres, *Anastasia, Qui Êtes-Vous?*, de Dominique Auclères, e *The House of Special Purpose*, de J. C. Trewin (compilado a partir de escritos de Charles Sidney Gibbes, o tutor inglês das princesas imperiais). Há duas biografias relativamente recentes de Anna Anderson: *Anastasia: The Riddle of Anna Anderson*, de Peter Kurth, e *Anastasia: The Lost Princess*, de James Blair Lovell. Quanto à profundidade da investigação, ao estilo literário e à seriedade do enfoque, o livro de Kurth é infinitamente superior. Brien Horan teve a amabilidade de me dar uma cópia de seu manuscrito inédito, em que trata de evidências dos dois lados do caso de Anna Anderson. Agradeço também ao dr. Gunther von Berenberg-Gossler por me permitir ler um capítulo de seu trabalho, não publicado, sobre Franziska Schanzkowska.

Michael Thornton foi generoso, não só com relação à sua vasta coleção de correspondências e recordações sobre Anna Anderson, mas também com seu tempo e seus conselhos. Da mesma forma, Brien Horan me ajudou de modo muito importante com seu conhecimento de Anna Anderson e do cisma da família Romanov. John Orbell, de Baring Brothers, Wiliam Charke, autor de *The Lost Treasures of the Tsar*, e H. Leslie Cousins, da Price Waterhouse, me ajudaram a tentar resolver a intricada história do dinheiro dos Romanov depositado nos bancos ingleses.

O relato dos procedimentos legais em Charlottesville foi obtido exclusivamente de entrevistas e conversas. A esse respeito, foram indispensáveis Richard e Marina Schweitzer, de quem admirei a integridade e os valiosos esforços, embora eu não conseguisse compartilhar suas convicções. Também sou grato a Susan Burkhart, Mary DeWitt, Mildred Ewell, barão Eduard von Falz-Fein, dr. Peter Gill, dr. Charles Ginther, Vladimir Galitzine, Ron Hansen, Penny Jenkins, dr. Willi Korte, Peter Kurth, Syd Mandelbaum, Matthew Murray, Ann Nickels, Julian Nott, Maurice Philip Remy, Dean Robinson, Rhonda Roby, príncipe Alexis Scherbatow e Michael Thornton.

Meu capítulo sobre os Romanov sobreviventes e a restauração da dinastia na Rússia foi beneficiado por conversas com Marina Beadleston, príncipe Dimitri e princesa Dorrit Romanov, grão-duque Jorge, grã-duquesa Leonida, grã-duquesa Maria, príncipe Miguel Romanov, príncipe Nicolau e princesa Sveva Romanov, príncipe Rostislav Romanov, Paul R. e Angelica Ilyinsky, Xenia Sfiris, príncipe Franz da Prússia, príncipe Giovanni de Bourbon-Sicilies, príncipe Jorge Vassiltchikov, professora Irina Pozdeeva, dr. Pavel Ivanov, Geli Ryabov, Jose Luis Lampredo Escolar, Ricardo Mateos Sainz de Medrano e Albert Bartridge.

Edward Kasinec, chefe da Divisão Eslava e Báltica da New York Public Library, me prestou inestimável assistência, e seu colega Sergei Gleboff também me ajudou. Deborah Baker foi a primeira a me falar sobre a ligação entre a identificação por DNA e os ossos dos Romanov. Edmund e Sylvia Morris fizeram sentir-me em casa em Washington, e roubaram tempo de seus livros para me aconselharem quanto ao meu. Hannah Pakula me emprestou um livro raro de sua biblioteca. Ian Lilburne me deu permissão para usar suas fotografias. Howard Ross deixou tudo de lado, por vários dias, para me ajudar com outras fotos. Annick Mesko, Jacques Ferrand, Julia Kort, Victoria Lewis e Petra Henttonen contribuíram com comentários, perguntas e traduções de vários idiomas. Ken Burrows, Jeremy Nussbaum e Nancy Feltsen se voluntariaram em ocasiões problemáticas. Sou profundamente grato a Dolores Karl, que escutou várias centenas de horas de entrevistas gravadas e transcreveu o que ouviu em vários milhares de páginas caprichadas e fáceis de trabalhar. Além disso, ela me salvou sempre que eu ia perdendo a batalha com meu novo (e primeiro) processador de texto em computador.

Eu não conhecia realmente Masha Tolstoya Sarandinaki e Peter Sarandinaki antes de começar a trabalhar neste livro. Peter e eu fomos juntos a Ekaterinburg, onde ficamos hospedados com Alexander e Galina Avdonin, caminhamos por magníficas florestas de bétulas e pinheiros, vimos os lugares onde havia acontecido o indizível e olhamos os ossos não enterrados da família imperial russa. Quando estávamos em casa, Masha traduzia fitas em russo para o inglês, respondia a perguntas, oferecia sugestões e telefonava sempre para a Rússia a fim de me manter a par dos eventos. Para eles, e para Olga Tolstoya, meus agradecimentos do fundo do coração.

Sou grato a Harry Evans, da Random House, que abraçou entusiasticamente esta história, e a Robert Loomis, cuja paciência, conhecimento e olho certeiro para o que dá certo e o que não dá têm guiado escritores por mais de quarenta anos. Deborah Aiges, Susan M. S. Brown, Sharon DeLano, Benjamin Dreyer, Emily Eakin, Barbé Hammer, Ivan Held, J. K. Lambert, Tom Perry, Kathy Rosenbloom e Walter Weintz ajudaram a transformar meu manuscrito em livro e colocá-lo nas mãos dos leitores. Dan Franklin, Caroline Michel, Arnulf Conradi e Elisabeth Ruge acreditaram neste livro desde o começo.

Muitos amigos me encorajaram enquanto eu escrevia este livro. Dentre esses, eu gostaria de agradecer especialmente a Kim e Lorna Massie, Art Spiegelman e Françoise Mouly, Harold Brodkey e Ellen Schwamm, Melanie Jackson e Thomas Pynchon, Fred Karl, Sheldon e Helen Atlas, Elsa Jobity, Janet Byrne e Ivan Solataroff, Jeff Seroy e Doug Stumpf, Peg Determan, Lance Balk, Jan e Carl Ramirez, Christina Haus e Paolo Alimonti, Steve e Ann Halliwell, e a Giovanni e Cornelia Bagarotti.

Lembro-me também de uma noite em novembro de 1993, quando meus amigos em Nashville escutaram pacientemente minha apresentação dos argumentos contra e a favor de escrever este livro. Com uma única exceção, eles disseram "Escreva". Sou grato a Jack e Lynn May, Herb e May Shayne, Gil e Robin Marritt, George e Ophelia Payne e a Henry Walker.

Minha esposa, Deborah Karl, que é também minha agente literária, é a principal responsável por este livro ter sido escrito. Desde o começo, ela apoiou entusiasticamente a ideia e negociou o contrato. Ela leu cada capítulo antes que eu passasse ao próximo. O manuscrito ficava atrasado, e quanto maior a pressão, mais ela me protegia. É claro que nem tudo na vida é agradável. Chegando ao fim dos escritos, ela e eu sofremos um ataque de um colega de profissão. Passados muitos dias, durante os quais meus pensamentos eram de indignação e centenas de formas de vingança, ela restaurou uma racionalidade e calma suficientes para que eu pudesse terminar.

Impressão e Acabamento:
EDITORA JPA LTDA.